R 기반 다변량 분석

정강모 · 김명근 지음

教友社

머리말

다변량자료분석은 여러 변수의 자료를 자주 다루는 심리학, 생물학, 패턴인식 등의 광범위한 분야에서 사용되어 왔으며, 최근 많은 관심을 불러 일으키고 있는 데이터마이닝(data mining)에서 사용되는 주된 자료분석방법을 제공한다. 본 책은 다양한 다변량자료분석의 기법을 소개하고, 이와 관련된 통계이론의 개념파악에 도움을 주고, R을 이용한 실제 자료분석에의 적용을 용이하게 하고자 한다. 이론적인 결과의 유도는 가급적 지양하고, 필요한 경우 참고할 수 있도록 인용문헌을 덧붙였다. 본 책의 학습은 수리통계와 행렬대수의 기본적인 내용의 사전 이해를 필요로 한다.

본 책에서 사용하는 통계소프트웨어인 R은 통계분석과 그래픽스를 위한 공개 소스 소프트웨어로 무료이다. R은 현재 대중적으로 많이 사용되는 통계소프트웨어 가운데 수식을 직접적으로 구현할 수 있는 기호 계산기(symbolic caculator)의 특징을 가장 잘 구현한 통계소프트웨어이다. 이는 다변량분석에서 사용되는 많은 수식, 특히 행렬계산의 이해를 돕는다. 둘째, R은 상용프로그램인 S-PLUS보다 빠른 계산 결과를 보여주며, 다양한 라이브러리를 제공하여 사용자가 통계 분석 방법을 쉽게 구현할 수 있다. 셋째, R은 다양한 그래픽 결과를 제공하고 있다. 다변량 자료는 고차원의 자료이므로 다양한 통계 그래픽스가 자료를 이해하는 데 많은 도움을 준다. 이상의 이유에서 본 책에서는 R을 사용하여 다변량 자료를 분석하려 한다. 본 책에서 사용한 R 프로그램은 2.4.1 윈도우

버전임을 밝힌다.

이 책은 전부 12개의 장으로 이루어졌다. 1, 2장은 다변량이론의 전개에 필요한 기본 개념, 다변량자료의 그래프 표현, 변수변환, 행렬의 분해, 거리 및 산포의 개념을 다룬다. 3장은 다변량 정규분포의 정의 및 성질, 정규성의 검정, 자료의 변환 등을 다룬다. 4장은 한 개와 두 개의 모집단의 경우에 평균벡터와 공분산행렬에 관한 추정과 검정을 다룬다. 5장은 다변량 이상치를 찾는 방법 등을 소개한다. 6장과 7장은 각기 다변량 분산분석과 회귀분석을 살펴 본다. 8–12장은 주성분분석, 인자분석, 판별분석, 정준상관분석, 집락분석을 다룬다. 간단한 R의 사용법이 부록에 포함되어 있다.

본 책이 다변량 이론의 이해와 자료분석에의 적용에 많은 도움이 되길 바란다. 본 책의 자료와 R 함수는 `http://web.kunsan.ac.kr/~kmjung/RMVA.html`에서 구할 수 있다.

끝으로 본 책의 출판에 도움을 주신 교우사의 오판근 사장님과 직원 여러분께 감사드린다.

서기 2007년 7월

저자 일동

목 차

그림 목차

표 목차

제 1 장

다변량분석의 기초

제 1.1 절 확률벡터

단변량분석(univariate analysis)은 하나의 변수만을 고려한다. 반면에 다변량분석 (multivariate analysis)은 관심있는 여러 개의(서로 상관되어 있는) 변수를 동시에 고려하여 필요한 통계분석을 한다. 확률벡터(random vector)는 이러한 여러 개의 확률변수(random variable)들의 모임으로, 행벡터(row vector)와 열벡터(column vector)가 있으나, 일반적으로 다음의 열벡터를 사용한다.

$$\mathbf{x} = (x_1, ..., x_p)^T.$$

위의 정의에서 $\mathbf{x}$는 p 차원의 확률벡터를 나타내며, 각 성분변수 $x_i(i = 1, ..., p)$는 확률변수를 나타낸다. 다변량분석은 확률벡터 $\mathbf{x}$의 분포를 가정하는 경우와 그렇지 않은 경우로 구분된다. 추정과 가설 검정 등에서 분포 가정을 요구하며, 주로 다변량 정규분포(3장 참조)를 사용한다.

각 성분변수 x_i의 평균(mean) 또는 기대치(expectation) $E(x_i)$를 μ_i라 할 때, 확률벡터 $\mathbf{x}$의 평균 $E(\mathbf{x})$의 정의는 모든 성분변수 x_i의 평균 μ_i를 열벡터로 모은 것과 같다.

$$\begin{aligned} E(\mathbf{x}) &= (E(x_1), ..., E(x_p))^T \\ &= (\mu_1, ..., \mu_p)^T. \end{aligned}$$

이러한 평균벡터(mean vector)를 $\boldsymbol{\mu}$로 나타낸다.

다변량분석은 두 개 이상의 확률변수를 동시에 분석하므로, 각 확률변수의 분산 뿐만 아니라 확률변수들 사이의 공분산(covariance)도 중요한 역할을 한다. 두 개의 확률변수 x_i와 x_j의 공분산을 $\text{cov}(x_i, x_j) = \sigma_{ij}$로 나타낼 때, p개의 확률변수들 사이에 $p(p+1)/2$개의 독립된 공분산 관계가 있다. 물론, $i = j$인 경우를 포함하며, 이 경우는 확률변수 x_i의 분산(variance) $\text{var}(x_i) = \sigma_{ii}$가 된다. 이러한 공분산 관계를 모은 행렬 $\mathbf{\Sigma}$를 공분산행렬(covariance matrix, variance-covariance matrix, dispersion matrix)이라 부르며,

$$\mathbf{\Sigma} = \begin{pmatrix} \sigma_{11} & \sigma_{12} & \cdots & \sigma_{1p} \\ \sigma_{21} & \sigma_{22} & \cdots & \sigma_{2p} \\ \vdots & \vdots & \ddots & \vdots \\ \sigma_{p1} & \sigma_{p2} & \cdots & \sigma_{pp} \end{pmatrix}$$

와 같이 나타낸다. 여기서 $\text{cov}(x_i, x_j) = \text{cov}(x_j, x_i)$ 이므로, 공분산행렬 $\mathbf{\Sigma}$는 대칭 $(\sigma_{ij} = \sigma_{ji})$이며, 그 정의에 의해 반정치행렬(positive semi-definite matrix, *p.s.d.*)이 된다. 그러나 일반적으로 양정치행렬(positive definite matrix, *p.d.*)로 가정한다. 공분산행렬은 다음과 같이 표현할 수 있다.

$$\mathbf{\Sigma} = E\{(\mathbf{x} - \boldsymbol{\mu})(\mathbf{x} - \boldsymbol{\mu})^T\}. \tag{1.1}$$

확률변수 x_i와 x_j 사이의 상관관계를 상관계수(correlation coefficient)

$$\rho_{ij} = \text{corr}(x_i, x_j) = \frac{\text{cov}(x_i, x_j)}{\sqrt{\text{var}(x_i)}\sqrt{\text{var}(x_j)}} \tag{1.2}$$

로 나타낼 때, 공분산행렬과 마찬가지로 p개의 확률변수들 사이의 상관관계를 나타내는 상관행렬(correlation matrix)은 ρ_{ij}를 (i, j)번째 원소로 갖는 행렬 $\mathbf{\Phi} = (\rho_{ij})$이다. 상관행렬 $\mathbf{\Phi}$는 다음과 같이 표현할 수 있다.

$$\mathbf{\Phi} = \mathbf{D}^{-1/2}\mathbf{\Sigma}\mathbf{D}^{-1/2}, \tag{1.3}$$

여기서 $\mathbf{D} = \text{diag}(\sigma_{11}, \ldots, \sigma_{pp})$이며 대각행렬(diagonal matrix)이다. 정의에 의해 상관행렬은 대칭이며, 그 대각원소는 모두 1이 된다.

벡터와 행렬에 관한 자세한 내용은 Searle(1982), Graybill(1983), Schott(1997) 등의 책들을 참조하기 바란다.

제 1.2 절 기초통계량

확률표본(random sample)은 어떤 분포에서 추출된 서로 독립이고 동일한 분포를 갖는 여러 개의 확률벡터의 모임을 나타낸다. 평균이 $\boldsymbol{\mu}$이고 공분산행렬이 $\boldsymbol{\Sigma}$인 분포에서 확률표본 $\mathbf{x}_1,...,\mathbf{x}_n$이 얻어졌을 때, p 차원의 실수공간에 분포되어 있는 n개의 자료점(data point)들은 다음 두 개의 기초통계량으로 요약할 수 있다. 앞으로 r 번째 확률벡터의 성분은

$$\mathbf{x}_r = (x_{r1}, ..., x_{rp})^T \tag{1.4}$$

로 나타낸다.

1. 표본평균벡터(sample mean vector)
   확률표본 $\mathbf{x}_1, \ldots, \mathbf{x}_n$에서 i 번째 변수의 평균은

   $$\bar{x}_i = \frac{1}{n}\sum_{r=1}^{n} x_{ri}$$

   로 주어지고, 이것을 i 번째 원소로 갖는 벡터 $\bar{\mathbf{x}} = (\bar{x}_1, ..., \bar{x}_p)^T$를 표본평균벡터라 한다. 따라서 $\bar{\mathbf{x}}$는 다음과 같이 표현할 수 있다.

   $$\bar{\mathbf{x}} = \frac{1}{n}\sum_{r=1}^{n} \mathbf{x}_r = \frac{1}{n}\mathbf{X}^T\mathbf{1}_n, \tag{1.5}$$

   여기서 $\mathbf{X} = (\mathbf{x}_1, \ldots, \mathbf{x}_n)^T$ 으로, 크기가 $n \times p$인 자료행렬(data matrix)이다. 그리고 $\mathbf{1}_n$은 n개의 1로 이루어진 열벡터이다.

2. 표본공분산행렬(sample covariance matrix)
   확률표본 $\mathbf{x}_1, \ldots, \mathbf{x}_n$에서 i 번째 변수와 j 번째 변수사이의 표본공분산(sample covariance)은

   $$s_{ij} = \frac{1}{n-1}\sum_{r=1}^{n}(x_{ri} - \bar{x}_i)(x_{rj} - \bar{x}_j)$$

   로 주어진다. 특히 s_{ii}를 i 번째 변수의 표본분산(sample variance)이라 하며, $\sqrt{s_{ii}}$를 표본표준편차(sample standard deviation)라 한다. 표본공분산

s_{ij}를 (i,j) 번째 원소로 갖는 $p \times p$ 행렬 $\mathbf{S} = (s_{ij})$를 표본공분산행렬이라 하며,

$$\mathbf{S} = \frac{1}{n-1}\sum_{r=1}^{n}(\mathbf{x}_r - \bar{\mathbf{x}})(\mathbf{x}_r - \bar{\mathbf{x}})^T \tag{1.6}$$

로 표현된다. $s_{ij} = s_{ji}$이므로 표본공분산행렬 $\mathbf{S}$는 대칭이다. 또한 다음과 같은 편리한 식으로 표현할 수 있다.

$$\mathbf{S} = \frac{1}{n-1}\mathbf{X}^T(\mathbf{I}_n - \mathbf{1}_n\mathbf{1}_n^T/n)\mathbf{X}, \tag{1.7}$$

여기서 $\mathbf{I}_n$은 크기가 n인 항등행렬(identity matrix)이다.

식 (1.7)에서 나타난 행렬 $\mathbf{I}_n - \mathbf{1}_n\mathbf{1}_n^T/n$은 멱등행렬(idempotent matrix)이고 계수(rank)가 $n-1$이다. 표본평균벡터는 자료점들의 중심을 나타내며, 표본공분산행렬은 자료점들의 퍼져있는 정도를 나타낸다. $\mathbf{x}_r - \bar{\mathbf{x}}$는 중심에 대해서 자료점 $\mathbf{x}_r$의 상대적 위치를 나타낸다. 표본평균벡터 $\bar{\mathbf{x}}$와 표본공분산행렬 $\mathbf{S}$는 각기 $\boldsymbol{\mu}$와 $\boldsymbol{\Sigma}$의 추정량으로 사용된다. 위에서 정의한 $\mathbf{S}$는, $\mathbf{x}$의 분포에 상관없이, 모집단(population)에 대한 공분산행렬 $\boldsymbol{\Sigma}$의 불편추정량(unbiased estimator)이 된다. 반면에 $n-1$ 대신에 n으로 나눈 $\mathbf{S}_n = [(n-1)/n]\mathbf{S}$는 정규분포 가정 하에서 $\boldsymbol{\Sigma}$의 최우추정량(maximum likelihood estimator)이 된다(4장 참조).

예제 1.1 표 1.1은 가솔린 트럭을 이용할 때 목장에서 우유공장까지의 운송비에 관한 자료이다. 여기서 x_1은 연료비, x_2는 수리비, x_3은 자본금을 나타내는 변수이며, 측정치는 1 마일당 비용을 의미한다(Johnson과 Wichern, 1992, p. 276, 표 6.6). 표 1.1은 `cost.d`에 저장되어 있다.

먼저 앞에서 사용한 기호를 표 1.1의 비용자료에 적용하여 설명한다. 자료의 수가 36이므로 $n = 36$, 변수의 수가 3이므로 $p = 3$ 이다. 식 (1.4)에서 $r = 1$이면 $\mathbf{x}_1 = (16.44, 12.43, 11.23)^T$임을 알 수 있다. 식 (1.5)에서 첫 번째 변수에 대한 평균은 $\bar{x}_1 = (16.44 + 7.19 + \cdots + 12.49 + 17.32)/36 = 12.22$ 임을 알 수 있다. 자료행렬 $\mathbf{X}$는 크기가 36×3인 행렬로서 (i,j) 번째 원소는 x_{ij}이다. 예를 들어 $\mathbf{X}$의 $(2,1)$ 번째 원소 x_{21}은 첫 번째 변수의 두 번째 값인 7.19이다. 그리고 $\mathbf{1}_n$은 길이가 36인 열벡터 $(1,\ldots,1)^T$이다.

표 1.1: 가솔린 트럭의 비용자료

번호	연료비	수리비	자본금	번호	연료비	수리비	자본금
1	16.44	12.43	11.23	19	12.34	7.73	11.68
2	7.19	2.70	3.92	20	8.51	14.02	12.01
3	9.92	1.35	9.75	21	26.16	17.44	16.89
4	4.24	5.78	7.78	22	12.95	8.24	7.18
5	11.20	5.05	10.67	23	16.93	13.37	17.59
6	14.25	5.78	9.88	24	14.70	10.78	14.58
7	13.50	10.98	10.60	25	10.32	5.16	17.00
8	13.32	14.27	9.45	26	8.98	4.49	4.26
9	29.11	15.09	3.28	27	9.70	11.59	6.83
10	12.68	7.61	10.23	28	12.72	8.63	5.59
11	7.51	5.80	8.13	29	9.49	2.16	6.23
12	9.90	3.63	9.13	30	8.22	7.95	6.72
13	10.25	5.07	10.17	31	13.70	11.22	4.91
14	11.11	6.15	7.61	32	8.21	9.85	8.17
15	12.17	14.26	14.39	33	15.86	11.42	13.06
16	10.24	2.59	6.09	34	9.18	9.18	9.49
17	10.18	6.05	12.14	35	12.49	4.67	11.94
18	8.88	2.70	12.23	36	17.32	6.86	4.44

식 (1.5)와 (1.7)에 의하여 표본평균벡터와 표본공분산행렬을 구하면 다음과 같다.

$$\bar{\mathbf{x}} = \begin{pmatrix} 12.22 \\ 8.11 \\ 9.59 \end{pmatrix}, \quad \mathbf{S} = \begin{pmatrix} 23.01 & 12.37 & 2.91 \\ 12.37 & 17.54 & 4.77 \\ 2.91 & 4.77 & 13.96 \end{pmatrix}.$$

위에서 구한 비용자료의 $\bar{\mathbf{x}}$와 $\mathbf{S}$를 R을 이용해 구해 본다.

```
> cost.d<-read.table("cost.d",header=T)
> n<-nrow(cost.d) # 데이터의 크기
> one<-rep(1,n) # 길이가 n인 1 벡터
> xbar<-mean(cost.d) # 평균 벡터
> unit<-diag(n) # 단위행렬
> cost.Mat<-as.matrix(cost.d) # 데이터프레임을 행렬로 전환
> S<-t(cost.Mat)%*%(unit-one%*%t(one)/n)%*%cost.Mat/(n-1)
```

R에서 <-는 지정을 의미하는 것으로 =를 사용하기도 한다. 예를 들어 첫째 줄은 cost.d 라는 파일에서 테이블형식으로 읽어들여 객체를 cost.d에 지정하는 것을 뜻한다. 단, 여기서 R의 작업공간(workspace)에 cost.d라는 파일이 한 줄에 3개의 변수에 대한 자료를 36줄 가지고 있다고 가정한다. 만약 다른 디렉토리에 파일이 존재하면 메뉴에서 작업공간을 변경하면 된다. 즉 cost.d 파일은 다음과 같은 형식을 갖는다.

```
fuel   repair capital
16.44  12.43  11.23
 7.19   2.70   3.92
 .................
17.32   6.86   4.44
```

여기서 read.table의 옵션으로 header는 텍스트파일의 처음부분에 변수명이 있는가를 설정하는 것이다. cost.d 텍스트파일의 처음부분에 fuel, repair, capital이 기록되어 있는데, 이는 각각 연료비, 비용, 자본금의 변수명을 나타낸다. 앞으로 cost.d는 가솔린 트럭의 비용자료를 나타내며, R을 작동시 메인메모리로 읽어들일 필요가 없다. 왜냐하면 R을 구동시 cost.d가 초기에 R의 작업공간으로부터 읽어들이기 때문이다. 만약 파일의 첫번째 줄에 각 변수에 대한 설명이 삽입되어 있지 않다면

```
> cost.d<-read.table("cost.d")
```

와 같이 인수를 생략하면 된다. 위의 상자안의 프로그램에서 cost.Mat는 데이터프레임인 cost.d를 행렬로 전환하였다. 왜냐하면 행렬계산에는 행렬형태의 데이터구조를 필요로 하기 때문이다. one은 $\mathbf{1}_n$을, xbar는 $\bar{\mathbf{x}}$를, unit은 $\mathbf{I}_n$을 각각 나타낸다. 실제 변수값들을 알아보기 위하여 변수이름, 예를 들어

```
> S
```

를 치면, 표본공분산행렬을 아래와 같이 얻는다.

```
             fuel    repair   capital
fuel    23.013361 12.366395  2.906609
repair  12.366395 17.544111  4.773082
capital  2.906609  4.773082 13.963334
```

한편 표본평균벡터와 표본공분산행렬은 R에서 제공하는 함수

```
> a<-cov.wt(cost.d)
```

또는

```
> S<-var(cost.d)
```

를 이용할 수 있다.

위에서 변수 a에는 $\bar{\mathbf{x}}$, $\mathbf{S}$의 결과가 a$center, a$cov에 각각 저장되어 있다. 그러므로 a$cov는 var에서 구한 $\mathbf{\Sigma}$의 불편추정량인 $\mathbf{S}$와 같은 값을 얻을 수 있다. 함수 cov.wt는 $\mathbf{S}_n$도 제공하는데

```
> a.ml<-cov.wt(cost.d,method="ML")
```

을 이용하면 된다.

표본평균벡터를 구하는 또 다른 방법은

```
> a$center
> apply(cost.d,2,mean)
```

이다. ■

제 1.3 절 변수들 사이의 관계

확률벡터를 구성하는 여러 변수들 사이의 확률적 관계는 다양하며, 그 관계를 측정하는 방법으로 다음의 네 가지를 생각할 수 있다.

1. 상관계수 : 두 개의 확률변수 사이의 관계.
2. 다중상관계수 : 한 개의 확률변수와 여러 개의 확률변수로 이루어진 변수 그룹 사이의 관계.
3. 부분상관계수 : 여러 개의 확률변수로 이루어진 두 개의 변수 그룹에서 한 개 그룹의 변수 값이 주어졌을 때 다른 그룹내의 두 개 변수 사이의 관계.
4. 정준상관계수 : 여러 개의 확률변수로 이루어진 두 개의 변수 그룹 사이의 관계.

1.3.1 상관계수

두 변수 사이의 확률적 선형관계를 나타내는 측도인 상관계수는 식 (1.2)에서 정의한 ρ_{ij} 이며, 그것의 추정량으로 다음의 표본상관계수(sample correlation coefficient)

$$r_{ij} = \frac{s_{ij}}{\sqrt{s_{ii}}\sqrt{s_{jj}}} \tag{1.8}$$

가 사용된다. 이러한 r_{ij}를 (i, j) 번째 원소로 갖는 행렬 $\mathbf{R} = (r_{ij})$를 표본상관행렬(sample correlation matrix)이라 하며, 다음과 같이 표현할 수 있다.

$$\mathbf{R} = \mathbf{D}^{-1/2}\mathbf{S}\mathbf{D}^{-1/2}, \tag{1.9}$$

여기서 $\mathbf{D} = \text{diag}(s_{11}, \ldots, s_{pp})$이다. 물론 $\mathbf{R}$의 모든 대각원소는 1이다.

성질 1.1 표본상관계수는 표본공분산이 각 변수의 표본표준편차에 의해 표준화된 척도로서 다음의 성질을 갖는다.

1. 모든 r_{ij}는 -1과 1 사이에 있다.

2. 표본상관계수는 두 변수 사이의 선형관계의 정도를 나타낸다. $r_{ij} = 1$ 또는 -1 이면 두 변수 사이에 완전한 양 또는 음의 선형관계가 있다. 또한 $r_{ij} < 0$ 이면 음의 상관관계를, $r_{ij} > 0$ 이면 양의 상관관계를 나타내며, 그 선형관계의 정도는 $|r_{ij}|$의 크기에 비례한다. $|r_{ij}|$의 값이 1에 가까우면, 두 변수값들은 어떤 직선의 주변에 모이게 된다. $r_{ij} = 0$ 이면 두 변수 사이에 선형관계가 없음을 나타낸다.

3. $\mathbf{\Sigma}$의 불편추정량 $\mathbf{S}$와 최우추정량 $\mathbf{S}_n$ 중 어느 것을 표본공분산행렬로 사용해도 표본상관계수는 같다 (예제 2.2 참조).

예제 1.2 예제 1.1의 비용자료에 대한 표본상관행렬을 구하여 본다. 예제 1.1의 $\mathbf{S}$로 부터 (1.9)의 $\mathbf{D}$와 $\mathbf{R}$은

$$\mathbf{D} = \begin{pmatrix} 23.01 & 0 & 0 \\ 0 & 17.54 & 0 \\ 0 & 0 & 13.96 \end{pmatrix}, \quad \mathbf{R} = \begin{pmatrix} 1.00 & 0.62 & 0.16 \\ 0.62 & 1.00 & 0.30 \\ 0.16 & 0.30 & 1.00 \end{pmatrix}$$

이다.

R에서 표본상관행렬은 cor 함수를 사용하며, 그 인수는 자료행렬이다. 즉, 비용자료에 대하여 표본상관행렬은

```
>cor(cost.d)
```

또는

```
>cov.wt(cost.d,cor=T)$cor
```

를 이용하여 얻을 수 있다. 여기서 cov.wt 함수의 결과는 center, cov, cor 등이 있으며 그 중 상관행렬에 관련된 사항은 cor이다. center, cov 등은 예제 1.1에서 설명한 바와 같다.

한편, 공분산행렬은 불편추정량과 최우추정량의 값이 약간의 차이가 있었으나, 상관행렬은 차이가 없다. 그 이유는 성질 1.1의 3에서 연유한다. ■

예제 1.3 표 1.2와 1.3은 각각 이변량 ($p = 2$) 정규분포(3장 참조)에서 상관계수가 0.98과 0이 되는 20개의 난수(random numbers)이다. 이 자료들을 각각 `bvn1.d`, `bvn2.d`라 한다.

표 1.2: 상관계수가 0.98인 이변량 정규분포의 모의자료

x_1	x_2	x_1	x_2	x_1	x_2	x_1	x_2
0.62	1.05	−1.44	−1.81	0.79	0.83	−2.16	−1.92
−0.61	−0.81	0.85	0.81	0.96	0.86	−0.41	−0.78
2.23	2.23	−0.56	−0.61	0.37	0.58	−0.54	−0.67
0.36	0.79	2.03	1.86	−0.98	−0.87	0.43	0.20
−0.05	−0.04	0.07	0.13	0.88	0.52	0.17	0.08

표 1.3: 상관계수가 0인 이변량 정규분포의 모의자료

x_1	x_2	x_1	x_2	x_1	x_2	x_1	x_2
−0.38	−1.78	1.99	−0.81	−0.83	−0.92	−1.96	−0.90
−1.95	2.03	−0.30	−1.99	2.06	0.33	−0.32	1.30
−0.84	−0.70	−0.09	−0.47	−0.56	−0.14	0.93	0.77
1.90	0.15	−0.18	0.08	1.27	0.43	1.13	1.05
0.62	0.50	−1.19	−0.89	−1.04	−0.05	1.67	−1.41

그림 1.1은 표 1.2와 1.3의 모의자료에 대한 산포도이다.

성질 1.1의 2에서 설명한 바와 같이 상관계수는 변수 x_1과 x_2의 선형관계를 나타낸다. 그림 1.1 (a)는 x_1이 증가하면 x_2도 증가하는 강한 양의 상관관계를 보여준다. 이러한 선형관계의 측도가 0.98인 상관계수로 나타난다. 두 변수 사이의 표본상관계수는 0.974 이다. 그림 1.1 (b)에서 x_1의 증가 또는 감소에 따른 x_2의 일정한 증가 또는 감소의 현상이 없이 평면 상에 고르게 퍼져 있다. 이러

한 관계는 상관계수가 0 근처의 값으로 나타난다. 표 1.3의 자료에 대한 표본상관계수는 0.05 이다. 만약 표본상관계수가 −1에 가까우면 그림 1.1 (a)와 비슷한 모양을 가질 것이다. 다만 기울기가 음의 값을 갖는 모양으로 된다.

R에서 그림 1.1을 만들기 위하여 다음 명령어를 사용한다. 여기서는 그림 1.1 (a)만을 그린다. 그림 (b)도 마찬가지로 그릴 수 있다.

```
>set.seed(2)
>library(mvtnorm)
>x<-rmvnorm(20,sigma=matrix(c(1,.98,.98,1),2))
>plot(x[,1], x[,2], xlab="x1",ylab="x2")
```

여기서 처음 줄의 명령어는 난수를 발생시키기 위한 초기값 설정이다. 표 1.2와 같은 고정된 난수값을 얻기 위해서 seed를 2로 설정하여야 한다. 그렇지 않으면 `rmvnorm` 함수를 이용할 때마다 난수의 발생값이 달라진다. 두 번째 줄의 명령어 `library (mvtnorm)`은 함수 `rmvnorm`이 들어가 있는 라이브러리(library)를

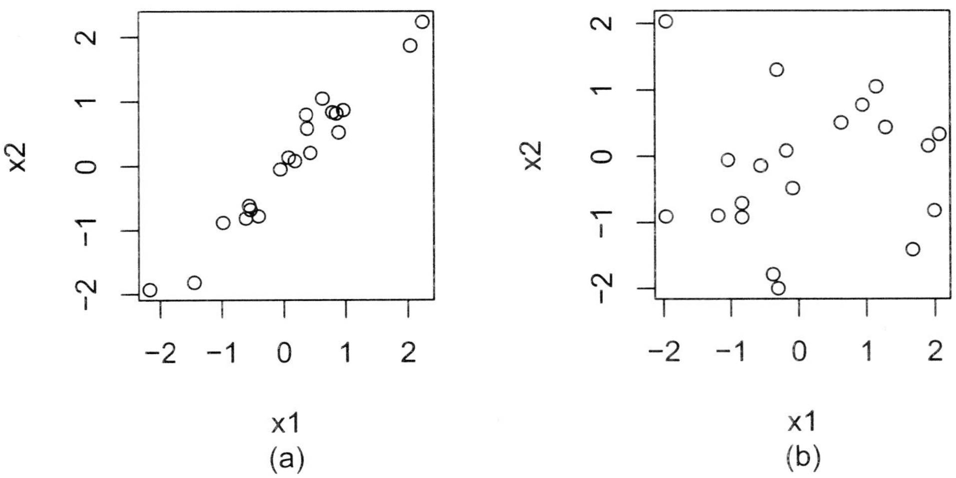

그림 1.1: (a)상관계수가 0.98인 모의자료의 산포도 (b) 상관계수가 0인 모의자료의 산포도.

메인메모리로 로딩하는 역할을 한다. 이와 같이 라이브러리를 로딩하기전 라이브러리를 인스톨(install)해야 한다. 인스톨은 먼저 R의 주메뉴에서 [패키지-다운로드사이트선택] 메뉴를 선택하여 미러사이트를 설정한 후 해당패키지를 선택하여 [패키지-packages인스톨] 메뉴에서 패키지 이름을 선택하면 된다. 세 번째 rmvnorm은 상관계수가 0.98인 이변량 정규분포의 자료의 난수발생함수이다. 첫 번째 인수는 자료의 수, 두 번째 인수는 평균, 세 번째 인수는 공분산행렬이다. 여기서는 평균이 0인 벡터이므로 생략되어 있다. 만약 표 1.3과 같이 상관계수가 0이고 분산이 1인 이변량자료를 발생시키려면 rmvnorm(20,sigma=diag(2))를 사용하면 된다. 마지막 줄은 그림을 그리는 것인데 (x[,1], x[,2])가 그림으로 생성된다. 자료 x[,1]은 자료 x중 첫 번째 열에 해당하는 자료 0.62, -0.61, ... , 0.43, 0.17 을 의미하며, 그림에서 x축의 좌표를 나타낸다. x[,2]는 두 번째 열에 해당하는 자료를 의미하며, 그림에서 y축의 좌표를 나타낸다. 반면에 x[1,]는 자료 x의 첫 번째 행에 해당하는 0.62, 1.05 를 의미한다. 그리고 xlab, ylab은 x축, y축의 축이름을 지정한다. 마지막 줄은

```
>plot(x,xlab="x1",ylab="x2")
```

라 하여도 같은 그림을 얻는다. ■

1.3.2 다중상관계수

정의 1.1 x_0가 $x_1, ..., x_p$ 중의 하나의 변수이고, 그 이외의 $(p-1)$개의 변수 중에서 q개의 변수 $x_{i_1}, ..., x_{i_q}$를 택한다. 선택된 q개의 변수를 확률벡터 $\mathbf{x}_{(q)} = (x_{i_1}, ..., x_{i_q})^T$ 라 표시한다. 이때, x_0와 변수그룹 $x_{i_1}, ..., x_{i_q}$ 사이의 관계는 x_0와 q개의 변수의 선형결합인 $\boldsymbol{\beta}^T \mathbf{x}_{(q)}$의 상관계수의 최대치(모든 $\boldsymbol{\beta}$에 대해)로 정의할 수 있으며, 그러한 상관계수를 다중상관계수(multiple correlation coefficient)라 부른다.

x_0의 분산이 σ_0^2이고 $\mathbf{x}_{(q)}$의 공분산행렬이 $\boldsymbol{\Sigma}_q$ 일 때, $q+1$개의 확률변수 $(x_0, x_{i_1}, \ldots$

$,x_{i_q})$의 공분산행렬이 다음과 같은 경우에

$$\begin{pmatrix} \sigma_0^2 & \boldsymbol{\sigma}_{0q}^T \\ \boldsymbol{\sigma}_{0q} & \boldsymbol{\Sigma}_q \end{pmatrix},$$

x_0와 변수그룹 $\mathbf{x}_{(q)}$ 사이의 다중상관계수는

$$\rho_{max} = \frac{\sqrt{\boldsymbol{\sigma}_{0q}^T \boldsymbol{\Sigma}_q^{-1} \boldsymbol{\sigma}_{0q}}}{\sigma_0} \tag{1.10}$$

가 된다. 다중상관계수는 $0 \le \rho_{max} \le 1$의 범위의 값을 가진다. 여기서 $\boldsymbol{\Sigma}_q^{-1}\boldsymbol{\sigma}_{0q}$는 x_0의 $x_{i_1},...,x_{i_q}$에 대한 선형회귀모형의 회귀계수를 나타내는 벡터이다. 다중상관계수는 두 변수 x_0와 $\boldsymbol{\sigma}_{0q}^T \boldsymbol{\Sigma}_q^{-1} \mathbf{x}_{(q)}$ 사이의 상관계수이다(Kshirsagar, 1972, p. 12).

표본다중상관계수(sample multiple correlation coefficient)는 식 (1.10)으로부터 다음과 같이 계산된다.

$$r_{max} = \frac{\sqrt{\mathbf{s}_{0q}^T \mathbf{S}_q^{-1} \mathbf{s}_{0q}}}{s_0}, \tag{1.11}$$

여기서 $\mathbf{s}_{0q}, \mathbf{S}_q, s_0$는 각각 $\boldsymbol{\sigma}_{0q}, \boldsymbol{\Sigma}_q, \sigma_0$의 추정량이다.

예제 1.4 예제 1.1에서 설명한 표 1.1의 비용자료에 대하여 확률변수 x_1과 변수그룹 x_2, x_3와의 표본다중상관계수를 구하여 보자. 기초통계량은 5쪽으로부터

$$s_0^2 = 23.01, \quad \mathbf{s}_{02}^T = (12.37, 2.91), \quad \mathbf{S}_2 = \begin{pmatrix} 17.54 & 4.77 \\ 4.77 & 13.96 \end{pmatrix}$$

임을 알 수 있다.

또한 $\mathbf{s}_{02}^T \mathbf{S}_2^{-1} = (0.715, -0.036)$ 이므로, $\mathbf{s}_{02}^T \mathbf{S}_2^{-1} \mathbf{s}_{02} = 8.74$임을 알 수 있다. 그러므로 식 (1.11)로부터 표본다중상관계수는

$$r_{max} = \frac{\sqrt{8.74}}{\sqrt{23.01}} = 0.62$$

를 얻는다.

R에서 다중상관계수를 구하는 함수를 다음과 같이 작성할 수 있다. 이러한 함수의 작성과 작업공간에의 저장은 부록을 참조 바란다.

```
mcc.f<-function(x, var1, var2) {
   s<-var(x)
   s0<-sqrt(s[var1, var1])
   s0q<-s[var1, var2]
   Sq<-s[var2, var2]
   sqrt(t(s0q) %*% solve(Sq) %*% s0q)/s0
}
```

위의 함수 mcc.f의 인수 x는 자료행렬, var1은 정의 1.1에서 x_0의 $\mathbf{x}$에서의 위치, var2는 $x_{i_1}, \ldots, x_{i_q}$의 위치를 나타낸다. 이 예제에서는 x_1과 x_2, x_3의 다중상관계수를 구하므로

```
>source("mcc.f") # 파일이름 : "mcc.f"
>mcc.f(cost.d,1,c(2,3))
```

를 입력하면 다중상관계수 0.616를 구할 수 있다. 여기서 첫째줄의 source 함수는 명령문의 텍스트파일을 불러들여 로딩하는 작업을 하며, 여기서 텍스트파일은 mcc.f 인데 이 파일은 현재 디렉토리에 있어야한다. 만약 현재 디렉토리에 있지 않으면 전체경로를 설정해줘야 한다.

위의 결과는 다음과 같이 해석할 수 있다. 확률변수 x_1과 변수그룹 x_2, x_3의 다중상관계수는 x_1과 $\beta_1 x_2 + \beta_2 x_3$의 상관계수 중 최대치를 구하는 것인데, 그 최대치는 $\beta_1 = 0.715, \beta_2 = -0.036$ 일 때 발생한다. 그러므로 선형변환 $0.715x_2 - 0.036x_3$에 의한 변수를 x_4라 할 때, 변수 x_4와 x_1의 상관계수가 다중상관계수이다. 즉, 다중상관계수가 0.616 이라는 것은 변수 x_1과 변수 x_2, x_3의 선형결합이 어느 정도 관계가 있음을 의미한다.

한편, 선형변환 $\mathbf{s}_{02}^T \mathbf{S}_2^{-1}(x_2, x_3)^T$은 변수 x_1을 선형적으로 예측하는 데 있어 최적으로 알려져 있다(Kshirsagar, 1972, pp. 11–12). ■

1.3.3 부분상관계수

편의상 $\mathbf{x}$를 두 개의 변수 그룹 $\mathbf{x}_{(1)}$과 $\mathbf{x}_{(2)}$로 나눈다. $\mathbf{x}_{(1)}$은 q_1개의 변수로 $\mathbf{x}_{(2)}$는

q_2개의 변수로 이루어졌고, $q_1 + q_2 = p$이다. 이에 맞추어서 $\mathbf{x}$의 공분산행렬을 다음과 같이 나눈다

$$\mathbf{\Sigma} = \begin{pmatrix} \mathbf{\Sigma}_{11} & \mathbf{\Sigma}_{12} \\ \mathbf{\Sigma}_{21} & \mathbf{\Sigma}_{22} \end{pmatrix}.$$

본 절에서 행렬 $\mathbf{D}$를 $\mathbf{D} = \mathrm{diag}(\mathbf{\Sigma}_{11} - \mathbf{\Sigma}_{12}\mathbf{\Sigma}_{22}^{-1}\mathbf{\Sigma}_{21})$로 나타내기로 한다.

정의 1.2 변수 그룹이 위에서 기술한 $\mathbf{x}_{(1)}, \mathbf{x}_{(2)}$로 나뉘어져 있다. 이 때 $\mathbf{x}_{(2)}$의 값이 주어진 경우 $\mathbf{x}_{(1)}$에 있는 두 개의 변수 사이의 상관계수는

$$\mathbf{\Phi}_{1\cdot 2} \equiv \mathbf{D}^{-1/2}(\mathbf{\Sigma}_{11} - \mathbf{\Sigma}_{12}\mathbf{\Sigma}_{22}^{-1}\mathbf{\Sigma}_{21})\mathbf{D}^{-1/2} \tag{1.12}$$

의 해당되는 원소로 정의되며, 이것을 부분상관계수(partial correlation coefficient)라 부른다.

행렬 $\mathbf{\Sigma}_{11} - \mathbf{\Sigma}_{12}\mathbf{\Sigma}_{22}^{-1}\mathbf{\Sigma}_{21}$은 다변량 정규분포 가정하에서 $\mathbf{x}_{(2)}$의 값이 주어졌을 때 $\mathbf{x}_{(1)}$의 조건부분포의 공분산행렬과 같다(3장 참조).

변수 그룹 $\mathbf{x}_{(1)}$에 있는 두 변수 z_1, z_2와 $\mathbf{x}_{(2)}$의 공분산행렬을

$$\begin{pmatrix} \sigma_{11} & \sigma_{12} & \boldsymbol{\sigma}_{1x}^T \\ \sigma_{21} & \sigma_{22} & \boldsymbol{\sigma}_{2x}^T \\ \boldsymbol{\sigma}_{1x} & \boldsymbol{\sigma}_{2x} & \mathbf{\Sigma}_{22} \end{pmatrix}$$

로 표현하면, $\mathbf{x}_{(2)}$에 대한 z_i의 회귀계수는 1.3.2절의 다중상관계수에서 살펴본 바와 같이 $\boldsymbol{\sigma}_{ix}^T\mathbf{\Sigma}_{22}^{-1}$이다. z_1과 z_2의 부분상관계수는 $z_1 - \boldsymbol{\sigma}_{1x}^T\mathbf{\Sigma}_{22}^{-1}\mathbf{x}_{(2)}$와 $z_2 - \boldsymbol{\sigma}_{2x}^T\mathbf{\Sigma}_{22}^{-1}\mathbf{x}_{(2)}$의 상관계수이다(Kshirsagar, 1972, p. 13).

다중상관계수와 마찬가지로 표본부분상관계수(sample partial correlation coefficient)의 형태는 다음과 같다.

$$\mathbf{R}_{1\cdot 2} \equiv \hat{\mathbf{D}}^{-1/2}(\mathbf{S}_{11} - \mathbf{S}_{12}\mathbf{S}_{22}^{-1}\mathbf{S}_{21})\hat{\mathbf{D}}^{-1/2}, \tag{1.13}$$

여기서 $\mathbf{S}_{ij}$는 $\mathbf{\Sigma}_{ij}$의 추정량이며, $\hat{\mathbf{D}} = \mathrm{diag}(\mathbf{S}_{11} - \mathbf{S}_{12}\mathbf{S}_{22}^{-1}\mathbf{S}_{21})$ 이다.

예제 1.5 표 1.4의 자료는 토양성분에 관한 자료이다. 변수의 수는 4 이며, 관측치의 수는 20 이다(Kendall, 1975, 표 2.1, 2.4). 이 자료를 `soil.d`라 한다.

표 1.4: 토양성분자료

번호	x_1	x_2	x_3	x_4	번호	x_1	x_2	x_3	x_4
1	13.0	9.7	1.5	6.4	11	26.5	14.9	2.4	6.7
2	10.0	7.5	1.5	6.5	12	22.3	8.4	4.0	7.0
3	20.6	12.5	2.3	7.0	13	30.8	7.4	2.7	6.4
4	33.8	19.0	2.8	5.8	14	25.3	7.0	4.8	7.3
5	20.5	14.2	1.9	6.9	15	31.2	11.6	2.4	6.5
6	10.0	6.7	2.2	7.0	16	22.7	10.1	3.3	6.2
7	12.7	5.7	2.9	6.7	17	31.2	9.6	2.4	6.0
8	36.5	15.7	2.3	7.2	18	13.2	6.6	2.0	5.8
9	37.1	14.3	2.1	7.2	19	11.1	6.7	2.2	7.2
10	25.5	12.9	1.9	7.3	20	20.7	9.6	3.1	5.9

먼저 표 1.4의 자료에 대한 표본공분산행렬을 구하면

$$\mathbf{S} = \begin{pmatrix} \mathbf{S}_{11} & \vdots & \mathbf{S}_{12} \\ \cdots & \cdots & \cdots \\ \mathbf{S}_{21} & \vdots & \mathbf{S}_{22} \end{pmatrix} = \begin{pmatrix} 79.74 & 22.38 & \vdots & 1.53 & 0.11 \\ 22.38 & 13.82 & \vdots & -0.58 & 0.03 \\ \cdots & \cdots & \cdots & \cdots & \cdots \\ 1.53 & -0.58 & \vdots & 0.64 & 0.03 \\ 0.11 & 0.03 & \vdots & 0.03 & 0.26 \end{pmatrix}$$

이다. 변수 x_1, x_2를 하나의 변수그룹으로 하고, 변수 x_3, x_4를 또 다른 변수그룹이라 가정한다. 만약 변수 x_3, x_4가 주어졌을 때, 변수 x_1과 변수 x_2의 부분상관계수를 구하면 식 (1.13)에서

$$\mathbf{S}_{11} - \mathbf{S}_{12}\mathbf{S}_{22}^{-1}\mathbf{S}_{21} = \begin{pmatrix} 76.1 & 23.8 \\ 23.8 & 13.3 \end{pmatrix}$$

이고 $\hat{\mathbf{D}} = \text{diag}(76.1, 13.3)$ 이므로,

$$\mathbf{R}_{1\cdot 2} = \begin{pmatrix} \frac{1}{\sqrt{76.1}} & 0 \\ 0 & \frac{1}{\sqrt{13.3}} \end{pmatrix} \begin{pmatrix} 76.1 & 23.8 \\ 23.8 & 13.3 \end{pmatrix} \begin{pmatrix} \frac{1}{\sqrt{76.1}} & 0 \\ 0 & \frac{1}{\sqrt{13.3}} \end{pmatrix} = \begin{pmatrix} 1.00 & 0.75 \\ 0.75 & 1.00 \end{pmatrix}$$

로부터 변수 x_1, x_2의 부분상관계수는 0.75이다. 또한 x_3, x_4에 대한 x_1과 x_2의 회귀계수를 구하면 각기 $(2.37, 0.13)$과 $(-0.92, 0.21)$이므로 변수 $x_1 - 2.37x_3 - 0.13x_4$와 $x_2 + 0.92x_3 - 0.21x_4$의 상관계수를 구하면 0.75임을 확인할 수 있다.

R에서 부분상관계수를 구하는 함수는 다음과 같이 작성할 수 있다.

```
pcc.f<-function(x, z1, z2, x2) {
   x<-as.matrix(x)
   s<-var(x)
   s22<-s[x2, x2]

   y1<-x[, z1] - x[, x2] %*% solve(s22) %*% s[z1, x2]
   y2<-x[, z2] - x[, x2] %*% solve(s22) %*% s[z2, x2]
   cor(y1, y2)
}
```

함수 pcc.f에서 x는 자료행렬, z1, z2는 정의 1.2에서 $\mathbf{x}_{(1)}$의 두 변수의 위치를 나타내는 인수이고, x2는 $\mathbf{x}_{(2)}$의 변수들의 위치를 나타내는 인수이다. 토양성분자료가 soil.d에 저장되어 있다고 가정하고 변수 x_3, x_4가 주어져 있을 때, 변수 x_1, x_2의 부분상관계수는

```
>pcc.f(soil.d,1,2,c(3,4))
```

를 입력하여 0.748를 얻는다. ■

정준상관계수는 11장에서 다룰 것이며, 여기서는 정의만 기술하기로 한다.

정의 1.3 여러 개의 확률변수로 이루어진 두 개의 변수 그룹 $\mathbf{x}_{(1)}$과 $\mathbf{x}_{(2)}$ 사이의 관계는 $\boldsymbol{\beta}_{(1)}^T\mathbf{x}_{(1)}$과 $\boldsymbol{\beta}_{(2)}^T\mathbf{x}_{(2)}$의 상관계수의 최대치(모든 $\boldsymbol{\beta}_{(1)}$과 $\boldsymbol{\beta}_{(2)}$에 대해)로 측정할 수 있으며, 이러한 상관계수를 정준상관계수(canonical correlation coefficient)라 한다.

제 1.4 절 다변량 자료의 그래프 표현

자료를 수집하여 본격적인 통계분석에 들어가기 전에 자료의 특성을 파악하는 것은 중요한 절차이다. 자료의 특성은 1.2절에서 언급한 바와 같은 수치적 요약과 본 절에서 다룰 그래프 표현으로부터 알아낼 수 있다. 자료의 그래프 표현의

목적은 보다 많은 정보를 시각적으로 빠르게 파악하는 데 있다. 즉 다변량 자료의 분포에 대한 특징(대칭성, 변수들 사이의 관계 등) 및 자료의 그룹화 등을 그림으로부터 직접 파악할 수 있다. 다변량 자료는 단변량 자료와 달리 여러 변수를 포함하므로 그래프 표현이 쉽지 않다. 여기서는 주로 R에서 제공하고 있는 함수를 이용하여 다변량 자료의 그래프 표현에 대해 살펴본다.

그래프의 작성 및 해석은 분석자의 주관에 의존한다는 단점이 있다. 그러므로 그래프 표현을 통해 전체적인 흐름을 파악한 후, 자료의 수치적 요약으로부터 구체적 특징을 추출하는 것이 일반적인 자료분석 방법이다. 이러한 그래프 표현은 자료의 분류에도 도움이 된다.

1.4.1 다변량 산포도

변수의 수가 p 인 다변량 자료에는 그림 1.2와 같은 두 변수 사이의 산포도가 $p(p-1)/2$개 존재한다. 이러한 모든 산포도를 다변량 산포도(scatter plot)라 한다. 모든 산포도를 행렬 형태의 그림으로 표현하면 두 변수 사이의 관계 및 이상치(outlier)(5장 참조)를 발견하는 데 도움이 된다.

예제 1.6 예제 1.1의 표 1.1의 비용자료에 대한 산포도는 그림 1.2와 같다. 여기서 $p = 3$ 이므로 산포도는 총 3개 이다. 대각선에 있는 산포도는 자기 자신의 변수와의 산포도이므로 항상 일직선이어서 나타낼 필요가 없으며, 상삼각에 있는 산포도와 하삼각에 있는 산포도는 가로축과 세로축의 변수가 서로 바뀐 그림이다.

그림 1.2는 R에서 다음과 같은 명령어를 통하여 얻을 수 있다.

```
> pairs(cost.d)
```

R에는 조건부 산점도도 제공하고 있다. 예를 들어 비용자료에서 자본금이 조건으로 주어진 상황에서 연료비(독립변수)와 수리비(반응변수)사이의 관계의 그림을 다음과 같은 명령어를 사용한다.

```
> coplot(repair~fuel|capital,data=cost.d)
```

를 수행하면 그림 1.3을 얻는다.

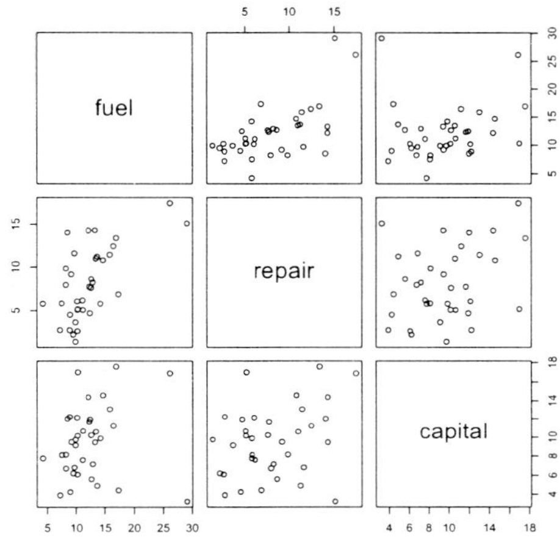

그림 1.2: 다변량 자료의 산포도

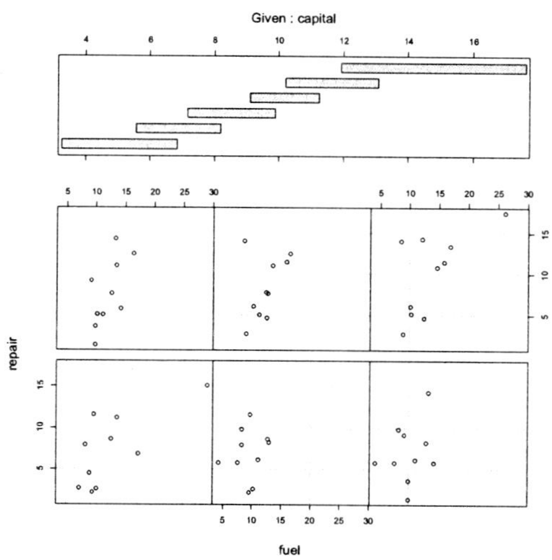

그림 1.3: 비용자료의 조건부 산점도

그림 1.3은 자본금이 6개로 나뉘어졌을 때 연료비와 수리비의 산점도를 나타낸 것으로 아래 왼쪽부터 위 오른쪽 순서로 그림을 살펴 보면 자료의 분석에 많은 도움을 준다. 6구역 모두에서 연료비와 수리비는 선형성이 보이고 있다. ■

1.4.2 별그림

별그림(stars)은 Welsch(1976)가 제안한 다변량 자료의 그래프 표현이다. 만약 변수의 수가 p인 자료가 모두 양의 값을 가진다면 p개의 직선 갈래가 있다. 각 직선 갈래의 사이각은 $360^o/p$ 이고 각 직선을 축으로 하여 각 변수의 값을 대응시킨 후, 그러한 대응값을 직선으로 연결한 다각형 모양의 그림이 별그림이다.

예제 1.7 예제 1.1의 비용자료 중 처음 6개의 자료에 대한 별그림은 다음의 R 명령어를 이용하여 그림 1.4와 같이 얻을 수 있다.

```
> x<-cost.d[1:6,]
> stars(x)
```

여기서 첫째줄의 명령어는 자료행렬 `cost.d`에서 처음 6개의 자료만을 취해 `x`에 저장하는 것을 뜻한다. 마지막 줄의 명령어가 별그림을 그리는 함수이다.

각 그림의 아래에는 관측치의 번호가 매겨져 있다. 그림 1.4에서 관측치 5와 6이 비슷한 크기의 별모양을 가지는 관측치임을 알 수 있다. ■

1.4.3 얼굴그림

얼굴그림(faces)은 Chernoff(1973)가 제안하였는데, 사람의 얼굴그림으로 다변량 자료의 특성을 나타내는 방법으로서 별그림과 유사하다. 다만 별그림에서의 직선 갈래 대신 사람 얼굴의 코, 눈, 귀 등으로 표현한다. 이것은 사람들이 사람의 얼굴에 빠른 반응을 보일 뿐만 아니라 이에 따른 얼굴 구분에 매우 익숙하다는 착상에 근거한다. 따라서 자료의 군집이나 분류에 도움을 준다. 그러나 변수의 순서가 달라짐에 따라 얼굴의 특징이 상이하다는 단점이 있다. 더 자세한 내용은 Fienberg(1979)를 참조하기 바란다.

예제 1.8 예제 1.7에서 사용한 비용자료의 처음 6개의 자료에 대한 얼굴그림을 그리면 그림 1.5와 같다 (`aplpack` 라이브러리 필요).

위의 그림을 얻기 위한 R 명령어는 다음과 같다.

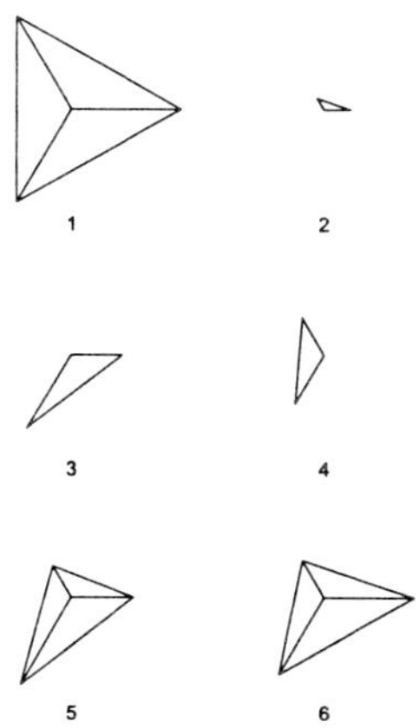

그림 1.4: 별그림

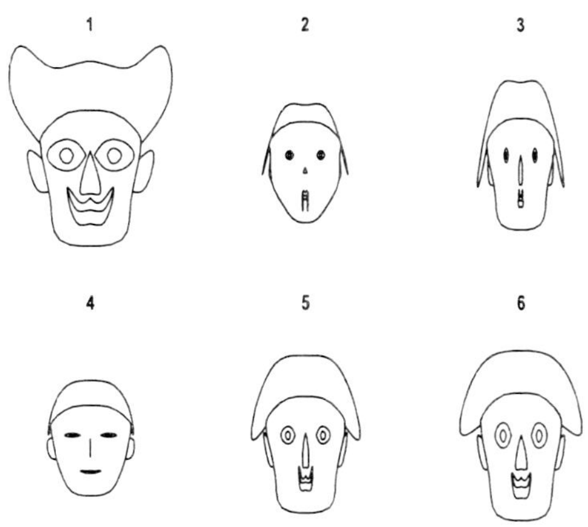

그림 1.5: 얼굴그림

```
> faces(x)
```

예제 1.7에서 살펴본 바와 같이 관측치 5와 6이 비슷한 얼굴 크기와 얼굴 모양을 가지고 있음을 알 수 있다. ■

1.4.4 푸리에 급수 표현

다변량 자료의 푸리에(Fourier) 급수 표현은 자료간의 거리를 유지하는 등의 이유로 별그림이나 얼굴그림보다 더 선호한다(Andrews, 1972). 푸리에 급수 표현은 각 자료에 대해 다음의 곡선을 그린다.

$$\begin{aligned} f(t) &= x_1/\sqrt{2} + x_2\sin(t) + x_3\cos(t) + x_4\sin(2t) \\ &\quad + x_5\cos(2t) + x_6\sin(3t) + \ldots \quad (-\pi < t < \pi), \end{aligned}$$

여기서 x_i는 i번째 변수를 의미한다. 위의 푸리에 함수를 결정하기 위해 먼저 각 변수의 값을 표준화 한다. 따라서 각 변수들은 푸리에 함수의 변동에 같은 정도로 기여하게 된다. 또한 평균이 0이 아닌 변수들에 의해 발생할 수 있는 변동을 제거해 준다. 이러한 급수 표현을 앤드류스 그림(Andrews' plot)이라 부른다.

예제 1.9 예제 1.1의 비용자료에 대한 앤드류스 그림을 R에서 함수로 나타내면 다음과 같다.

```
andrews.f<-function(x,v) {
  n<-nrow(x); p<-ncol(x);
  nv<-length(v)
  m<-cov.wt(x)$center
  d<-diag(1/sqrt(diag(cov.wt(x)$cov)))
  x<-(x - rep(1, n) %*% t(m)) %*% d
  l<-100
  tt<-seq(from= -pi,to=pi,length=l)
  andr.v<-c(rep(1/sqrt(2),l))
  for(i in 1:((p-1)/2))
    andr.v<-c(andr.v, sin(i * tt), cos(i * tt))
  if(p%%2 == 0)
    andr.v<-andr.v[-(((p-1)*l+1):p*l)]

  andr.m<-matrix(andr.v, nrow = l, ncol = p)
  y<-andr.m %*% t(x)
  z<-matrix(0, nv * l, 2)
  lab<-vector("numeric", nv * l)

  plot(rep(tt,n),as.vector(y),type="n",
              xlab="t",ylab="Andrews' plot")
  for(i in 1:nv) {
    lines(tt,y[,v[i]]) #점들을 선으로 연결
    for(j in 1:l) {
       z[(i - 1) * l + j, 1]_tt[j]
       z[(i - 1) * l + j, 2]_y[j, v[i]]
       lab[(i - 1) * l + j]_v[i]
    }
  }
  abline(h = 0)
  identify(z, labels = lab)
}
```

여기서 x는 자료 행렬이고, v는 앤드류스 그림을 그릴 관측치 번호의 벡터이다. 예를 들어 비용자료 cost.d에 대한 전체 관측치의 앤드류스 그림을 얻기 위해서, 다음과 같은 명령어를 입력하면

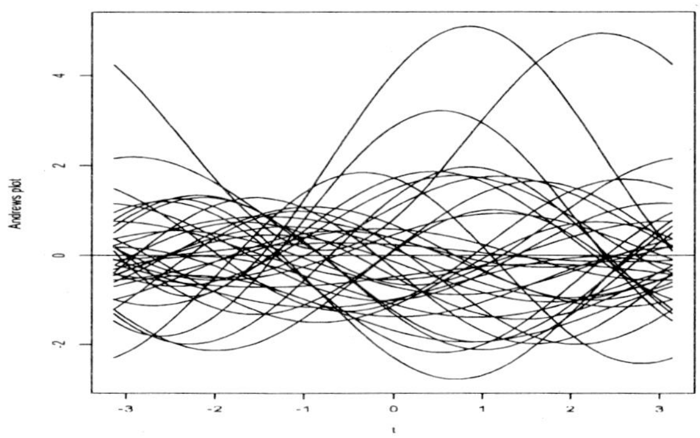

그림 1.6: 비용자료의 앤드류스 그림 I

```
>andrews.f(cost.d, c(1:36))
```

그림 1.6이 생성된다.

그런데 그림 1.6을 보고 어떤 관측치가 대부분의 자료와 다른지 알 수 없다. 이러한 단점을 해결하기 위해 위에서 작성한 R 함수 andrews.f에서는 내장함수 identify를 이용해 왼쪽 버튼으로 푸리에 곡선을 누르면 해당 관측치가 표시되게 된다. 그림 1.7에서 3개의 관측치 번호 9, 21, 23이 나타나 있음을 알 수 있

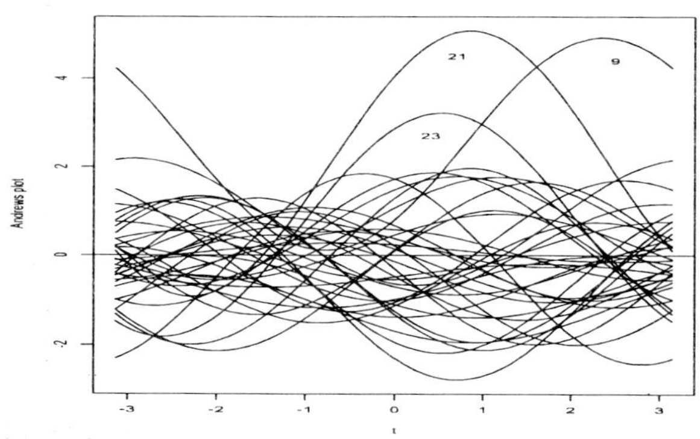

그림 1.7: 비용자료의 앤드류스 그림 II

다. R의 명령어 창으로 되돌아가려면 오른쪽 버튼을 누르면 된다. 특히 자료 9, 21의 푸리에 곡선은 다른 자료와 큰 차이가 있으므로 자료 9, 21은 이상치일 가능성이 있다(5장 참조). 이러한 앤드류스 그림은 자료의 그룹화에도 이용된다.

비용자료에서 관측치 9, 21, 23을 위한 앤드류스 그림은 함수 인자로 c(9, 21, 23)을 취하면 충분하다. 즉, 다음과 같은 명령어를 입력하면

```
>andrews.f(cost.d,c(9,21,23))
```

그림 1.8을 얻는다. ■

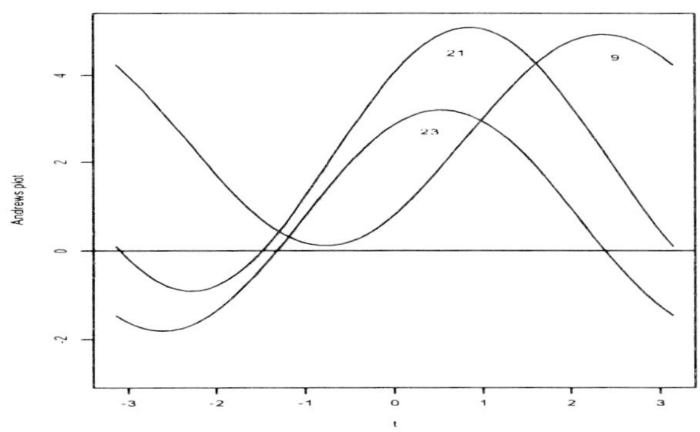

그림 1.8: 비용자료의 앤드류스 그림 III

참고 1.1 본 절에서 살펴본 다변량 자료의 그래프 표현인 산포도, 별그림, 얼굴그림, 푸리에 급수표현 이외에도 glyphs 와 metroglyphs(Anderson, 1960) 등이 있으며, 이에 대한 자세한 내용은 Seber(1984)의 책 4장을 참고하기 바란다.

연 습 문 제

1. 표 1.4의 토양성분자료에서 변수 x_1과 벡터 (x_2, x_3) 사이의 다중상관계수를 구하라.

2. 표 1.4의 토양성분자료에서 변수 x_1과 x_2, 변수 x_1과 x_3의 산포도를 그려서, 1번 문제의 결과와 비교하라.

3. 표 1.5는 암모니아의 산화공정에 관한 세 변수에 대한 자료로 21개의 관측치가 있으며, 변수 x_1은 공정률, 변수 x_2는 온도, 변수 x_3는 산농축정도를 나타내는 퇴비자료이다(Rousseeuw and Leroy, 1987, p.76). 이 자료를 `stack.d`라 한다.

표 1.5: 퇴비자료

번호	x_1	x_2	x_3	번호	x_1	x_2	x_3
1	80	27	89	11	58	18	89
2	80	27	88	12	58	17	88
3	75	25	90	13	58	18	82
4	62	24	87	14	58	19	93
5	62	22	87	15	50	18	89
6	62	23	87	16	50	18	86
7	62	24	93	17	50	19	72
8	62	24	93	18	50	19	79
9	58	23	87	19	50	20	80
10	58	18	80	20	56	20	82
				21	70	20	91

(1) 표본평균벡터, 표본공분산행렬, 표본상관행렬을 구하라.

(2) 공정률(x_1)이 주어졌을 때 온도(x_2)와 산농축정도(x_3)의 부분상관계수를 구하라.

(3) 앤드류스 그림을 그려 대부분의 자료와 다른 관측치들을 찾아라.

제 2 장

변환, 행렬의 분해 및 산포

다변량 자료의 기초통계량인 평균벡터와 공분산행렬은 스칼라(scalar)가 아니기 때문에, 이러한 기초통계량들로부터 자료의 구조 등과 같은 정보를 직접 파악하는 것이 쉽지 않다. 따라서 다변량 기초통계량을 분석자가 쉽게 이해할 수 있도록 다변량 정보를 추출하는 방법이 필요하게 된다. 본 장에서는 다변량 자료의 이해에 도움이 되는 변수를 변환하는 방법, 공분산행렬을 분해하는 방법, 각 자료점의 거리 및 산포에 대하여 알아본다.

제 2.1 절 변수변환

확률벡터 $\mathbf{x}$가 어떤 변환에 의해 확률벡터 $\mathbf{y}$로 바뀌었을 때, $\mathbf{y}$의 기초통계량들은 $\mathbf{x}$의 기초통계량과 변환에 사용된 행렬이나 벡터에 의하여 결정된다. 본 절에서는 변수변환 중 통계학에서 많이 사용되는 선형변환, 어파인(affine)변환, 척도변환에 대하여 살펴본다.

2.1.1 선형변환

크기가 $q \times p$ $(q \leq p)$인 행렬 $\mathbf{A}$와 q차원의 열벡터 $\mathbf{b}$가 주어졌을 때, 새로운 q차

원의 확률벡터 $\mathbf{y}$를 다음과 같이 정의하면

$$\mathbf{y} = \mathbf{A}\mathbf{x} + \mathbf{b} \tag{2.1}$$

이러한 $\mathbf{x}$에서 $\mathbf{y}$로의 변환을 선형변환(linear transformation) 이라 한다.

식 (2.1)의 선형변환으로 얻어진 확률벡터 $\mathbf{y}$의 평균벡터와 공분산행렬은

$$\boldsymbol{\mu}_y = \mathbf{A}\boldsymbol{\mu}_x + \mathbf{b}, \quad \boldsymbol{\Sigma}_y = \mathbf{A}\boldsymbol{\Sigma}_x\mathbf{A}^T \tag{2.2}$$

로 주어진다. 여기서 $\boldsymbol{\mu}_x$는 확률벡터 $\mathbf{x}$의 평균벡터이며, $\boldsymbol{\Sigma}_x$는 그 공분산행렬이다. 식 (2.2)는 $\mathbf{y}$의 평균 $\boldsymbol{\mu}_y$를 $\mathbf{y}$의 분포에서 직접 구하는 것과 먼저 $\mathbf{x}$의 분포에서 $\boldsymbol{\mu}_x$를 구하고, 다음으로 변환식 $\mathbf{A}\boldsymbol{\mu}_x + \mathbf{b}$를 계산하는 것이 같음을 의미한다. 공분산행렬에 대하여도 같은 의미를 내포한다.

선형변환을 확률표본의 관점에서 살펴보면 다음과 같다. $\mathbf{x}$의 표본으로부터 선형변환을 이용하여 얻어진 $\mathbf{y}$의 표본을 $\mathbf{y}_r = \mathbf{A}\mathbf{x}_r + \mathbf{b}$ $(r = 1, ..., n)$라 하고, 표본평균 $\bar{\mathbf{y}}$와 표본공분산행렬 $\mathbf{S}_y$를 구하면, 식 (2.2)에서와 마찬가지로 $\boldsymbol{\mu}_y$와 $\boldsymbol{\Sigma}_y$는 각각

$$\bar{\mathbf{y}} = \mathbf{A}\bar{\mathbf{x}} + \mathbf{b}, \quad \mathbf{S}_y = \mathbf{A}\mathbf{S}_x\mathbf{A}^T \tag{2.3}$$

로 추정하며, 이 식의 의미는 식 (2.2)와 같다. 여기서 $\bar{\mathbf{x}}$와 $\mathbf{S}_x$는 $\mathbf{x}$의 표본에 입각한 표본평균과 표본공분산행렬이다. $\mathbf{S}_x$가 $\boldsymbol{\Sigma}_x$의 불편추정량이면, $\mathbf{S}_y$도 $\boldsymbol{\Sigma}_y$의 불편추정량이 된다. 최우추정량의 사용도 마찬가지이다.

2.1.2 어파인변환

선형변환의 일종인 어파인변환(affine transformation)은 식 (2.1)에서 행렬 $\mathbf{A}$의 크기가 $p(= q)$인 정칙(nonsingular)행렬인 경우이다. 다변량 분석에서 많은 통계량, 예를 들어 마하라노비스 거리(Mahalanobis distance)(2.3.2절 참조)는 어파인변환에 대해 불변성(invariance)을 가진다. 여기서 불변의 정의는 다음과 같다.

정의 2.1 어떤 변수변환전의 통계량 T_x와 변환후의 통계량 T_y가 동일할 때, 이 통계량은 이러한 변수변환에 대하여 불변이라 한다.

모든 $i\ (=1,...,p)$에 대해 d_i가 양수이고, b_i가 임의의 상수일 때, 어파인변환의 특수한 경우인 다음의 변환에 대해

$$y_i = d_i x_i + b_i,$$

y_i와 y_j $(i \neq j)$의 상관계수는 x_i와 x_j의 상관계수와 같다. 즉, 위의 변환에 대해 $\mathbf{y}$ 표본에서 구한 표본상관행렬과 $\mathbf{x}$ 표본에서 구한 표본상관행렬은 서로 같다. 따라서 위의 변환에 대해 표본상관행렬은 불변이다.

참고 2.1 어파인변환을 선형변환과 특별히 구별하는 이유는 선형변환에서는 행렬 $\mathbf{A}$에 대한 제한 조건이 없지만, 어파인변환에서는 행렬 $\mathbf{A}$가 역행렬을 갖기 때문이다. 다변량분석 방법의 많은 경우에 역행렬을 요구하므로 선형변환보다 어파인변환이 훨씬 유용하다.

예제 2.1 표 1.1에 대하여 식 (2.1)에서

$$\mathbf{A} = \begin{pmatrix} 0.248 & -0.092 & -0.002 \\ -0.092 & 0.297 & -0.041 \\ -0.002 & -0.041 & 0.278 \end{pmatrix}, \quad \mathbf{b}^T = \begin{pmatrix} -2.26 & -0.899 & -2.308 \end{pmatrix}$$

인 어파인변환을 고려한다. 이 때 생성된 $\mathbf{y}$는 다음의 표 2.1과 같다.

표 2.1의 변환된 자료의 표본평균벡터와 표본공분산행렬을 직접 구하면

$$\bar{\mathbf{y}}^T = \begin{pmatrix} 0.0 & 0.0 & 0.0 \end{pmatrix}, \quad \mathbf{S}_y = \begin{pmatrix} 1.00 & 0.00 & 0.00 \\ 0.00 & 1.00 & 0.00 \\ 0.00 & 0.00 & 1.00 \end{pmatrix}$$

이다.

식 (2.3)에 의해 변환된 자료의 표본평균벡터와 표본공분산행렬은 예제 1.1에서 $\bar{\mathbf{x}}$와 $\mathbf{S}$가 각각 $\bar{\mathbf{x}}$와 $\mathbf{S}_x$일 때

$$\begin{aligned} \bar{\mathbf{y}} &= \mathbf{A}\bar{\mathbf{x}} + \mathbf{b} = (0.0\ \ 0.0\ \ 0.0)^T, \\ \mathbf{S}_y &= \mathbf{A}\mathbf{S}_x\mathbf{A}^T = \begin{pmatrix} 1.00 & 0.00 & 0.00 \\ 0.00 & 1.00 & 0.00 \\ 0.00 & 0.00 & 1.00 \end{pmatrix} \end{aligned}$$

임을 확인할 수 있다. 즉, 변환에 의한 자료 $\mathbf{y}_r$의 기초통계량 $\bar{\mathbf{y}}, \mathbf{S}_y$는 변환전의 기초통계량 $\bar{\mathbf{x}}, \mathbf{S}_x$, 변환에 사용된 행렬 $\mathbf{A}$와 벡터 $\mathbf{b}$의 정보만 주어지면 구하여진다는 것을 뜻한다. ■

표 2.1: 비용자료의 어파인변환에 의한 자료

번호	y_1	y_2	y_3	번호	y_1	y_2	y_3
1	0.65	0.82	0.27	19	0.07	−0.22	0.60
2	−0.73	−0.92	−1.34	20	−1.46	1.99	0.44
3	0.06	−1.81	0.33	21	2.59	1.18	1.62
4	−1.76	0.11	−0.39	22	0.18	0.06	−0.68
5	0.03	−0.87	0.43	23	0.67	0.79	2.00
6	0.72	−0.90	0.17	24	0.36	0.35	1.27
7	0.06	0.69	0.16	25	−0.21	−1.01	2.19
8	−0.29	1.73	−0.29	26	−0.45	−0.57	−1.33
9	3.56	0.77	−2.07	27	−0.93	1.37	−0.90
10	0.16	−0.22	0.20	28	0.09	0.26	−1.13
11	−0.95	−0.20	−0.30	29	−0.12	−1.39	−0.68
12	−0.16	−1.11	0.06	30	−0.97	0.43	−0.78
13	−0.20	−0.75	0.29	31	0.10	0.97	−1.43
14	−0.09	−0.41	−0.47	32	−1.15	0.94	−0.46
15	−0.58	1.63	1.08	33	0.60	0.50	0.82
16	0.03	−1.32	−0.74	34	−0.85	0.59	−0.06
17	−0.32	−0.54	0.80	35	0.38	−1.15	0.79
18	−0.33	−1.42	0.96	36	1.40	−0.64	−1.39

2.1.3 척도변환

척도(단위)변환(scale transformation)은 어파인변환의 일종으로 변환행렬 $\mathbf{A}$가 양의 대각원소를 갖는, 크기가 p인 대각행렬 $\mathbf{D}$이고, $\mathbf{b} = \mathbf{0}$인 경우를 말한다. 즉, 다음과 같이 기술할 수 있다.

$$\mathbf{y} = \mathbf{D}\mathbf{x}. \tag{2.4}$$

식 (2.2), (2.3)에 의해 다음의 결과를 얻는다.

$$\boldsymbol{\mu}_y = \mathbf{D}\boldsymbol{\mu}_x, \quad \boldsymbol{\Sigma}_y = \mathbf{D}\boldsymbol{\Sigma}_x\mathbf{D}, \tag{2.5}$$

$$\bar{\mathbf{y}} = \mathbf{D}\bar{\mathbf{x}}, \quad \mathbf{S}_y = \mathbf{D}\mathbf{S}_x\mathbf{D}, \tag{2.6}$$

여기서 $\mathbf{D}^T$대신에 $\mathbf{D}$가 되는 이유는 $\mathbf{D}$가 대각행렬로서 대칭행렬(symmetric matrix) 이기 때문이다.

예제 2.2 예제 1.1에서 사용한 비용자료에 대해

$$\mathbf{D} = \begin{pmatrix} 0.248 & 0.000 & 0.000 \\ 0.000 & 0.297 & 0.000 \\ 0.000 & 0.000 & 0.278 \end{pmatrix}$$

인 척도변환을 고려한다.

이때 식 (2.4)에서 척도변환된 벡터 $\mathbf{y}$에 대한 공분산행렬 $\mathbf{S}_y$와 대각행렬은

$$\mathbf{S}_y = \begin{pmatrix} 1.42 & 0.91 & 0.20 \\ 0.91 & 1.55 & 0.39 \\ 0.20 & 0.39 & 1.08 \end{pmatrix}, \quad \mathbf{D}_y^{-1/2} = [\mathrm{diag}(\mathbf{S}_y)]^{-1/2} = \begin{pmatrix} 0.84 & 0.00 & 0.00 \\ 0.00 & 0.80 & 0.00 \\ 0.00 & 0.00 & 0.96 \end{pmatrix}$$

이므로, 변환된 자료의 상관행렬은

$$\mathbf{R}_y = \mathbf{D}_y^{-1/2}\mathbf{S}_y\mathbf{D}_y^{-1/2} = \begin{pmatrix} 1.00 & 0.62 & 0.16 \\ 0.62 & 1.00 & 0.30 \\ 0.16 & 0.30 & 1.00 \end{pmatrix} = \mathbf{R}_x$$

이다. 여기서 $\mathbf{R}_x$는 예제 1.2에서 구한 표본상관행렬 $\mathbf{R}$ 이다. 그러므로 표본상관행렬은 척도변환에 대해 불변임을 확인할 수 있다. ■

제 2.2 절 행렬의 분해

다변량분석과 관련된 행렬은 자료행렬(data matrix), 공분산행렬, 상관행렬 등이 있다. 자료의 구조파악이나 쉬운 계산 등의 목적으로 스펙트럴분해(spectral decomposition), 비정칙치분해(singular value decomposition, SVD)와 콜레스키분해(Cholesky decomposition)와 같은 행렬의 분해를 생각할 수 있다.

2.2.1 스펙트럴분해

다변량분석에서 별 다른 언급이 없으면 공분산행렬 $\mathbf{\Sigma}$는 양정치(positive definite) 행렬로 가정한다. 공분산행렬 $\mathbf{\Sigma}$의 스펙트럴분해는 $\mathbf{\Sigma}$를 다음과 같이 직교행

렬(orthogonal matrix) $\mathbf{\Gamma}$와 대각행렬(diagonal matrix) $\mathbf{\Lambda}$로 표현한다.

$$\mathbf{\Sigma} = \mathbf{\Gamma}\mathbf{\Lambda}\mathbf{\Gamma}^T, \tag{2.7}$$

여기서 $\mathbf{\Lambda}$는 양의 대각원소를 갖고, $\mathbf{\Gamma}$의 i 번째 열벡터를 γ_i로 하고, $\mathbf{\Lambda}$의 i 번째 대각원소를 λ_i로 할 때, γ_i와 λ_i는 각각 $\mathbf{\Sigma}$의 특성벡터(eigenvector 또는 characteristic vector)와 특성치(eigenvalue 또는 characteristic value)가 된다. 즉, $\mathbf{\Sigma}\gamma_i = \lambda_i\gamma_i$의 관계가 성립한다. 자주 사용되는 $\mathbf{\Sigma}^{-1/2}$은 다음과 같이 정의할 수 있다.

$$\mathbf{\Sigma}^{-1/2} = \mathbf{\Gamma}\mathbf{\Lambda}^{-1/2}\mathbf{\Gamma}^T, \tag{2.8}$$

여기서 $\mathbf{\Lambda}^{-1/2} = \text{diag}(\lambda_1^{-1/2}, ..., \lambda_p^{-1/2})$이다. 식 (2.7)에 의해 $\mathbf{\Sigma} = \sum_{i=1}^{p} \lambda_i\gamma_i\gamma_i^T$로 표현할 수 있다.

이러한 스펙트럴분해는 주성분분석(principal components analysis)에서 자료축약(data reduction) 혹은 차원축약(dimensionality reduction)의 목적으로 많이 쓰인다(8장 참조). 특성치의 크기 순서가 $\lambda_1 \geq \ldots \geq \lambda_p$일 때, 처음 몇 개의 특성치가 전체 변이(total variation)의 대부분을 차지하는 경우가 발생할 수 있다. 이러한 경우 처음 몇 개의 특성치에 해당하는 특성벡터로써 자료를 축약할 수 있다.

표본공분산행렬의 분해는 식 (2.7)과 마찬가지로 다음과 같이 나타낼 수 있다.

$$\mathbf{S} = \mathbf{G}\mathbf{L}\mathbf{G}^T, \tag{2.9}$$

여기서 $\mathbf{G} = (\mathbf{g}_1, ..., \mathbf{g}_p)$와 $\mathbf{L} = \text{diag}(l_1, ..., l_p)$ $(l_1 \geq \ldots \geq l_p)$는 식 (2.7)에서 각각 $\mathbf{\Gamma}$와 $\mathbf{\Lambda}$의 추정량이다. $\mathbf{S}$ 대신에 $\mathbf{S}_n = (n-1)\mathbf{S}/n$을 사용하여 얻어진 $\mathbf{G}$와 $\mathbf{L}$은 정규분포 가정하에서 얻어진 모수의 최우추정량이 된다.

공분산행렬 대신에 상관행렬의 스펙트럴분해가 주성분분석에 사용되기도 한다. 두 경우의 차이점은 전자는 단위(scale)변화에 주성분분석의 결과가 변하고, 후자는 단위변화에 불변하다. 따라서 변수간에 측정단위의 차이가 크면, 상관행렬을 사용하기도 한다.

예제 2.3 예제 1.1의 표 1.1의 자료에서 $\mathbf{G}$와 $\mathbf{L}$은 다음과 같이 얻어진다.

$$\mathbf{L} = \mathrm{diag}(34.31, 13.21, 7.00),$$

$$\mathbf{G} = \begin{pmatrix} 0.74 & -0.38 & 0.55 \\ 0.62 & 0.09 & -0.78 \\ 0.25 & 0.92 & 0.31 \end{pmatrix}.$$

예제 1.1에서의 공분산행렬이 식 (2.9)처럼

$$\begin{aligned} \mathbf{S} &= \begin{pmatrix} 23.01 & 12.37 & 2.91 \\ 12.37 & 17.54 & 4.77 \\ 2.91 & 4.77 & 13.96 \end{pmatrix} \\ &= \begin{pmatrix} 0.74 & -0.38 & 0.55 \\ 0.62 & 0.09 & -0.78 \\ 0.25 & 0.92 & 0.31 \end{pmatrix} \begin{pmatrix} 34.31 & 0.00 & 0.00 \\ 0.00 & 13.21 & 0.00 \\ 0.00 & 0.00 & 7.00 \end{pmatrix} \begin{pmatrix} 0.74 & -0.38 & 0.55 \\ 0.62 & 0.09 & -0.78 \\ 0.25 & 0.92 & 0.31 \end{pmatrix}^T \end{aligned}$$

임을 확인할 수 있다.

한편 $\mathbf{G}$가 직교행렬임은 $\mathbf{G}\mathbf{G}^T = \mathbf{G}^T\mathbf{G} = \mathbf{I}$ 에서 확인할 수 있다.

R에서 스펙트럴분해를 이용해 행렬 $\mathbf{G}, \mathbf{L}$을 구하기 위하여 `eigen` 함수를 이용한다. 만약 `cost.d`에 자료가 저장되어 있다면 `var` 함수를 이용하여 공분산행렬을 구할 수 있으므로 다음과 같은 프로그램으로 스펙트럴분해를 할 수 있다.

```
>a<-eigen(var(cost.d))
```

이때 `a`에는 `eigen` 함수의 결과가 저장되어 있으므로 R의 명령어 창에서 `a`를 입력하면

```
> a
$values
[1] 34.310148 13.210205  7.000452
$vectors
          [,1]        [,2]       [,3]
[1,] 0.7432852 -0.38596102  0.5464075
[2,] 0.6198618  0.09017059 -0.7795130
[3,] 0.2515918  0.91809768  0.3062650
```

을 얻는다. 즉 a$values는 특성치들의 벡터인 **L**의 대각원소들이고, a$vectors는 특성벡터들의 모임인 행렬 **G**이다. 그러므로 **L**과 **G**를 각각 L, G에 지정하고 식 (2.9)를 다음과 같이 확인할 수 있다.

```
> L<-diag(a$values)
> G<-a$vectors
> G%*%L%*%t(G)
          [,1]      [,2]      [,3]
[1,] 23.013361 12.366395  2.906609
[2,] 12.366395 17.544111  4.773082
[3,]  2.906609  4.773082 13.963334
```

여기서 diag 함수는 인수가 벡터이며, 그 벡터를 대각원소로 갖는 대각행렬을 만드는 함수이고, t(G)는 G의 전치행렬(transpose matrix)을 구하는 함수이다. ■

2.2.2 비정칙치분해

크기가 $n \times p$인 자료행렬 **X**의 계수(rank)를 $q(\leq p)$라 하면 **X**의 비정칙치분해(singular value decomposition)는 다음과 같이 표현할 수 있다.

$$\mathbf{X} = \mathbf{U}\mathbf{D}\mathbf{V}^T, \tag{2.10}$$

여기서 **U**는 $n \times q$의 크기이고, **V**는 $p \times q$의 크기이며, $\mathbf{U}^T\mathbf{U} = \mathbf{V}^T\mathbf{V} = \mathbf{I}_q$를 만족한다. 그리고 **D**는 크기가 q인 양의 대각원소를 갖는 대각행렬 $\text{diag}(d_1, ..., d_q)$이다. **U**와 **V**는 정직교(orthonormal)인 열벡터를 갖는다. 위의 분해는 스펙트럴 분해처럼 다음과 같은 관계가 있다.

$$\mathbf{X}\mathbf{X}^T = \mathbf{U}\mathbf{D}^2\mathbf{U}^T, \tag{2.11}$$

$$\mathbf{X}^T\mathbf{X} = \mathbf{V}\mathbf{D}^2\mathbf{V}^T. \tag{2.12}$$

따라서 $\mathbf{X}\mathbf{X}^T$와 $\mathbf{X}^T\mathbf{X}$는 같은 특성치 d_i^2을 가진다.

이러한 비정칙치분해는 정준상관분석, 행렬도(biplot; Gabriel, 1971) 등에서 많이 쓰인다(11장과 8.4절 참조).

예제 2.4 다음과 같은 크기가 4×3인 행렬 $\mathbf{X}$에 대하여 비정칙치분해를 적용하여 본다.

$$\mathbf{X} = \begin{pmatrix} 2 & 0 & 1 \\ 3 & -1 & 1 \\ -2 & 4 & 1 \\ 1 & 1 & 1 \end{pmatrix}.$$

R에서 비정칙치분해를 위한 내장함수 svd를 이용하면

```
>X<-matrix(c(2,0,1,3,-1,1,-2,4,1,1,1,1),4,3,byrow=T)
>svd(X)
$d
[1] 5.291503e+00 3.464102e+00 5.378122e-16
$u
              [,1] [,2]       [,3]
[1,] -2.672612e-01 -0.5 -0.6934423
[2,] -5.345225e-01 -0.5  0.6641575
[3,]  8.017837e-01 -0.5  0.2116243
[4,]  1.746108e-16 -0.5 -0.1823395
$v
              [,1]       [,2]       [,3]
[1,] -7.071068e-01 -0.5773503 -0.4082483
[2,]  7.071068e-01 -0.5773503 -0.4082483
[3,]  2.041824e-16 -0.5773503  0.8164966
```

을 얻는다. 여기서 $d는 행렬 $\mathbf{D}$의 대각원소를, $u는 행렬 $\mathbf{U}$를, $v는 행렬 $\mathbf{V}$를 각각 나타낸다. 그러므로 식 (2.10)은

```
> svd(X)$u %*% diag(svd(X)$d) %*% t(svd(X)$v)
     [,1]          [,2] [,3]
[1,]    2 -6.343358e-16    1
[2,]    3 -1.000000e+00    1
[3,]   -2  4.000000e+00    1
[4,]    1  1.000000e+00    1
```

으로부터 확인할 수 있다. 식 (2.11), (2.12)는 각자 확인해보기 바란다. ■

2.2.3 콜레스키분해

공분산행렬 $\mathbf{\Sigma}$의 콜레스키분해(Cholesky decomposition)는 다음과 같이 표현할 수 있다.

$$\mathbf{\Sigma} = \mathbf{A}\mathbf{A}^T, \tag{2.13}$$

여기서 $\mathbf{A}$는 양의 대각원소를 가지는 하삼각행렬(lower triangular matrix)이다. $\mathbf{B}^T = \mathbf{A}^{-1}$라 할 때, $\mathbf{B}$는 상삼각행렬(upper triangular matrix)이 되며, $\mathbf{\Sigma}^{-1} = \mathbf{B}\mathbf{B}^T$를 얻는다.

$\mathbf{B}$의 (i,j) 원소를 b_{ij}라 하면, 이러한 콜레스키분해는 확률벡터 $\mathbf{x}$가 정규분포를 가질 때, x_i의 $x_1,\ldots,x_{i-1}$에 대한 회귀선을 다음과 같이 나타내는 데 매우 유용하다(3.2절 참조).

$$E(x_i \mid x_1,...,x_{i-1}) = \mu_i - \sum_{k=1}^{i-1} \frac{b_{ki}}{b_{ii}}(x_k - \mu_k), \quad i \geq 2. \tag{2.14}$$

$\mathbf{A}$와 $\mathbf{B}$의 추정은 표본공분산행렬 $\mathbf{S}$의 콜레스키분해에서 얻어진 것으로 한다. 이 경우도 $\mathbf{S}$대신 $(n-1)\mathbf{S}/n$을 사용하여 얻어진 $\hat{\mathbf{A}}$와 $\hat{\mathbf{B}}$은 정규분포 가정하에서 얻어진 모수의 최우추정량이된다. 이러한 추정량과 표본평균을 사용하여 위의 회귀선을 추정할 수 있다.

예제 2.5 예제 1.1의 비용자료에서 $\hat{\mathbf{A}}$와 $\hat{\mathbf{B}}$는 다음과 같다.

$$\hat{\mathbf{A}} = \begin{pmatrix} 4.80 & 0.00 & 0.00 \\ 2.58 & 3.30 & 0.00 \\ 0.61 & 0.97 & 3.56 \end{pmatrix}, \quad \hat{\mathbf{B}} = \begin{pmatrix} 0.21 & -0.16 & 0.009 \\ 0.00 & 0.30 & -0.083 \\ 0.00 & 0.00 & 0.281 \end{pmatrix}.$$

또한 회귀선은 다음과 같이 추정된다.

$$\hat{x}_2 = 8.11 - \frac{-0.16}{0.30}(x_1 - 12.22) = 1.59 + 0.53x_1,$$

$$\hat{x}_3 = 9.59 - \frac{0.009}{0.281}(x_1 - 12.22) - \frac{-0.083}{0.281}(x_2 - 8.11) = 7.59 - 0.03x_1 + 0.30x_2.$$

R에서 콜레스키분해를 위한 함수는 `chol` 이다. 비용자료의 경우

```
> At<-chol(var(cost.d))
> At
             fuel    repair   capital
fuel     4.797224 2.577823 0.6058939
repair   0.000000 3.301354 0.9726902
capital  0.000000 0.000000 3.5566980
>t(At)%*%At
               fuel     repair    capital
fuel      23.013361 12.366395   2.906609
repair    12.366395 17.544111   4.773082
capital    2.906609  4.773082  13.963334
```

에서 얻어진 At는 상삼각행렬이다. 그러므로 식 (2.13)에서의 $\mathbf{A}$는 t(At)이고 $\mathbf{B}$는 solve(At)로 얻어진다. 위에서 $\mathbf{A}\mathbf{A}^T = \mathbf{S}$임을 확인할 수 있다. ■

제 2.3 절 산포 및 거리

2.3.1 산포

자료점들이 평균을 중심으로 퍼져있는 정도를 측정하는 척도로서 공분산행렬을 생각할 수 있다. 그러나 공분산행렬은 크기를 비교할 수 있는 스칼라(scalar)형태가 아니다. 보편적으로 사용되는 산포의 척도로 다음의 두 가지가 있다. 첫째는 일반화된 분산(generalized variance) $|\mathbf{S}|$ 이고, 둘째는 전체 변이(total variation) $\mathrm{tr}(\mathbf{S})$ 이다. 이러한 두 척도는 $\mathbf{S}$의 특성치(eigenvalue) l_i로 아래와 같이 표시된다.

$$|\mathbf{S}| = \prod_{i=1}^{p} l_i, \tag{2.15}$$

$$\mathrm{tr}(\mathbf{S}) = \sum_{i=1}^{p} l_i. \tag{2.16}$$

위의 척도의 값이 크면 자료의 퍼져있는 정도가 크다는 것을 의미한다. $|\mathbf{S}|$와 $\mathrm{tr}(\mathbf{S})$는 각각 특성치들의 기하평균, 산술평균과 관련되어 있다.

예제 2.6 예제 1.1의 비용자료에 대해서 예제 2.3에서 얻은 특성치로부터 $|\mathbf{S}| = 34.31 \cdot 13.21 \cdot 7.00 = 3172.9$ 와 $\text{tr}(\mathbf{S}) = 34.31 + 13.21 + 7.00 = 54.5$이다. 비용자료에서 9, 21번째 자료를 제외한 나머지 34개의 자료를 이용하면, $|\mathbf{S}| = 1052.0$과 $\text{tr}(\mathbf{S}) = 35.3$이다. 또한 제일 큰 특성치는 34.31에서 20.7로 크게 바뀐다. 나머지 두 개의 특성치는 큰 변화가 없다. 따라서 9, 21 번째 자료가 산포에 큰 영향을 미친다는 사실을 알 수 있다.

R에서 공분산행렬의 특성치를 구하는 함수가 eigen()$values라는 사실은 예제 2.3에서 이미 언급하였다. 그러므로 식 (2.15)와 (2.16)을 구하기 위하여 어떤 벡터의 원소들의 곱과 합을 구하는 내장함수 prod와 sum을 이용하면 충분하다. S를 공분산행렬이라 할 때, 다음의 명령어

```
>S<-var(cost.d) # 비용자료의 표본공분산행렬
>a1<-prod(eigen(S)$values)
>a2<-det(S) # a1과 같다.
>b1<-sum(eigen(S)$values)
>b2<-sum(diag(S)) # b1와 같다.
```

에서 a1, a2는 일반화된 분산 $|\mathbf{S}|$이고, b1, b2는 전체 변이 $\text{tr}(\mathbf{S})$이다.

비용자료에서 9, 21 번째 자료를 제외한 나머지 34개의 자료에 대한 통계처리를 R에서는 다음과 같이 쉽게 수행할 수 있다. cost.d에 표 1.1의 자료가 저장되었다고 가정한다.

```
>X1<-cost.d[-c(9,21),]
>S<-var(X1)
>eigen(S)$values
[1] 20.715608  8.754588  5.800863
>prod(eigen(S)$values)
[1] 1052.025
>sum(eigen(S)$values)
[1] 35.27106
```

cost.d는 첫 번째 인수가 관측치의 번호, 두 번째 인수가 변수를 나타내므로 9, 21

번째 관측치인 `cost.d[9,]`, `cost.d[21,]`를 제거하려면 `cost.d[-c(9,21),]`을 수행하면 충분하다. 자세한 사항은 부록 A.2의 'R에서 자료의 입력 및 조작' 절을 참고하기 바란다. ■

2.3.2 거리

두 점 사이의 거리는 여러 방법으로 정의할 수 있다. 먼저 생각할 수 있는 것은 식 (2.17)로 정의되는 유클리디안 거리(Euclidean distance)이다.

$$|\mathbf{x}_r - \mathbf{x}_s|^2 = (\mathbf{x}_r - \mathbf{x}_s)^T(\mathbf{x}_r - \mathbf{x}_s) = \sum_{i=1}^{p}(x_{ri} - x_{si})^2. \tag{2.17}$$

다변량 자료는 변수들 사이의 공분산관계가 있으나, 유클리디안 거리는 이러한 변수들 사이의 관계를 반영하지 못한다. 유클리디안 거리는 모든 변수가 동일한 단위로 측정되고 독립일 때 사용된다.

이러한 단점을 극복할 수 있는 방안의 하나로, 두 점 $\mathbf{x}_r$과 $\mathbf{x}_s$ 사이의 거리는

$$D_{rs}^2 = (\mathbf{x}_r - \mathbf{x}_s)^T\mathbf{S}^{-1}(\mathbf{x}_r - \mathbf{x}_s) \tag{2.18}$$

를 이용하여 측정할 수 있다. 여기서 $\mathbf{S}$는 식 (1.6)에서 정의한 모든 자료에 입각한 표본공분산행렬이다. 또한 표본평균 $\bar{\mathbf{x}}$로 부터 $\mathbf{x}_r$의 거리는 다음의 표본 마하라노비스 거리(Mahalanobis distance)

$$D_r^2 = (\mathbf{x}_r - \bar{\mathbf{x}})^T\mathbf{S}^{-1}(\mathbf{x}_r - \bar{\mathbf{x}}) \tag{2.19}$$

로 측정할 수 있다. 이렇게 정의된 거리는 자료의 어파인변환에 대해 불변이다. D_{rs}^2와 D_r^2는 변수들 사이에 서로 다른 분산을 가지는 경우나 서로 상관되어 있는 경우를 수용한다. 이외에도 여러 형태의 거리 개념이 있다(Gnanadesikan, 1997). D_r^2의 값이 크면 점 $\mathbf{x}_r$이 중심 $\bar{\mathbf{x}}$에서 많이 벗어난 것을 나타내며, 이 경우 점 $\mathbf{x}_r$은 보통 이상치(outlier)로 간주한다(자세한 내용은 5장에서 다룬다).

n개의 점 $\mathbf{x}_r$이 평균벡터 $\boldsymbol{\mu}$와 공분산행렬 $\boldsymbol{\Sigma}$를 갖는 모집단에서 추출된 확률표본일때, 평균 $\boldsymbol{\mu}$로 부터 $\mathbf{x}_r$의 거리는 위의 D_r^2에서와 같이

$$(\mathbf{x}_r - \boldsymbol{\mu})^T\boldsymbol{\Sigma}^{-1}(\mathbf{x}_r - \boldsymbol{\mu})$$

표 2.2: 비용자료에 대한 표본 마하노비스 거리

번호	D_r^2	번호	D_r^2	번호	D_r^2
1	1.18	13	0.69	25	5.84
2	3.19	14	0.39	26	2.29
3	3.37	15	4.20	27	3.60
4	3.27	16	2.29	28	1.37
5	0.93	17	1.02	29	2.40
6	1.34	18	3.03	30	1.74
7	0.51	19	0.40	31	3.02
8	3.19	20	6.35	32	2.42
9	17.64	21	10.73	33	1.28
10	0.11	22	0.49	34	1.09
11	1.04	23	5.09	35	2.08
12	1.24	24	1.88	36	4.28

로 정의되며, 3장에서 정의한 다변량 정규분포의 확률밀도함수의 중요한 항이다.

예제 2.7 예제 1.1의 비용자료에서 관측치 1, 2 사이의 거리를 계산하면 다음과 같다.

$$\mathbf{x}_1 = \begin{pmatrix} 16.44 \\ 12.43 \\ 11.23 \end{pmatrix}, \quad \mathbf{x}_2 = \begin{pmatrix} 7.19 \\ 2.70 \\ 3.92 \end{pmatrix}, \quad \mathbf{S} = \begin{pmatrix} 23.01 & 12.37 & 2.91 \\ 12.37 & 17.54 & 4.77 \\ 2.91 & 4.77 & 13.96 \end{pmatrix}$$

이므로, 관측치 1, 2 사이의 거리는 $D_{12}^2 = (\mathbf{x}_1 - \mathbf{x}_2)^T\mathbf{S}^{-1}(\mathbf{x}_1 - \mathbf{x}_2) = 7.57$이다.

비용자료에 대한 마하노비스 거리를 R에서 `mahalanobis` 함수를 이용하여 다음과 같이 쉽게 구할 수 있다.

```
>cost.m<-apply(cost.d,2,mean)
>cost.s<-var(cost.d)
>cost.mah<-mahalanobis(cost.d,cost.m,cost.s)
```

여기서 `cost.m`과 `cost.s`는 비용자료의 표본평균벡터와 표본공분산행렬을 나타낸다. 계산된 마하노비스 거리 D_r^2은 `cost.mah`에 저장된다.

이와 같이 비용자료에 대한 D_r^2 $(r = 1, \cdots, 36)$을 구하면 표 2.2와 같다.

관측치 9, 21의 경우에 표본 마하라노비스 거리가 크므로 이상치 자료일 가능성이 높음을 알 수 있다. ■

연 습 문 제

1. 행렬 $\mathbf{A}$를

$$\begin{bmatrix} 10 & 1 & 2 \\ 1 & 15 & 3 \\ 2 & 3 & 13 \end{bmatrix}$$

로 $\mathbf{b} = (1, 2, 3)^T$로 하여, 식 (2.1)의 선형변환을 1장의 비용자료에 적용하여, 변환된 자료의 표본 마하라노비스 거리를 계산하라. 이것을 표 2.2의 결과와 비교하여, 왜 그러한 결과를 얻게 되는지를 설명하라.

2. 다음의 행렬에 대해 물음에 답하라.

$$\mathbf{A} = \begin{pmatrix} 14 & 2 & 1 \\ 2 & 12 & 5 \\ 1 & 5 & 11 \end{pmatrix}.$$

(1) $\mathbf{A}^{-1}$를 구하라.

(2) $\mathbf{A}^{-1}$의 특성치와 특성벡터를 구하라.

(3) $\mathbf{A}$의 특성치와 특성벡터를 (2)의 결과와 비교하라. 또한 $\mathbf{A}^{-1}$의 특성치와 특성벡터를 $\mathbf{A}$의 특성치와 특성벡터로 표현하라.

3. 다음의 자료는 공정 온도(x)에 따른 화학반응률(y)에 관한 것이다.

$x(^oC)$	$y(\%)$
150	77.4
150	76.7
200	84.1
200	84.5
250	89.2
250	89.7
300	94.8
300	94.7

위의 자료를 단순선형회귀모형 $y_i = \beta_0 + \beta_1 x_i + \epsilon_i \ (i = 1, \cdots, n)$ 에 적용하여 최소제곱법(least squares method)에 의해 모수 β_0, β_1을 추정하면

$$\hat{\beta}_0 = \bar{y} - \hat{\beta}_1 \bar{x}, \quad \hat{\beta}_1 = \frac{\sum_{i=1}^{n}(x_i - \bar{x})(\bar{y}_i - \bar{y})}{\sum_{i=1}^{n}(x_i - \bar{x})^2}$$

이다.

(1) 최소제곱법에 의해 β_0, β_1을 추정하라.

(2) 식 (2.14)에서 $i = 2$인 경우에 대하여 각 계수를 추정하여 (1)의 결과와 비교하라.

제 3 장

다변량 정규분포

단변량 통계분석에서 정규분포가 중요한 역할을 하는 것과 마찬가지로 다변량 통계분석에서도 p 차원의 다변량 정규분포가 매우 중요한 역할을 한다. 사실 대부분의 다변량 통계분석방법은 자료들이 다변량 정규분포에서 추출되었음을 가정한다. 이처럼 다변량 정규분포의 사용은 다변량 정규분포의 수학적 접근의 용이성과 중심극한정리(central limit theorem) 등에 바탕을 둔다.

제 3.1 절 다변량 정규분포의 정의

다변량분석에서 주로 사용하는 분포는 다변량 정규분포(multivariate normal distribution)이다. p 차원의 확률벡터 $\mathbf{x} = (x_1, ..., x_p)^T$가 다변량 정규분포를 따를 때, 그 확률밀도함수는 다음과 같다.

$$f(\mathbf{x}) = (2\pi)^{-p/2} \mid \mathbf{\Sigma} \mid^{-1/2} \exp\{-\frac{1}{2}(\mathbf{x}-\boldsymbol{\mu})^T\mathbf{\Sigma}^{-1}(\mathbf{x}-\boldsymbol{\mu})\}. \tag{3.1}$$

이러한 다변량 정규분포를 $N_p(\boldsymbol{\mu}, \mathbf{\Sigma})$로 표시한다. 단변량 정규분포가 평균과 분산에 의해 유일하게 결정되듯이 다변량 정규분포도 평균벡터 $\boldsymbol{\mu}$와 공분산행렬 $\mathbf{\Sigma}$에 의해 유일하게 결정된다.

확률표본 $\mathbf{x}_1, ..., \mathbf{x}_n$이 $N_p(\boldsymbol{\mu}, \mathbf{\Sigma})$에서 추출되었을 때, 표본평균벡터 $\bar{\mathbf{x}}$(식 (1.5) 참조)는 $N_p(\boldsymbol{\mu}, \mathbf{\Sigma}/n)$를 따른다. 표본공분산행렬 $\mathbf{S}$(식 (1.6) 참조)의 분포는 확률

변수를 원소로 갖는 행렬에 관한 분포인 위샤트분포(Wishart distribution)의 정의를 요구한다. 확률표본 $\mathbf{z}_1,..., \mathbf{z}_m$ 이 $N_p(\mathbf{0}, \mathbf{\Sigma})$에서 추출되었을 때, 확률행렬 $\sum_{i=1}^m \mathbf{z}_i\mathbf{z}_i^T$은 자유도 m인 위샤트 분포를 갖는다고 하며, 그 분포를 $W_p(m, \mathbf{\Sigma})$로 나타낸다(Mardia et al., 1979). 이러한 정의를 이용하면 $\mathbf{x}_1, ..., \mathbf{x}_n$이 $N_p(\boldsymbol{\mu}, \mathbf{\Sigma})$에서 추출되었을 때 $(n-1)\mathbf{S}$는 $W_p(n-1, \mathbf{\Sigma})$를 따른다.

예제 3.1 차원 $p = 2$인 경우의 다변량 정규분포를 특히 이변량 정규분포(bivariate normal distribution)라 한다. 이 경우 각 모수들은 $\mu_1 = E(x_1)$, $\mu_2 = E(x_2)$, $\sigma_{11} = \text{var}(x_1)$, $\sigma_{22} = \text{var}(x_2)$, $\rho_{12} = \sigma_{12}/\sqrt{\sigma_{11}}\sqrt{\sigma_{22}} = \text{corr}(x_1, x_2)$ 이다. 공분산 행렬

$$\mathbf{\Sigma} = \begin{pmatrix} \sigma_{11} & \sigma_{12} \\ \sigma_{12} & \sigma_{22} \end{pmatrix}$$

의 역행렬을 구하면

$$\mathbf{\Sigma}^{-1} = \frac{1}{\sigma_{11}\sigma_{22} - \sigma_{12}^2} \begin{pmatrix} \sigma_{22} & -\sigma_{12} \\ -\sigma_{12} & \sigma_{11} \end{pmatrix}$$

이다. $\sigma_{12} = \rho_{12}\sqrt{\sigma_{11}}\sqrt{\sigma_{22}}$에서 $\sigma_{11}\sigma_{22} - \sigma_{12}^2 = \sigma_{11}\sigma_{22}(1-\rho_{12}^2)$을 얻을 수 있다. 그러므로 식 (3.1)에서 지수부분의 항은

$$\begin{aligned}
& (\mathbf{x}-\boldsymbol{\mu})^T\mathbf{\Sigma}^{-1}(\mathbf{x}-\boldsymbol{\mu}) \\
= \; & \frac{1}{\sigma_{11}\sigma_{22}(1-\rho_{12}^2)} \\
& \times \begin{pmatrix} x_1-\mu_1, & x_2-\mu_2 \end{pmatrix} \begin{pmatrix} \sigma_{22} & -\rho_{12}\sqrt{\sigma_{11}}\sqrt{\sigma_{22}} \\ -\rho_{12}\sqrt{\sigma_{11}}\sqrt{\sigma_{22}} & \sigma_{11} \end{pmatrix} \begin{pmatrix} x_1-\mu_1 \\ x_2-\mu_2 \end{pmatrix} \\
= \; & \frac{\sigma_{22}(x_1-\mu_1)^2 + \sigma_{11}(x_2-\mu_2)^2 - 2\rho_{12}\sqrt{\sigma_{11}}\sqrt{\sigma_{22}}(x_1-\mu_1)(x_2-\mu_2)}{\sigma_{11}\sigma_{22}(1-\rho_{12}^2)} \\
= \; & \frac{1}{1-\rho_{12}^2}\left[\left(\frac{x_1-\mu_1}{\sqrt{\sigma_{11}}}\right)^2 + \left(\frac{x_2-\mu_2}{\sqrt{\sigma_{22}}}\right)^2 - 2\rho_{12}\left(\frac{x_1-\mu_1}{\sqrt{\sigma_{11}}}\right)\left(\frac{x_2-\mu_2}{\sqrt{\sigma_{22}}}\right)\right]
\end{aligned}$$

이 된다.

한편, $|\mathbf{\Sigma}| = \sigma_{11}\sigma_{22} - \sigma_{12}^2 = \sigma_{11}\sigma_{22}(1-\rho_{12}^2)$ 이므로 식 (3.1)로부터 이변량 정

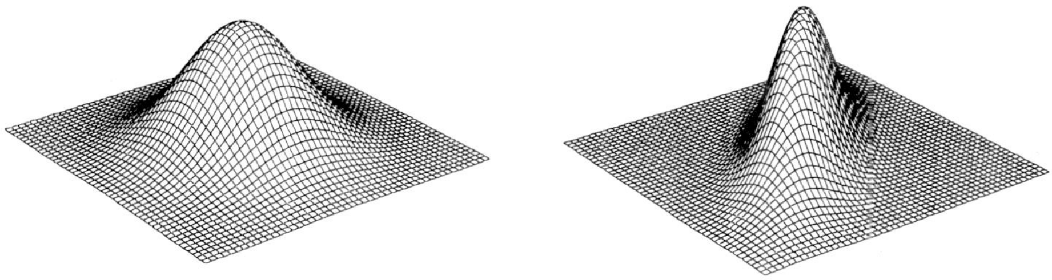

(a) $\rho_{12} = 0$ (b) $\rho_{12} = 0.75$

그림 3.1: 이변량 정규분포의 확률밀도함수

규분포의 확률밀도함수는

$$\begin{aligned} f(x_1, x_2) &= \frac{1}{2\pi\sqrt{\sigma_{11}\sigma_{22}(1-\rho_{12}^2)}} \exp\left\{-\frac{1}{2(1-\rho_{12}^2)}\left[\left(\frac{x_1-\mu_1}{\sqrt{\sigma_{11}}}\right)^2\right.\right. \\ &\quad \left.\left. -2\rho_{12}\left(\frac{x_1-\mu_1}{\sqrt{\sigma_{11}}}\right)\left(\frac{x_2-\mu_2}{\sqrt{\sigma_{22}}}\right)+\left(\frac{x_2-\mu_2}{\sqrt{\sigma_{22}}}\right)^2\right]\right\} \end{aligned} \tag{3.2}$$

이다. 식 (3.2)는 식 (3.1)보다 간단한 형태는 아니지만 정규분포의 성질을 이해하는 데 유용하다. 예를 들어 확률변수 x_1, x_2가 서로 비상관되어 있다면 즉, $\rho_{12} = 0$ 이면 x_1과 x_2의 결합확률밀도함수는 두 개의 단변량 정규분포의 확률밀도함수의 곱으로 표현되므로 x_1, x_2는 서로 독립임을 확인할 수 있다.

그림 3.1은 이변량 정규분포를 3차원으로 그린 그림이다.
여기서

$$\boldsymbol{\mu} = (3,3)^T, \quad \boldsymbol{\Sigma} = \begin{pmatrix} 1 & \rho_{12} \\ \rho_{12} & 1 \end{pmatrix}$$

이다. 그림 3.1 (a)는 $\rho_{12} = 0$인 경우이며, 그림 3.1 (b)는 $\rho_{12} = 0.75$인 경우이다. 그림 3.1 (b)에서 상관관계가 있을 때 어떤 직선을 중심으로 확률들이 집중됨을 확인할 수 있다. ■

식 (3.1)을 살펴보면, 만약 지수부분이 같다면 같은 확률밀도함수가 생성된다. 즉, $(\mathbf{x}-\boldsymbol{\mu})^T\boldsymbol{\Sigma}^{-1}(\mathbf{x}-\boldsymbol{\mu}) = c^2$의 타원체 표면위에 있는 점들은 모두 같은 확률밀도함수값을 갖는다. 이러한 점들을 다음과 같이 정의한다.

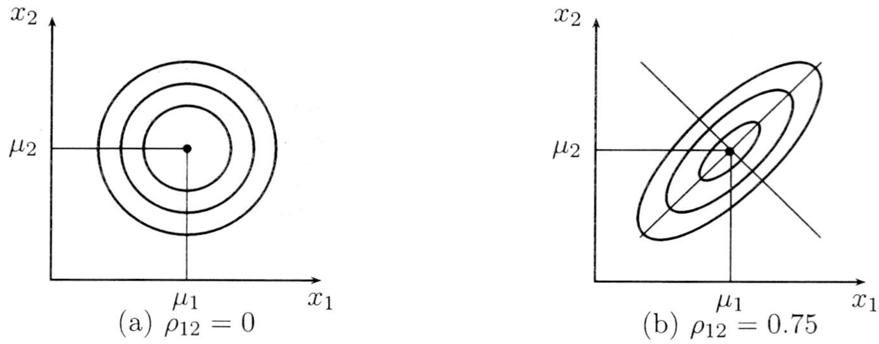

그림 3.2: 이변량 정규분포의 등고선

정의 3.1 p 차원 다변량 정규분포의 등고선(contour)은 다음의 타원체(ellipsoid)의 표면을 이루는 점 $\mathbf{x}$ 들의 모임이다.

$$(\mathbf{x}-\boldsymbol{\mu})^T\boldsymbol{\Sigma}^{-1}(\mathbf{x}-\boldsymbol{\mu}) = c^2. \tag{3.3}$$

타원체의 중심은 $\boldsymbol{\mu}$이고 축의 방향은 γ_i이다. 단, $\boldsymbol{\Sigma}\gamma_i = \lambda_i\gamma_i$를 만족한다. 즉, γ_i는 $\boldsymbol{\Sigma}$의 특성벡터들이다.

예제 3.2 예제 3.1의 이변량 정규분포에 대한 등고선을 구하면 다음과 같다.

먼저 $\rho_{12} = 0$인 경우에 공분산행렬이 $\boldsymbol{\Sigma} = I_2$ 이므로 $\boldsymbol{\Sigma}^{-1} = I_2$ 이다. 따라서 등고선은

$$(x_1-3)^2 + (x_2-3)^2 = c^2$$

을 만족하는 원임을 알 수 있다. 이 등고선을 그림으로 표시하면 그림 3.2 (a)와 같다.

$\rho_{12} = 0.75$인 경우는 공분산행렬의 역행렬이 $\frac{16}{7}\begin{pmatrix} 1 & -\frac{3}{4} \\ -\frac{3}{4} & 1 \end{pmatrix}$ 이므로 등고선의 식은

$$\frac{16}{7}\{(x_1-3)^2 - \frac{6}{4}(x_1-3)(x_2-3) + (x_2-3)^2\}$$
$$= \frac{2}{7}\{(x_1-3)+(x_2-3)\}^2 + 2\{(x_1-3)-(x_2-3)\}^2$$

으로 그림 3.2 (b)와 같다.

그림 3.2 (b)에서 타원의 축은 $\begin{pmatrix} 1 & 0.75 \\ 0.75 & 1 \end{pmatrix}$ 의 특성치 $\lambda_1 = 1.75, \lambda_2 = 0.25$에 해당하는 특성벡터 $(1/\sqrt{2}, 1/\sqrt{2})^T$ 와 $(1/\sqrt{2}, -1/\sqrt{2})^T$ 임을 확인할 수 있다. 특히, 이변량 정규분포에서 $\sigma_{11} = \sigma_{22}$, $\sigma_{12} > 0$ 인 경우에는 타원체의 장축과 단축의 길이는 각각 $2c\sqrt{\sigma_{11} + \sigma_{12}}$, $2c\sqrt{\sigma_{11} - \sigma_{12}}$ 이다. ■

제 3.2 절 다변량 정규분포의 성질

① p 차원의 확률벡터 $\mathbf{x}$가 다변량 정규분포를 갖기 위한 필요충분조건은 모든 p 차원의 상수벡터 $\mathbf{a}\ (\neq \mathbf{0})$에 대해 $\mathbf{a}^T\mathbf{x}$가 단변량 정규분포를 갖는 것이다(Mardia et al., 1979, p. 60).

② $\bar{\mathbf{x}}$와 $\mathbf{S}$는 서로 독립이다. 이것 또한 다변량 정규분포가 되기 위한 필요충분조건이다(Kendall과 Stuart, 1969, Vol. 1).

③ 다변량 정규분포에서 공분산행렬의 원소 $\sigma_{ij} = 0\ (i \neq j)$은 확률변수 x_i, x_j가 서로 독립임을 의미한다. 그 역 또한 성립한다(Mardia et al., 1979, p. 62).

④ $\mathbf{A}$가 계수 q인 $q \times p$ 행렬이고, $\mathbf{d}$가 q 차원의 상수벡터일 때, $\mathbf{Ax} + \mathbf{d}$의 분포는 $N_q(\mathbf{A}\boldsymbol{\mu} + \mathbf{d}, \mathbf{A}\boldsymbol{\Sigma}\mathbf{A}^T)$ 이다(Mardia et al., 1979, p. 62).

예제 3.3 만약 $\mathbf{x} = (x_1, x_2, x_3)^T$ 가 $N_3(\boldsymbol{\mu}, \boldsymbol{\Sigma})$ 분포를 가질 때, $x_1 + x_2$와 $x_1 - x_3$의 결합분포는 무엇인가?

$$\begin{pmatrix} x_1 + x_2 \\ x_1 - x_3 \end{pmatrix} = \begin{pmatrix} 1 & 1 & 0 \\ 1 & 0 & -1 \end{pmatrix} \begin{pmatrix} x_1 \\ x_2 \\ x_3 \end{pmatrix} = \mathbf{Ax}$$

에서 행렬 $\mathbf{A}$의 계수는 2이다. 위의 성질 ④에서 $\mathbf{d} = \mathbf{0}$를 택하면, $(x_1 + x_2, x_1 - x_3)^T$는 평균이

$$\mathbf{A}\boldsymbol{\mu} = \begin{pmatrix} 1 & 1 & 0 \\ 1 & 0 & -1 \end{pmatrix} \begin{pmatrix} \mu_1 \\ \mu_2 \\ \mu_3 \end{pmatrix} = \begin{pmatrix} \mu_1 + \mu_2 \\ \mu_1 - \mu_3 \end{pmatrix}$$

이고, 공분산행렬이

$$\begin{aligned}\mathbf{A\Sigma A}^T &= \begin{pmatrix} 1 & 1 & 0 \\ 1 & 0 & -1 \end{pmatrix} \begin{pmatrix} \sigma_{11} & \sigma_{12} & \sigma_{13} \\ \sigma_{12} & \sigma_{22} & \sigma_{23} \\ \sigma_{13} & \sigma_{23} & \sigma_{33} \end{pmatrix} \begin{pmatrix} 1 & 1 \\ 1 & 0 \\ 0 & -1 \end{pmatrix} \\ &= \begin{pmatrix} \sigma_{11}+2\sigma_{12}+\sigma_{22} & \sigma_{11}+\sigma_{12}-\sigma_{13}-\sigma_{23} \\ \sigma_{11}+\sigma_{12}-\sigma_{13}-\sigma_{23} & \sigma_{11}-2\sigma_{13}+\sigma_{33} \end{pmatrix}\end{aligned}$$

인 이변량 정규분포를 따른다.

공분산행렬의 원소는 다음 두 확률변수 $y_1 = x_1 + x_2$, $y_2 = x_1 - x_3$ 의 분산과 공분산을 구함으로써 동일함을 확인할 수 있다. ■

⑤ $(\mathbf{x}-\boldsymbol{\mu})^T\boldsymbol{\Sigma}^{-1}(\mathbf{x}-\boldsymbol{\mu})$은 자유도가 p인 χ^2 분포를 갖는다(Mardia et al., 1979, p. 62).

예제 3.4 성질 ⑤에 의해

$$P[(\mathbf{x}-\boldsymbol{\mu})^T\boldsymbol{\Sigma}^{-1}(\mathbf{x}-\boldsymbol{\mu}) \le \chi^2_{p;\alpha}] = 1-\alpha$$

이다. 단 $\chi^2_{p;\alpha}$는 자유도가 p인 χ^2 분포의 $100(1-\alpha)\%$ 백분위수이다. ■

⑥ 한 개 또는 몇 개의 변수들의 주변분포(marginal distribution)도 정규분포이다 (Mardia et al., 1979, p. 61).

예제 3.5 확률벡터 $\mathbf{x}$, 평균벡터 $\boldsymbol{\mu}$와 공분산행렬 $\boldsymbol{\Sigma}$가 다음과 같이 나누어졌을 때($\mathbf{x}_{(i)}$와 $\boldsymbol{\mu}_{(i)}$는 $p_i \times 1$ 벡터이고, $\boldsymbol{\Sigma}_{ij}$는 $p_i \times p_j$ 행렬이며, $p_1 + p_2 = p$이다),

$$\mathbf{x} = \begin{bmatrix} \mathbf{x}_{(1)} \\ \mathbf{x}_{(2)} \end{bmatrix}, \quad \boldsymbol{\mu} = \begin{bmatrix} \boldsymbol{\mu}_{(1)} \\ \boldsymbol{\mu}_{(2)} \end{bmatrix}, \quad \boldsymbol{\Sigma} = \begin{bmatrix} \boldsymbol{\Sigma}_{11} & \boldsymbol{\Sigma}_{12} \\ \boldsymbol{\Sigma}_{21} & \boldsymbol{\Sigma}_{22} \end{bmatrix},$$

여기서 $i = 1, 2$에 대해 $\mathbf{x}_{(i)}$의 분포는 $N_{p_i}(\boldsymbol{\mu}_{(i)}, \boldsymbol{\Sigma}_{ii})$이다. 이것은 위의 성질 ④에 의해서도 확인할 수 있다. ■

⑦ 위의 예제 3.5에서와 같이 확률벡터 $\mathbf{x}$가 분해되었을 때, 확률벡터 $\mathbf{x}_{(1)}$ 과 $\mathbf{x}_{(2)}$가 서로 독립일 필요충분조건은 $\boldsymbol{\Sigma}_{12} = \mathbf{0}$ 이다.

성질 ⑦의 결과는 $\mathbf{x}_{(1)}$의 임의의 한 변수와 $\mathbf{x}_{(2)}$의 임의의 한 변수가 서로 독립임을 의미한다.

예제 3.6 확률벡터 $\mathbf{x}$가 $N_3(\boldsymbol{\mu}, \boldsymbol{\Sigma})$인 분포를 가진다고 가정한다. 단,

$$\boldsymbol{\Sigma} = \begin{pmatrix} 1 & 2 & 0 \\ 2 & 4 & 0 \\ 0 & 0 & 3 \end{pmatrix}$$

이다. 확률변수 x_1과 x_2는 서로 독립인가? 확률벡터 $(x_1, x_2)^T$ 와 확률변수 x_3는 서로 독립인가?

$\text{cov}(x_1, x_2) = 2$ 이므로 성질 ③에 의해 서로 독립이 아니다. 한편

$$\mathbf{x} = \begin{pmatrix} x_1 \\ x_2 \\ x_3 \end{pmatrix}, \quad \boldsymbol{\Sigma} = \left(\begin{array}{cc:c} 1 & 2 & 0 \\ 2 & 4 & 0 \\ \hdashline 0 & 0 & 3 \end{array}\right) = \left(\begin{array}{c:c} \boldsymbol{\Sigma}_{11} & \boldsymbol{\Sigma}_{12} \\ \hdashline \boldsymbol{\Sigma}_{12} & \boldsymbol{\Sigma}_{22} \end{array}\right)$$

이다. $\boldsymbol{\Sigma}_{12} = \mathbf{0}$ 이므로 성질 ⑦에 의해 $(x_1,\ x_2)^T$와 x_3는 서로 독립이다. ■

⑧ $\mathbf{x}_{(2)}$가 주어졌을 때, $\mathbf{x}_{(1)}$의 조건부 분포는 $N_{p_1}(\boldsymbol{\mu}_{1\cdot 2}, \boldsymbol{\Sigma}_{11\cdot 2})$이며, 여기서

$$\begin{aligned} \boldsymbol{\mu}_{1\cdot 2} &= \boldsymbol{\mu}_{(1)} + \boldsymbol{\Sigma}_{12}\boldsymbol{\Sigma}_{22}^{-1}(\mathbf{x}_{(2)} - \boldsymbol{\mu}_{(2)}), \\ \boldsymbol{\Sigma}_{11\cdot 2} &= \boldsymbol{\Sigma}_{11} - \boldsymbol{\Sigma}_{12}\boldsymbol{\Sigma}_{22}^{-1}\boldsymbol{\Sigma}_{21} \end{aligned}$$

이다(Mardia et al., 1979, p. 63). $\boldsymbol{\Sigma}_{11\cdot 2}$는 $\mathbf{x}_{(2)}$에 종속되지 않음을 알 수 있다. $x_1,\ldots,x_{i-1}$이 주어졌을 때, x_i의 조건부 기대치는 i 번째 변수 x_i의 $x_1,\ldots,x_{i-1}$에 대한 선형회귀식으로 표현되며, 다음과 같다.

$$E(x_i \mid x_1, \ldots x_{i-1}) = \mu_i - \sum_{k=1}^{i-1} \frac{b_{ki}}{b_{ii}}(x_k - \mu_k),$$

여기서 b_{ki}들은 $\boldsymbol{\Sigma}^{-1} = \mathbf{B}\mathbf{B}^T$($\mathbf{B}$는 상삼각행렬이다)를 만족하는 $\mathbf{B}$의 (k, i) 번째 원소이다(2.2.3절 참조).

예제 3.7 만약 $\mathbf{x} = (x_1, x_2, x_3)^T$가 $N_3(\boldsymbol{\mu}, \boldsymbol{\Sigma})$ 분포를 가질 때, x_2, x_3가 주어졌을 때 x_1의 조건부 분포는 무엇일까? 단,

$$\boldsymbol{\mu} = \begin{pmatrix} 1 \\ 2 \\ 3 \end{pmatrix}, \quad \boldsymbol{\Sigma} = \begin{pmatrix} 4 & 1 & 2 \\ 1 & 3 & 1 \\ 2 & 1 & 4 \end{pmatrix}$$

이다.

성질 ⑧에서 사용된 통계량을 계산하면

$$\boldsymbol{\Sigma}_{12} = (1, 2), \quad \boldsymbol{\Sigma}_{22}^{-1} = \frac{1}{11}\begin{pmatrix} 4 & -1 \\ -1 & 3 \end{pmatrix}, \quad \boldsymbol{\Sigma}_{12}\boldsymbol{\Sigma}_{22}^{-1} = \frac{1}{11}(2, 5)$$

이므로, 조건부 확률분포는 평균이

$$\boldsymbol{\mu}_{1\cdot 2} = 1 + \frac{2}{11}(x_2 - 2) + \frac{5}{11}(x_3 - 3) = \frac{1}{11}(-8 + 2x_2 + 5x_3)$$

이고, 분산이

$$\boldsymbol{\Sigma}_{11\cdot 2} = 4 - \frac{1}{11}(2, 5)\begin{pmatrix} 1 \\ 2 \end{pmatrix} = \frac{32}{11}$$

인 단변량 정규분포이다.

한편 $(x_1, x_2, x_3)^T$에 대한 공분산행렬 $\boldsymbol{\Sigma}$를 $(x_2, x_3, x_1)^T$에 관한 공분산행렬로 변환하면

$$\boldsymbol{\Sigma}_1 = \begin{pmatrix} 3 & 1 & 1 \\ 1 & 4 & 2 \\ 1 & 2 & 4 \end{pmatrix}$$

이다. 이제 $\boldsymbol{\Sigma}_1^{-1} = \mathbf{B}\mathbf{B}^T$를 만족하는 $\mathbf{B}$를 구하기 위하여, `s`를 $\boldsymbol{\Sigma}_1$ 이라 할 때 R의 `solve(chol(s))`를 이용하여 $\mathbf{B}$를 구하면 다음과 같다.

$$\mathbf{B} = \begin{pmatrix} 0.5773503 & -0.1740777 & -0.1066004 \\ 0.0000000 & 0.5222330 & -0.2665009 \\ 0.0000000 & 0.0000000 & 0.5863020 \end{pmatrix}.$$

그러므로

$$\begin{aligned} E(x_1|x_2, x_3) &= \mu_1 - \frac{b_{13}}{b_{33}}(x_2 - \mu_2) - \frac{b_{23}}{b_{33}}(x_3 - \mu_3) \\ &= 1 - \frac{-0.1066004}{0.5863020}(x_2 - 2) - \frac{-0.2665009}{0.5863020}(x_3 - 3) \\ &= 1 + 0.1818182(x_2 - 2) + 0.4545455(x_3 - 3) \end{aligned}$$

이고 $2/11 = 0.1818182, 5/11 = 0.4545455$ 이므로 위의 $\boldsymbol{\mu}_{1\cdot 2}$와 비교하면 $\boldsymbol{\Sigma}_{12}\boldsymbol{\Sigma}_{22}^{-1}$의 k 번째 원소는 b_{ki}/b_{ii}임을 확인할 수 있다. ■

제 3.3 절 정규성 검정

확률표본 $\mathbf{x}_1, ..., \mathbf{x}_n$이 정규분포를 따르는지를 확인하기 위한 정규성 검정(test of normality)은 여러가지 방법이 제안되었으나(Seber, 1984), 여기서는 다음의 세 가지 방법을 고려한다.

3.3.1 왜도와 첨도

단변량분석에서 분포(확률밀도함수)의 형태를 나타내는 척도로 왜도(skewness)와 첨도(kurtosis)가 있다. 왜도는 분포의 비대칭을 측정하는 척도로, 첨도는 분포의 윗부분의 편평한 정도 (역으로 뾰족한 정도)를 측정하는 척도로 쓰인다. 다변량분석에서 왜도와 첨도는 각기 $\beta_{1,p}$와 $\beta_{2,p}$로 표시하고 다음과 같이 정의된다(Mardia, 1970).

$$
\begin{aligned}
\beta_{1,p} &= E\{(\mathbf{x}-\boldsymbol{\mu})^T\boldsymbol{\Sigma}^{-1}(\mathbf{y}-\boldsymbol{\mu})\}^3, \\
\beta_{2,p} &= E\{(\mathbf{x}-\boldsymbol{\mu})^T\boldsymbol{\Sigma}^{-1}(\mathbf{x}-\boldsymbol{\mu})\}^2,
\end{aligned}
$$

여기서 확률벡터 $\mathbf{x}$와 $\mathbf{y}$는 서로 독립이고 동일한 분포를 가진다. 확률벡터 $\mathbf{x}$와 $\mathbf{y}$가 $N_p(\boldsymbol{\mu}, \boldsymbol{\Sigma})$를 따를 때, $\beta_{1,p} = 0$ 이고, $\beta_{2,p} = p(p+2)$ 이다.

$\mathbf{x}_1,...,\mathbf{x}_n$이 평균 $\boldsymbol{\mu}$이고 공분산행렬이 $\boldsymbol{\Sigma}$인 분포에서 추출된 확률표본일 때, $\beta_{1,p}$와 $\beta_{2,p}$의 표본값은 각각 다음의 식을 이용하여 구할 수 있다.

$$
\begin{aligned}
b_{1,p} &= \frac{1}{n^2}\sum_{r,s=1}^{n}\{(\mathbf{x}_r-\bar{\mathbf{x}})^T\mathbf{S}_n^{-1}(\mathbf{x}_s-\bar{\mathbf{x}})\}^3, \\
b_{2,p} &= \frac{1}{n}\sum_{r=1}^{n}\{(\mathbf{x}_r-\bar{\mathbf{x}})^T\mathbf{S}_n^{-1}(\mathbf{x}_r-\bar{\mathbf{x}})\}^2,
\end{aligned}
$$

여기서 $\mathbf{S}_n = (n-1)\mathbf{S}/n$ 이고, $b_{1,p}$와 $b_{2,p}$는 모두 음의 값을 가질 수 없다. 통계량 $b_{1,p}$는 자료들사이의 상호위치를 반영하며, 큰 값의 $b_{1,p}$는 분포의 비대칭을 나

표 3.1: 코르크자료

N	E	S	W	N	E	S	W	N	E	S	W
72	66	76	77	32	30	34	28	39	35	34	37
60	53	66	63	63	45	74	63	32	30	30	32
56	57	64	58	54	46	60	52	60	50	67	54
41	29	36	38	47	51	52	43	35	37	48	39
32	32	35	36	91	79	100	75	39	36	39	31
30	35	34	26	56	68	47	50	50	34	37	40
39	39	31	27	79	65	70	61	43	37	39	50
42	43	31	25	81	80	68	58	48	54	57	43
37	40	31	25	78	55	67	60				
33	29	27	36	46	38	37	38				

타낸다. 반면에 $b_{2,p}$는 자료점이 평균에서 멀리 떨어져 있는 정도에 의해 좌우된다. 표본의 크기가(보통 50 보다) 큰 경우에 $nb_{1,p}/6$은 근사적으로 자유도가 $p(p+1)(p+2)/6$인 χ^2 분포를 가지며, 큰 값의 $b_{1,p}$는 가설 $H_0 : \beta_{1,p} = 0$을 기각한다. 또한 $b_{2,p}$는 근사적으로 평균이 $p(p+2)$이고 분산이 $8p(p+2)/n$인 정규분포를 따르며, $(b_{2,p} - p(p+2))/\sqrt{8p(p+2)/n}$의 절대값이 클 때 가설 $H_0 : \beta_{2,p} = p(p+2)$를 기각한다. 따라서 이러한 근사분포는 자료점들이 정규분포를 따르는지에 대한 검정에 사용될 수 있다.

예제 3.8 표 3.1은 나무의 코르크층에 대한 무게를 동서남북 4 방향에서 측정한 결과이다(Seber, 1984, p. 74, 표 3.3). 이 자료를 `cork.d`라 한다.

먼저 가설 $H_0 : \beta_{1,p} = 0$의 검정을 이용한 정규성 검정을 실시한다. 표 3.1의 자료에서 $b_{1,p} = 4.476$ 이고 $b_{2,p} = 22.957$ 이다. 따라서 $\frac{1}{6}28 \cdot b_{1,4} = 20.89$이고, 이 값은 자유도가 $\frac{1}{6}4 \cdot 5 \cdot 6 = 20$인 χ^2 분포에서 60%의 백분위수(`pchisq(20.89,20)` 명령문)이므로, 예를 들어 유의수준 0.05 일 때 기각값 $\chi^2_{20;0.05} = 31.41$과 비교하면 (`qchisq(0.95,20)` 명령문) 가설 $H_0 : \beta_{1,p} = 0$는 유의하지 않다. 즉, 이 자료는 정규분포를 따른다고 할 수 있다.

한편, 가설 $H_0 : \beta_{2,p} = p(p+2)$의 검정을 이용한 정규성 검정에서

$$\frac{b_{2,p} - p(p+2)}{\sqrt{8p(p+2)/n}} = -0.4$$

이므로, 이 값의 절대치는 유의수준 0.05일 때 기각값 $z_{0.025} = 1.96$ 보다 작으므로 $H_0 : \beta_{2,p} = p(p+2)$는 유의하지 않다. 여기서 z_α는 표준정규분포의 $100(1-\alpha)\%$ 백분위수이다. 참고로 0.4는 표준정규분포의 66%의 백분위수이다. 코르크자료의 경우 $b_{1,p}$와 $b_{2,p}$를 이용하여 정규성을 검정한 결과에 의하면 두 가지 방법 모두 코르크자료가 다변량 정규분포를 따른다고 할 수 있다.

R에서 왜도와 첨도를 계산하기 위한 함수를 다음과 같이 작성할 수 있다. 여기서 x는 크기가 $n \times p$인 자료행렬이다.

```
skew.f<-function(x){
    x<-as.matrix(x)
    n<-nrow(x)
    m<-cov.wt(x)$center
    S<-cov.wt(x,method="ML")$cov
    SI<-solve(S)

    skew<-0
    for(r in 1:n)
    for(s in 1:n)
        skew<-skew+(t(x[r,]-m)%*%SI%*%(x[s,]-m))^3

    skew/(n^2)
}
```

```
kurtosis.f<-function(x){
    x<-as.matrix(x)
    n<-nrow(x)
    m<-cov.wt(x)$center
    S<-cov.wt(x,method="ML")$cov
    SI<-solve(S)

    kurtosis<-0
    for(r in 1:n) {
        kurtosis<-kurtosis+(t(x[r,]-m)%*%SI%*%(x[r,]-m))^2
    }
    kurtosis/n
}
```

한편, $b_{1,p}$를 이용한 정규성 검정 함수는 다음과 같다.

```
normality.f<-function(x,alpha=0.05){
    n<-nrow(x); p<-ncol(x)
    m<-(p*(p+1)*(p+2))/6
    b1<-skew.f(x)
    p.val<-1-pchisq((n*b1)/6,m)
    cat("Skewness is ",b1,"and P-value is ",p.val,".\n")

    if(p.val < alpha)
        cat("Reject the normality.\n")
    else
        cat("Don't reject the normality.\n")
}
```

위에서 `alpha`는 유의수준, `m`은 자유도, `p.val`은 $P-$값 ($P-$value)를 나타낸다. 계산된 $P-$값이 유의수준 α 보다 작으면 귀무가설인 자료의 정규성을 기각한다. 일반적으로 $P-$값은 주어진 표본이 귀무가설을 기각하게 되는 최소의 확률 (Type I 오차)을 나타낸다(Gibbons와 Pratt, 1975). 코르크자료에 대하여 위에서 작성한 `R` 함수 `normality.f`를 수행하면 다음의 결과를 얻는다.

```
> normality.f(cork.d)
Skewness is  4.476382 and P-value is  0.4036454 .
Don't reject the normality.
```

$b_{2,p}$를 이용한 정규성 검정 함수를 R에서 각자 작성하기 바란다. ■

3.3.2 카이제곱그림

표본 마하라노비스 거리 D_r^2(39쪽 참조)를 크기 순서로 다음과 같이 배열한다.

$$D_{(1)}^2 \le \dots \le D_{(n)}^2.$$

자유도가 p인 χ^2 분포에서 확률 $(r-\frac{1}{2})/n$에 대응하는 백분위수(percentile) q_r을 구한다. n개의 짝 $(D_{(r)}^2, q_r)$을 평면 상에 그려, 직선에 가까우면 표본이 정규분포를 따르는 것으로 본다. 여기서 $q_r = F^{-1}((r-\frac{1}{2})/n)$ 으로 표현되며, $F(\cdot)$은 자유도가 p인 χ^2 분포의 누적분포함수이다. 이러한 그림 $(D_{(r)}^2, q_r)$을 카이제곱그림(χ^2 plot)이라 한다(Healy, 1968; Gnanadesikan, 1997).

D_r^2는 근사적으로 자유도가 p인 χ^2 분포를 따른다. p가 2인 경우 25보다 큰 n에 대해서 위의 χ^2 근사화는 만족할만한 결과를 준다(Andrews et al., 1973, p. 100). 그러나 p가 커짐에 따라 더 많은 표본을 필요로 한다(Small, 1978).

예제 3.9 예제 3.8의 코르크자료에 대해 카이제곱그림은 다음과 같은 순서에 따른다.

1. D_r^2 $(r=1,\dots,n)$을 구해 크기 순으로 $D_{(1)}^2 \le \dots \le D_{(n)}^2$와 같이 나열한다.

2. $p_r = (r-\frac{1}{2})/n$ $(r=1,\dots,n)$에 대해 자유도가 p인 χ^2 분포의 백분위수 q_r을 구한다. 여기서 q_r은 $\int_0^{q_r} f(x)dx = p_r$를 만족하며 $f(x)$는 자유도가 p인 χ^2 분포의 확률밀도함수이다.

3. $(D_{(r)}^2, q_r)$을 평면에 표시한다.

그림 3.3은 R을 이용한 카이제곱그림이다. 이 그림은 아래에서 작성된 함수 `chiplot.f`를 이용하여 얻은 것이다. 여기서 `chiplot.f`의 인수 `x`는 $n \times p$인 자

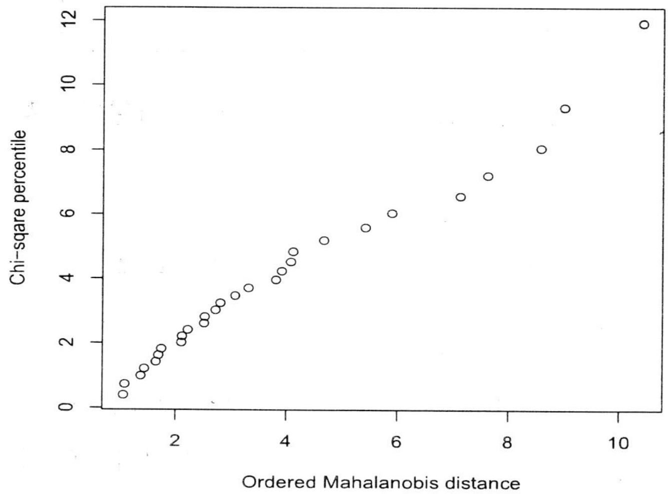

그림 3.3: 코르크자료에 대한 카이제곱그림

료행렬이다. 그림 3.3은 거의 직선형태를 나타내므로 코르크자료는 4차원 정규분포를 따른다고 할 수 있다. ■

```
chiplot.f<-function(x){
  n<-nrow(x);p<-ncol(x)

  mah<-sort(mahalanobis(x,mean(x),var(x)))
  arr<-seq(from=1/(2*n),length=n,by=1/n)
  chi.per<-qchisq(arr,p)
  plot(mah,chi.per,xlab="Ordered Mahalanobis distance",
        ylab="Chi-square percentile")
}
```

3.3.3 베타그림

$b_r = nD_r^2/(n-1)^2$ 이라 할 때, b_r의 정확한 주변분포는 베타분포 $Beta(p/2, (n-p-1)/2)$이다(Rencher, 1995, p. 111). 충분히 큰 n에 대해서 b_r은 근사적으로 서로 독립이다. b_r을 $b_{(1)} \leq ... \leq b_{(n)}$과 같이 크기 순서로 배열한다. q_r을 다음 방정식의 근으로 한다.

$$\int_0^{q_r} \frac{\Gamma(\alpha)\Gamma(\beta)}{\Gamma(\alpha+\beta)} x^{\alpha-1}(1-x)^{\beta-1}\,dx = \frac{r-\alpha}{n-\alpha-\beta+1},$$

여기서 $\alpha = (p-2)/2p$이고, $\beta = (n-p-3)/2(n-p-1)$이다. n개의 점 $(b_{(r)}, q_r)$을 평면 상에 그려, 직선에 가까우면 표본이 정규분포를 따르는 것으로 본다(Small, 1978). 이러한 그림 $(b_{(r)}, q_r)$을 베타그림(beta plot)이라 한다. 단, $p=2$인 경우는 $\alpha = 0$이 되므로 사용할 수 없다.

예제 3.10 예제 3.8의 코르크자료에 대한 베타그림을 통한 정규성 검정에 대해 살펴보자.

R에서 다음의 함수 `betaplot.f`를 이용하여 그림 3.4와 같은 베타그림을 얻을 수 있다. 그림을 통하여 코르크자료는 정규성을 가지고 있으나, 꼬리부분이 약간 짧은 것으로 해석할 수 있다. ■

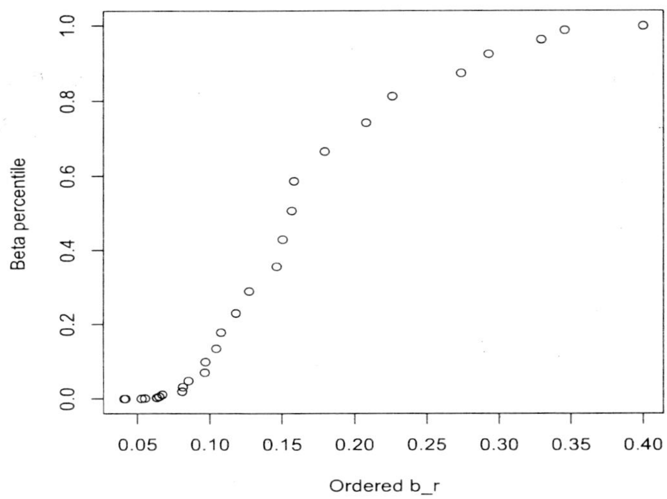

그림 3.4: 코르크자료에 대한 베타그림

```
betaplot.f<-function(x){
    n<-nrow(x); p<-ncol(x)

    alpha<-(p-2)/(2*p)
    beta<-(n-p-3)/(2*(n-p-1))

    mah<-sort((n/(n-1)^2)*mahalanobis(x,mean(x),var(x)))

    start<-(1-alpha)/(n-alpha-beta+1)
    step<-1/(n-alpha-beta+1)
    arr<-seq(from=start,length=n,by=step)
    beta.per<-qbeta(arr,alpha,beta)

    plot(mah,beta.per,xlab="Ordered b_r",ylab="Beta percentile")
}
```

제 3.4 절 다변량 자료의 변환

다변량 자료 $\mathbf{x}_r = (x_{r1}, ..., x_{rp})^T$의 변환은 여러 목적에 따라 다양한 방법이 제안되어 왔다. 보통의 자료들이 가지는 분포는 다변량 정규분포가 아닌 경우가 대부분이다. 그 이유로서 자료의 분포가 평균을 중심으로 비대칭이거나, 꼬리확률(tail probability)이 다변량 정규분포의 것보다 큰 경우이다. 따라서 변환된 자료의 분포가 다변량 정규분포에 가깝도록 자료를 변환할 필요가 있으며, 그러한 변환으로서 다음과 같이 정의된 박스-칵스 변환(Box-Cox transformation ; Box and Cox, 1964)이 있다. 모든 $r(= 1, ..., n)$과 각각의 $i(= 1, ..., p)$에 대하여,

$$x_{ri}(\lambda_i) = \begin{cases} \frac{x_{ri}^{\lambda_i} - 1}{\lambda_i}, & \lambda_i \neq 0 \text{ 일 때}, \\ \log(x_{ri}), & \lambda_i = 0 \text{ 일 때} \end{cases}$$

로 정의한다. 위의 변환에서 원래 변수 x_{ri}의 값은 양수이어야 한다. 만약 그렇지 않으면, 적절한 수를 모든 변수에 더하여 그 값이 양수가 되드록 만든 후에 위의 변환을 적용한다. 각각의 변환된 변수 $x_{ri}(\lambda_i)$는 λ_i의 연속함수이다. 변환된 변수들이 다변량 정규분포를 따르는 것으로 가정하면, 원래 변수들의 분포는 위의 변환식에 의해 구할 수 있으며, 이 분포에서 변환모수 $\boldsymbol{\lambda} = (\lambda_1,...,\lambda_p)^T$의 프로파일 로그우도함수(profile log-likelihood function)를 구하면 다음 식으로 주어진다.

$$l_{max}(\boldsymbol{\lambda}) = -\frac{n}{2} \log | \mathbf{Z}(\boldsymbol{\lambda})^T (\mathbf{I}_n - \mathbf{1}_n \mathbf{1}_n^T / n) \mathbf{Z}(\boldsymbol{\lambda}) |,$$

여기서 $\mathbf{Z}(\boldsymbol{\lambda})$는 $n \times p$ 행렬로서 $x_{ri}(\lambda_i)/(\prod_{s=1}^{n} x_{si})^{(\lambda_i - 1)/n}$를 (r, i)번째 원소로 갖는다. 따라서 변환모수 $\lambda_1,...,\lambda_p$는 위의 프로파일 로그 우도함수를 최대로 하는 값들로 추정한다(Velilla, 1993). 추정된 변환모수의 값이 1에 가까울 때, 해당되는 변수는 변환이 필요 없다.

예제 3.11 다음의 표 3.2는 전자레인지의 방사능 방출정도를 42개의 전자레인지에 대하여 조사한 결과로 첫 번째 변수는 문을 닫았을 경우(x_1)이고 두 번째 변수는 문을 열었을 경우(x_2)이다(Johnson과 Wichern, 1992, p. 156, p. 169, 표 4.1, 4.4). 이 자료를 `rad.d`라 한다.

표 3.2: 방사능자료

x_1	x_2	x_1	x_2	x_1	x_2	x_1	x_2
0.15	0.30	0.02	0.05	0.03	0.05	0.30	0.30
0.09	0.09	0.01	0.01	0.05	0.05	0.02	0.12
0.18	0.30	0.10	0.45	0.15	0.15	0.20	0.25
0.10	0.10	0.10	0.12	0.10	0.30	0.20	0.20
0.05	0.10	0.10	0.20	0.15	0.15	0.30	0.40
0.12	0.12	0.02	0.04	0.09	0.09	0.30	0.33
0.08	0.09	0.10	0.10	0.08	0.09	0.40	0.32
0.05	0.10	0.01	0.01	0.18	0.28	0.30	0.12
0.08	0.09	0.40	0.60	0.10	0.10	0.05	0.12
0.10	0.10	0.10	0.12	0.20	0.10		
0.07	0.07	0.05	0.10	0.11	0.10		

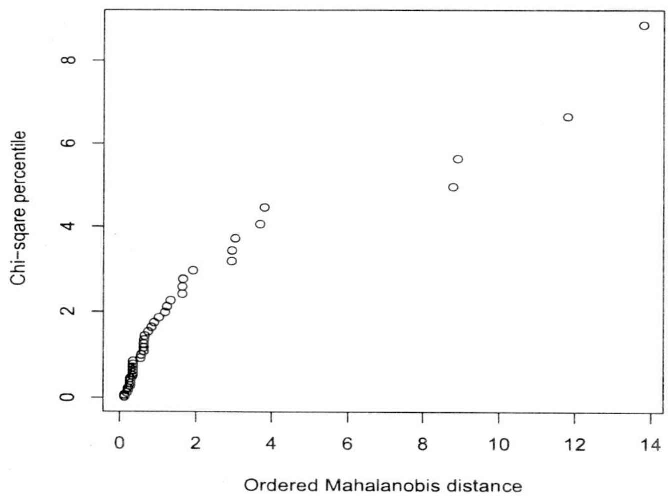

그림 3.5: 방사능자료에 대한 카이제곱그림

방사능자료의 정규성을 검정하기 위한 카이제곱그림이 그림 3.5에 있다. 이 그림은 직선형태에서 많이 벗어나 있기때문에 다변량 정규성을 벗어난다고 추측할 수 있다. 따라서 박스-칵스 변환이 필요하며, 이 변환을 통하여 정규성을 따르는 자료를 생성할 수 있다.

박스-칵스 변환을 위하여 변환모수 $\boldsymbol{\lambda}$를 구하여야한다. R에서 박스-칵스 변환의 모수 $\lambda_1, \ldots, \lambda_p$를 구하기 위한 함수는 다음과 같다. 주함수는 boxcox.f이고, 부함수로 mult.f와 univ.f가 필요하다. 함수 mult.f는 $-l_{max}(\boldsymbol{\lambda})$를 구현한 것이다. 왜냐하면 R의 내장함수 nlminb가 최소값을 찾는 함수이기 때문에 로그-프로파일에 음수를 취하였다. 함수 boxcox.f의 결과 중에서 par가 구하고자 하는 $\hat{\lambda}_i$이다. 내장함수 nlminb는 처음 비교하는 점이 sp이므로 sp를 적절하게 지정해야 한다. 여기서는 각 변수에 대해 단변량 박스-칵스 변환을 고려하여 시작점을 구하였다. 이 때 필요한 함수가 univ.f 이다.

```
mult.f<-function(lambda, x) {
    n<-nrow(x); p<-ncol(x)
    H<-rep(1,n)%*%t(rep(1,n))/n

    Y<-matrix(0,n,p)
    for(r in 1:n)
        for(i in 1:p) {
            if( lambda[i] == 0 )
                Y[r,i]<-log(x[r,i])
            else
                Y[r,i]<-(x[r,i]^lambda[i] - 1)/lambda[i]
        }

    Z<-matrix(0,n,p)
    for(i in 1:p) {
        a<-(prod(x[,i]))^((lambda[i]-1)/n)
        Z[,i]<-Y[,i]/a
    }

    log(prod(eigen(t(Z)%*%(diag(n)-H)%*%Z)$values))
}
```

```
univ.f<-function(lambda, x) {
    n<-length(x)
    H<-rep(1,n) %*% t(rep(1,n))/n

    Y<-rep(0,n)
    for(r in 1:n) {
        if( lambda == 0 )
            Y[r]<-log(x[r])
        else
            Y[r]<-(x[r]^lambda-1)/lambda
    }

    Y<-Y/(prod(x)^((lambda-1)/n))
    t(Y)%*%(diag(n)-H)%*%Y
}
```

```
boxcox.f<-function(x)  {
    x<-as.matrix(x)
    p<-ncol(x)
    sp<-rep(1,p)

    for(i in 1:p){
        sp[i]<-nlminb(objective=univ.f,
             start=sp[i],x=x[,i])$par
    }

    lambda=nlminb(objective=mult.f,
               start=sp,x=x)$par
    cat("Box-Cox parameters : ",lambda,"\n");
}
```

이제 다변량 정규분포를 따르지 않는 방사능자료의 박스-칵스 변환을 위한 모수 λ_1, λ_2를 함수 boxcox.f를 이용하여 다음과 같이 구할 수 있다.

```
> boxcox.f(rad.d)
Box-Cox parameters :  0.1607892 0.1511725
```

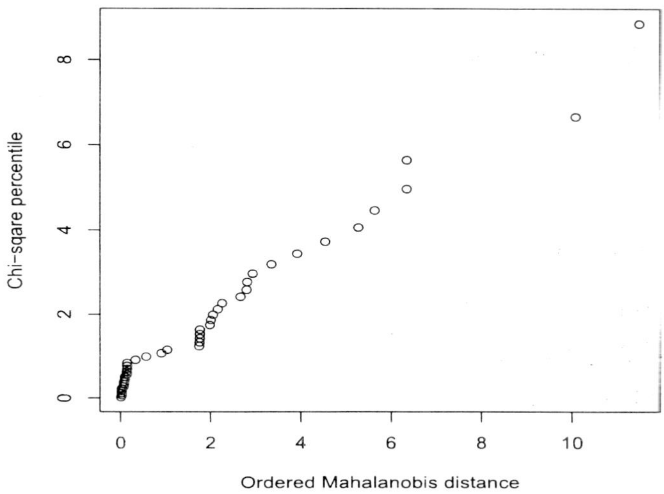

그림 3.6: 박스-칵스 변환 후의 방사능자료에 대한 카이제곱그림

즉, 변환모수는

$$\hat{\lambda}_1 = 0.16, \hat{\lambda}_2 = 0.15$$

로 추정하였다.

변환된 자료

$$\left(\frac{x_{r1}^{0.16} - 1}{0.16}, \quad \frac{x_{r2}^{0.15} - 1}{0.15} \right), \quad r = 1, ..., 42$$

에 대한 카이제곱그림을 `chiplot.f` 함수를 이용하여 그림 3.6과 같이 얻을 수 있다. 그림 3.6은 그림 3.5와 달리 거의 직선 형태를 나타내고 있으므로 박스-칵스변환에 의한 자료는 이변량 정규분포를 나타낸다고 할 수 있다. ■

연 습 문 제

1. 세 개의 변수로 이루어진 확률벡터 $(x_1, x_2, x_3)^T$의 평균벡터가 $(1, 2, 3)^T$이고 공분산행렬이

$$\begin{bmatrix} 6 & 1 & 2 \\ 1 & 5 & 3 \\ 2 & 3 & 8 \end{bmatrix}$$

인 다변량 정규분포를 가질 때, 다음에 대하여 답하라.

(1) $2x_1 + 3x_2$의 분포를 구하라.

(2) x_3가 주어졌을 때, $2x_1 + 3x_2$의 조건부분포를 구하라.

(3) $x_1 + 2x_2$과 $x_2 + 3x_3$ 의 결합분포를 구하라.

2. 1장의 표 1.4에 있는 토양성분자료에 대하여 다음의 두 가설

$$H_0 : \beta_{1,p} = 0, \quad H_0 : \beta_{2,p} = 24$$

를 검정하여, 그 자료가 다변량 정규분포를 따르는지를 확인하라.

3. 1장의 연습문제에 있는 표 1.5의 퇴비자료에 대하여 박스-칵스 변환을 수행하여 정규성이 향상되었는지를 확인하라.

제 4 장

추정 및 검정

제 4.1 절　모수의 추정과 검정 : 한 개의 모집단

크기가 n인 자료 $\mathbf{x}_1, ..., \mathbf{x}_n$이 다변량 정규분포 $N_p(\boldsymbol{\mu}, \boldsymbol{\Sigma})$에서 추출된 확률표본일 때, 우도함수(likelihood function)는 $\mathbf{x}_1, ..., \mathbf{x}_n$의 결합분포를 $\boldsymbol{\mu}$와 $\boldsymbol{\Sigma}$의 함수로 표현한 것으로 다음과 같다.

$$L(\boldsymbol{\mu}, \boldsymbol{\Sigma}) = \mid 2\pi\boldsymbol{\Sigma} \mid^{-n/2} \exp[-\frac{1}{2}\sum_{r=1}^{n}(\mathbf{x}_r - \boldsymbol{\mu})^T\boldsymbol{\Sigma}^{-1}(\mathbf{x}_r - \boldsymbol{\mu})]. \tag{4.1}$$

다소의 계산을 통하여 로그우도함수(log-likelihood function)는 다음과 같이 표현할 수 있다 (Mardia et al., 1979, p. 97).

$$l(\boldsymbol{\mu}, \boldsymbol{\Sigma}) = \log[L(\boldsymbol{\mu}, \boldsymbol{\Sigma})] = -\frac{n}{2}\{\log \mid 2\pi\boldsymbol{\Sigma} \mid + \mathrm{tr}(\boldsymbol{\Sigma}^{-1}\mathbf{S}_n) + (\bar{\mathbf{x}} - \boldsymbol{\mu})^T\boldsymbol{\Sigma}^{-1}(\bar{\mathbf{x}} - \boldsymbol{\mu})\}, \tag{4.2}$$

여기서 $\mathbf{S}_n = (n-1)\mathbf{S}/n$으로서, n으로 나눈 표본공분산행렬이다.

식 (1.5)와 (1.6)에서 정의한 표본평균벡터 $\bar{\mathbf{x}}$와 표본공분산행렬 $\mathbf{S}$는 각기 $\boldsymbol{\mu}$와 $\boldsymbol{\Sigma}$의 불편추정량이 된다. 위의 로그우도함수를 $\boldsymbol{\mu}$와 σ_{ij}에 대해 미분하여 정리하면, 평균 $\boldsymbol{\mu}$의 최우추정량(maximum likelihood estimator)은 표본평균벡터 $\bar{\mathbf{x}}$이며, 공분산행렬 $\boldsymbol{\Sigma}$의 최우추정량은 표본공분산행렬 $\mathbf{S}_n$이다(Mardia et al., 1979, pp. 103–104). 우도함수의 최대값은

$$L_{max} = L(\bar{\mathbf{x}}, \mathbf{S}_n) = \mid 2\pi\mathbf{S}_n \mid^{-n/2} \exp(-pn/2) \tag{4.3}$$

이 된다.

이러한 최우추정량은 평균과 공분산행렬에 어떠한 제약 조건(constraint)도 없고 $\boldsymbol{\mu}$와 $\boldsymbol{\Sigma}$를 동시에 추정할 때 얻어진 것이다. 만약 어떠한 제약 조건이 평균 또는 공분산행렬에 가해질 때, 최우추정량은 일반적으로 달라진다. 제약 조건의 형태는 매우 다양하며, 각각의 경우에 맞추어서 최우추정량을 구해야 한다. 평균 또는 공분산행렬의 일부 원소에 제약조건이 주어질 수도 있으며, 평균 또는 공분산행렬이 어떠한 구조(structure)를 가질 수도 있다. 평균이 구조를 가지는 예는 다변량회귀모형이 있으며, 공분산행렬이 구조를 가지는 예는 LISREL(linear structural relationships) 모형이 있다. 인자분석(factor analysis)은 LISREL의 특수한 경우이다. LISREL에 대한 자세한 내용은 Jöreskog 과 Sörbom(1989)의 책을 참조하기 바란다.

$\boldsymbol{\Omega}$가 모수공간이고, ω가 $\boldsymbol{\Omega}$의 부분집합일 때, 귀무가설(null hypothesis) H_0 : $\boldsymbol{\theta} \in \omega$의 검정은 우도비검정(likelihood ratio test; Seber, 1984, p. 14; Mardia et al., 1979, p. 123)을 주로 이용한다. $L(\boldsymbol{\theta})$를 확률표본에 입각한 $\boldsymbol{\theta}$의 우도함수라 할 때, 우도비검정통계량(likelihood ratio test statistic)은

$$\lambda = \sup_{\theta \in \omega} L(\boldsymbol{\theta}) / \sup_{\theta \in \boldsymbol{\Omega}} L(\boldsymbol{\theta}) \tag{4.4}$$

으로 주어지며, 항상 $0 \leq \lambda \leq 1$ 이다. λ의 값이 충분히 작을 때 귀무가설 H_0를 기각한다. 표본의 크기가 크면, $-2\log\lambda$는 근사적으로 자유도가 ν인 χ^2 분포를 따른다. 여기서 자유도 ν는 $\boldsymbol{\Omega}$의 차원에서 ω의 차원을 뺀 값으로 주어진다. $\boldsymbol{\mu}$와 $\boldsymbol{\Sigma}$의 독립된 모수로 이루어진 벡터를 $\boldsymbol{\theta}$로 나타낼 때, $\boldsymbol{\theta}$가 가질 수 있는 모든 값의 모임을 모수공간 $\boldsymbol{\Omega}$라 하면 이 공간의 차원은 $p+p(p+1)/2 = p(p+3)/2$이다. ω를 $\boldsymbol{\Omega}$의 부분집합이라 할 때, ω는 모수에 가해지는 일종의 제약조건을 반영한다. 따라서 ω는 다양한 형태의 가설을 나타낸다. 예를 들어 ω의 원소가 $\boldsymbol{\mu} = \mathbf{0}$이고 $\boldsymbol{\Sigma}$는 미지의 모수를 나타낼 때, ω는 가설 $H_0 : \boldsymbol{\mu} = \mathbf{0}$을 의미한다. 이때 $\boldsymbol{\Sigma}$는

미지의 모수이므로, ω의 차원은 $\mathbf{\Sigma}$의 독립된 모수의 수인 $p(p+1)/2$이다. 가설 $H_0 : \boldsymbol{\mu} = \mathbf{0}$의 검정 예에서 ν는 p가 된다. 다음 각 절에서 고려된 모든 우도비검정에서 $\sup_{\theta \in \mathbf{\Omega}} L(\boldsymbol{\theta}) = L_{max}$이다.

다변량분포와 관련된 귀무가설을 단변량분포와 관련된 귀무가설의 공통집합으로 표현하고, 다변량분포와 관련된 대립가설을 단변량분포와 관련된 대립가설의 합집합으로 표현하여 검정을 실시하는 것을 합교검정(union-intersection test)라고 부른다(Seber, 1984, p. 13). 많은 경우 이 원리를 이용한 결과는 위의 우도비검정의 결과와 같아진다.

4.1.1 $\boldsymbol{\mu}$의 모든 성분이 알려진 경우

$\boldsymbol{\mu}_0$가 주어진 상수의 벡터이고, 평균벡터 $\boldsymbol{\mu}$가 $\boldsymbol{\mu}_0$로 주어졌을 때, 추정해야 할 모수는 공분산행렬 $\mathbf{\Sigma}$의 $p(p+1)/2$개의 독립된 성분 뿐이다. $\mathbf{S}_0$를 다음과 같이 정의할 때,

$$\mathbf{S}_0 = \frac{1}{n}\sum_{r=1}^{n}(\mathbf{x}_r - \boldsymbol{\mu}_0)(\mathbf{x}_r - \boldsymbol{\mu}_0)^T$$

$\boldsymbol{\mu} = \boldsymbol{\mu}_0$의 가정하에서, 로그우도함수는 다음과 같다.

$$l(\mathbf{\Sigma}) = -\frac{n}{2}\{\log \mid 2\pi\mathbf{\Sigma} \mid + \mathrm{tr}(\mathbf{\Sigma}^{-1}\mathbf{S}_0)\}. \tag{4.5}$$

이 로그우도함수를 σ_{ij}에 대해 미분하여 풀면, $\mathbf{\Sigma}$의 최우추정량은 $\mathbf{S}_0$가 된다. 따라서 $\boldsymbol{\mu} = \boldsymbol{\mu}_0$일 때, 우도함수의 최대값은

$$L_0 = \exp[l(\mathbf{S}_0)] = \mid 2\pi\mathbf{S}_0 \mid^{-n/2} \exp(-pn/2) \tag{4.6}$$

이다. $\mathbf{S}_0 = [(n-1)/n]\mathbf{S} + (\bar{\mathbf{x}} - \boldsymbol{\mu}_0)(\bar{\mathbf{x}} - \boldsymbol{\mu}_0)^T$ 이고 $\mathbf{S}_n = [(n-1)/n]\mathbf{S}$ 이므로, 가설

$$H_0 : \boldsymbol{\mu} = \boldsymbol{\mu}_0 \tag{4.7}$$

의 우도비검정통계량은(Seber,1984, pp. 67–68)

$$\lambda = \left|\frac{\mathbf{S}_n}{\mathbf{S}_0}\right|^{n/2} = \left(1 + \frac{T_0^2}{n-1}\right)^{-n/2} \tag{4.8}$$

이 된다. 여기서

$$T_0^2 = n(\bar{\mathbf{x}} - \boldsymbol{\mu}_0)^T \mathbf{S}^{-1} (\bar{\mathbf{x}} - \boldsymbol{\mu}_0) \tag{4.9}$$

이며, 이것을 호텔링의 T^2 통계량(Hotelling T^2 statistic)이라 부른다. 우도비검정에서 λ의 값이 충분히 작을 때(다시 말하면 $-2\log\lambda$의 값이 충분히 클 때), 귀무가설 H_0를 기각한다. $-2\log\lambda$는 근사적으로 자유도가 p인 χ^2 분포를 갖는다.

정의 4.1 확률벡터 $\mathbf{x} \sim N_p(\boldsymbol{\mu}, \boldsymbol{\Sigma})$ 이고, 확률변수의 행렬 $\mathbf{W} \sim W_p(m, \boldsymbol{\Sigma})$일 때

$$T^2 = m(\mathbf{x} - \boldsymbol{\mu})^T \mathbf{W}^{-1} (\mathbf{x} - \boldsymbol{\mu})$$

가 호텔링 T^2 분포(Hotelling T^2 distribution)를 따른다고 한다. 단, $\mathbf{x}$와 $\mathbf{W}$는 서로 독립이다.

한편 호텔링 T^2 분포는 다음과 같은 관계가 있다(Seber, 1984, p. 31).

$$\frac{m-p+1}{p}\frac{T^2}{m} \sim F(p, m-p+1). \tag{4.10}$$

또한 식 (4.8)의 우도비검정통계량은 식 (4.9)의 T_0^2의 단조감소함수이므로, 우도비검정과 호텔링 T^2 통계량의 사용은 같은 결과를 준다. 따라서 T_0^2의 값이 충분히 클 때 귀무가설 H_0를 기각한다. 한편 H_0가 성립할 때, 식 (4.10)에 의해 $[(n-p)/p(n-1)]T_0^2$는 분자의 자유도가 p이고 분모의 자유도가 $n-p$인 F 분포를 갖는다(Seber, 1984, p. 63).

예제 4.1 다음 표 4.1은 땀에 관한 자료로서 20명의 건강한 여성에 대하여 x_1(땀 비율), x_2(나트륨), x_3(칼륨) 등 세 변수에 관하여 측정한 결과이다(Johnson과 Wichern, 1992, p. 183, 표 5.1). 이 자료를 `sweat.d`라 한다.

다음과 같은 귀무가설(H_0)를 유의수준 $\alpha = 0.05$에 대하여 검정한다.

$$H_0 : \boldsymbol{\mu} = (4, 50, 10)^T.$$

먼저 기초통계량을 구하면

$$\bar{\mathbf{x}} = \begin{pmatrix} 4.640 \\ 45.400 \\ 9.965 \end{pmatrix}, \quad \mathbf{S} = \begin{pmatrix} 2.879 & 10.010 & -1.809 \\ 10.010 & 199.788 & -5.640 \\ -1.809 & -5.640 & 3.628 \end{pmatrix},$$

표 4.1: 땀자료

번호	땀비율	나트륨	칼륨	번호	땀비율	나트륨	칼륨
1	3.7	48.5	9.3	11	3.9	36.9	12.7
2	5.7	65.1	8.0	12	4.5	58.8	12.3
3	3.8	47.2	10.9	13	3.5	27.8	9.8
4	3.2	53.2	12.0	14	4.5	40.2	8.4
5	3.1	55.5	9.7	15	1.5	13.5	10.1
6	4.6	36.1	7.9	16	8.5	56.4	7.1
7	2.4	24.8	14.0	17	4.5	71.6	8.2
8	7.2	33.1	7.6	18	6.5	52.8	10.9
9	6.7	47.4	8.5	19	4.1	44.1	11.2
10	5.4	54.1	11.3	20	5.5	40.9	9.4

$$\mathbf{S}^{-1} = \begin{pmatrix} 0.586 & -0.022 & 0.258 \\ -0.022 & 0.006 & -0.002 \\ 0.258 & -0.002 & 0.402 \end{pmatrix}$$

이다. 따라서

$$\begin{aligned} T_0^2 &= n(\bar{\mathbf{x}} - \boldsymbol{\mu}_0)^T \mathbf{S}^{-1} (\bar{\mathbf{x}} - \boldsymbol{\mu}_0) \\ &= 9.74 \end{aligned}$$

이므로, $[(n-p)/p(n-1)]T_0^2 = 2.905$이며, 이 값은 $F(3,17)$ 분포의 93.5% 백분위수에 해당한다. 따라서 호텔링 T^2 검정통계량에 따르면 유의수준 $\alpha = 0.05$에서 귀무가설 H_0를 기각하지 못한다. 참고로, $F_{3,17;0.05} = 3.197$이다. 여기서 $F_{p1,p2;\alpha}$는 F가 $F(p_1, p_2)$ 분포를 따를 때 $P(F > F_{p1,p2;\alpha}) = \alpha$를 만족하는 값이다.

한편 우도비검정통계량은

$$\lambda = \left(1 + \frac{T_0^2}{(n-1)}\right)^{-n/2} = \left(1 + \frac{9.74}{19}\right)^{-10} = 0.016$$

이므로 $-2\log\lambda = 8.28$과 $\chi^2_{3;0.05} = 7.81$을 비교하면 $-2\log\lambda > \chi^2_{3;0.05}$ 이므로 귀무가설 H_0를 기각한다. R에서 $F_{a,b;k}$의 값은 `qf(1-k,a,b)`로, $\chi^2_{m;k}$의 값은 `qchisq(1-k,m)`으로부터 구한다.

위의 두 가지 검정통계량은 유의수준 0.05 에서 서로 상이한 결과가 생성되는 것에 주의할 필요가 있다.

R에서 식 (4.7)의 귀무가설을 검정하기 위한 함수는 다음과 같다.

```
hotelling1.f<-function(x,mu0,alpha=0.05) {
    n<-nrow(x)
    p<-ncol(x)
    m<-mean(x)
    s<-var(x)
    si<-solve(s)

    t2<-(n-p)/(p*(n-1))*n*t(m-mu0)%*%si%*%(m-mu0)
    p.val<-1-pf(t2,p,n-p)
    cat("The test statistic is ",t2,
        "and P-value is ",p.val,".\n")

    if(p.val < alpha)
        cat("Reject the null hypothesis.\n")
    else
        cat("Don't reject the null hypothesis.\n")
}
```

함수 hotelling1.f의 인수 x는 자료행렬, mu0는 $\boldsymbol{\mu}_0$, alpha는 α를 나타낸다. 예제 3.8에서 normality.f와 마찬가지로 $P-$값이 주어진 유의수준보다 작으면 귀무가설 H_0를 기각한다. 땀자료에 대하여

```
>hotelling1.f(sweat.d,c(4,50,10))
The test statistic is  2.904546 and P-value is  0.06492834 .
Don't reject the null hypothesis.
```

의 결과를 얻는다. 따라서 P-value가 0.05 보다 크므로 H_0를 기각하지 못한다. ■

4.1.2 μ의 선형관계가 알려진 경우

여러 가지 경우의 $\boldsymbol{\mu}$에 대한 선형관계는 다음의 가설

$$H_0 : \mathbf{A}\boldsymbol{\mu} = \mathbf{b} \tag{4.11}$$

로 표현할 수 있다. 여기서 $\mathbf{A}$는 계수가 q인 $q \times p$인 상수의 행렬이고, $\mathbf{b}$는 $q \times 1$ 상수벡터이다. 가설 H_0는 $\boldsymbol{\mu}$의 성분들의 다양한 관계를 포함한다. 예를 들어 $\boldsymbol{\mu}$의 모든 성분들이 서로 같은 경우, 즉 $\mu_1 = \cdots = \mu_p$은 $\mathbf{b} = \mathbf{0}$이고,

$$\mathbf{A}_{(p-1)\times p} = \begin{bmatrix} 1 & 0 & 0 & \cdots & 0 & -1 \\ 0 & 1 & 0 & \cdots & 0 & -1 \\ \vdots & \vdots & \vdots & \ddots & \vdots & \vdots \\ 0 & 0 & 0 & \cdots & 1 & -1 \end{bmatrix}$$

인 경우이다.

$\mathbf{y}_r = \mathbf{A}\mathbf{x}_r$, $\boldsymbol{\mu}_y = \mathbf{A}\boldsymbol{\mu}$, $\boldsymbol{\Sigma}_y = \mathbf{A}\boldsymbol{\Sigma}\mathbf{A}^T$일 때, $\mathbf{y}_1, ..., \mathbf{y}_n$은 $N_q(\boldsymbol{\mu}_y, \boldsymbol{\Sigma}_y)$에서 추출된 확률표본이 된다. 가설 H_0는 $H_y : \boldsymbol{\mu}_y = \mathbf{b}$와 같아진다. 가설 H_y의 검정은 앞의 4.1.1절에서 기술한 우도비검정이나 호텔링 T^2 통계량을 이용할 수 있다. 따라서 가설 H_0의 검정을 위한 호텔링 T^2 통계량은 식 (4.9)와 유사하게

$$T_0^2 = n(\mathbf{A}\bar{\mathbf{x}} - \mathbf{b})^T(\mathbf{A}\mathbf{S}\mathbf{A}^T)^{-1}(\mathbf{A}\bar{\mathbf{x}} - \mathbf{b}) \tag{4.12}$$

이 된다. T_0^2 값이 충분히 클 때 귀무가설 H_0를 기각한다. H_0가 성립할 때, $[(n-q)/q(n-1)]T_0^2$는 분자의 자유도가 q, 분모의 자유도가 $n-q$인 F 분포를 갖는다.

예제 4.2 표 4.1의 땀자료에 대해 다음의 관계를 유의수준 0.05에서 검정한다.

$$\mu_2 = 12\mu_1 + 2, \quad \mu_2 = 5\mu_3. \tag{4.13}$$

먼저 다음과 같이 가설을 설정할 수 있다.

$$H_0 : \mathbf{A}\boldsymbol{\mu} = \mathbf{b},$$

여기서

$$\mathbf{A} = \begin{pmatrix} 12 & -1 & 0 \\ 0 & 1 & -5 \end{pmatrix}, \quad \mathbf{b} = \begin{pmatrix} -2 \\ 0 \end{pmatrix}$$

이고 $\mathbf{A}$의 계수는 $q = 2$ 이다. 예제 4.1에서 구한 기초통계량을 바탕으로 식 (4.12)의 T_0^2 검정통계량값을 구하면 $T_0^2 = 9.201$이다. 따라서

$$\frac{(n-q)}{q(n-1)}T_0^2 = (0.474)(9.201) = 4.361$$

을 얻으며, 이 값은 $F(2,18)$ 분포의 97백분위수에 해당한다. 기각값은 $F_{2,18;0.05} = 3.555$이므로, 유의수준 0.05에서 귀무가설 H_0를 기각한다.

R에서 귀무가설 (4.11)의 검정을 위해 다음의 함수를 작성할 수 있다.

```
linhypo.f<-function(x,A,b,alpha=0.05){
    n<-nrow(x)
    q<-qr(A)$rank
    m<-mean(x)
    iv<-solve(A%*%var(x)%*%t(A))

    t2<-(n-q)/(q*(n-1))*n*t(A%*%m-b)%*%iv%*%(A%*%m-b)
    p.val<-1-pf(t2,q,n-q)
    cat("The test statistic is ",t2,
            "and P-value is ",p.val,".\n")

    if(p.val < alpha)
        cat("Reject the null hypothesis.\n")
    else
        cat("Don't reject the null hypothesis.\n")
}
```

여기서 인수 `A`, `b`, `alpha`는 각각 $\mathbf{A}, \mathbf{b}, \alpha$를 의미하며, `qr(A)$rank`는 행렬 $\mathbf{A}$의 계수를 의미한다. 땀자료에 대해 위의 함수를 적용하면

```
> A<-matrix(c(12,-1,0,0,1,-5),2,3,byrow=T)
> b<-c(-2,0)
> linhypo.f(sweat.d,A,b)
The test statistic is  4.358155 and P-value is  0.02860647 .
Reject the null hypothesis.
```

의 결과를 얻는다. 즉, 귀무가설 (4.13)을 기각한다. ■

4.1.3 $\mathbf{\Sigma}$의 모든 원소가 알려진 경우

$\mathbf{\Sigma}_0$가 주어진 상수의 행렬로, $\mathbf{\Sigma}$가 $\mathbf{\Sigma}_0$로 주어졌을 때, 로그우도함수는

$$l(\boldsymbol{\mu}) = -\frac{n}{2}\{\log|2\pi\mathbf{\Sigma}_0| + \ \mathrm{tr}(\mathbf{\Sigma}_0^{-1}\mathbf{S}_n) + (\bar{\mathbf{x}} - \boldsymbol{\mu})^T\mathbf{\Sigma}_0^{-1}(\bar{\mathbf{x}} - \boldsymbol{\mu})\}$$

로 주어진다. 위의 식에서 미지의 $\boldsymbol{\mu}$는 세 번째 항에만 포함되며, 이것이 0 일 때 위의 로그우도함수는 최대가 된다. 따라서 평균벡터 $\boldsymbol{\mu}$의 최우추정량은 $\bar{\mathbf{x}}$가 된다.

귀무가설

$$H_0 : \mathbf{\Sigma} = \mathbf{\Sigma}_0 \tag{4.14}$$

의 우도비검정통계량은

$$-2\log\lambda = -n\log \mid \mathbf{\Sigma}_0^{-1}\mathbf{S}_n \mid +n\ \mathrm{tr}(\mathbf{\Sigma}_0^{-1}\mathbf{S}_n) - np \tag{4.15}$$

이 되며, 그 값이 충분히 클 때 H_0를 기각한다. $-2\log\lambda$는 근사적으로 자유도가 $p(p+1)/2$인 χ^2 분포를 갖는다. 식 (4.15)의 우도비검정통계량에서 처음 두 개 항은 각각 $\mathbf{\Sigma}_0^{-1}\mathbf{S}_n$의 특성치들의 기하평균과 산술평균의 함수이다.

예제 4.3 표 4.1의 땀자료에 대해 유의수준 0.05에서 다음의 가설을 검정하라.

$$H_0 : \mathbf{\Sigma} = \mathbf{\Sigma}_0,$$

여기서

$$\mathbf{\Sigma}_0 = \begin{pmatrix} 3 & 10 & -2 \\ 10 & 200 & -6 \\ -2 & -6 & 4 \end{pmatrix}$$

이며, $\mid \mathbf{\Sigma}_0 \mid= 1332$ 이다.

식 (4.15)에서 $\mathbf{S}_n$은 $\mathbf{\Sigma}$에 어떠한 제약조건도 없을 때 공분산행렬 $\mathbf{\Sigma}$의 최우추정량이다. $\mathbf{S}_n$을 구하면

$$\mathbf{S}_n = \begin{pmatrix} 2.735 & 9.510 & -1.719 \\ 9.510 & 189.799 & -5.358 \\ -1.719 & -5.358 & 3.446 \end{pmatrix}$$

이며, $|\mathbf{S}_n| = 1013.6$ 이다. 따라서 $|\mathbf{\Sigma}_0^{-1}\mathbf{S}_n| = |\mathbf{S}_n| / |\mathbf{\Sigma}_0| = 0.761$ 이고 $\mathrm{tr}(\mathbf{\Sigma}_0^{-1}\mathbf{S}_n) = 2.741$ 이므로, 식 (4.15)의 검정통계량값을 구하면 $-2\log\lambda = 0.293$이다. 기각값 $\chi^2_{6;0.05} = 12.592$와 비교하면 검정통계량의 값이 작으므로 귀무가설 H_0를 기각하지 못한다. 참고로 $P-$값은 0.9995이다. 즉, 땀자료의 공분산행렬이 $\mathbf{\Sigma}_0$라는 가설을 유의수준 0.05에서 채택한다. ■

4.1.4 Σ의 일부 비대각 원소가 0인 경우

$\mathbf{\Sigma}$를 다음과 같이 나눈다.

$$\mathbf{\Sigma} = \begin{pmatrix} \mathbf{\Sigma}_{11} & \mathbf{\Sigma}_{12} \\ \mathbf{\Sigma}_{21} & \mathbf{\Sigma}_{22} \end{pmatrix},$$

여기서 $\mathbf{\Sigma}_{ij}$는 $p_i \times p_j$ 행렬이고, $p_1 + p_2 = p$이다. $\mathbf{\Sigma}_{12}$가 $\mathbf{0}$인 경우, $\mathbf{\Sigma}_{21} = \mathbf{\Sigma}_{12}^T$이므로 $\mathbf{\Sigma}$는

$$\mathbf{\Sigma} = \begin{pmatrix} \mathbf{\Sigma}_{11} & \mathbf{0} \\ \mathbf{0} & \mathbf{\Sigma}_{22} \end{pmatrix}$$

로 된다. 귀무가설

$$H_0 : \mathbf{\Sigma}_{12} = \mathbf{0} \tag{4.16}$$

이 성립할 때, 해당되는 두 개의 변수들의 군은 서로 독립이다. 각 확률벡터 $\mathbf{x}_r$을 위의 $\mathbf{\Sigma}$와 같이 분해하면, 우도함수는 (4.1)과 같은 형태의 두 개의 우도함수의 곱으로 된다. 따라서 공분산행렬의 최우추정량 $\mathbf{S}_n$을 $\mathbf{\Sigma}$와 같이 나눈다.

$$\mathbf{S}_n = \begin{pmatrix} \mathbf{S}_{11} & \mathbf{S}_{12} \\ \mathbf{S}_{21} & \mathbf{S}_{22} \end{pmatrix},$$

여기서 $\mathbf{\Sigma}_{ii}$ $(i = 1, 2)$의 최우추정량은 $\mathbf{S}_{ii}$로 주어지고, $\boldsymbol{\mu}$의 최우추정량은 $\bar{\mathbf{x}}$가 된다. $H_0 : \mathbf{\Sigma}_{12} = \mathbf{0}$가 성립할 때, $\mathbf{\Sigma}$의 최우추정량은

$$\begin{pmatrix} \mathbf{S}_{11} & \mathbf{0} \\ \mathbf{0} & \mathbf{S}_{22} \end{pmatrix}$$

로 주어진다. 다소의 계산을 하면

$$\begin{aligned} -2\log\lambda &= -n\log|\mathbf{I}_{p_2} - \mathbf{S}_{22}^{-1}\mathbf{S}_{21}\mathbf{S}_{11}^{-1}\mathbf{S}_{12}| \\ &= -n\sum_{i=1}^{k}\log(1 - r_i) \end{aligned} \tag{4.17}$$

가 된다(Mardia et al., 1979, p. 135). 여기서 r_i는 $\mathbf{S}_{22}^{-1}\mathbf{S}_{21}\mathbf{S}_{11}^{-1}\mathbf{S}_{12}$의 0이 아닌 특성치이고, $k = \min\{p_1, p_2\}$이다. $\mathbf{S}_{22}^{-1}\mathbf{S}_{21}\mathbf{S}_{11}^{-1}\mathbf{S}_{12}$와 $\mathbf{S}_{22}^{-1/2}\mathbf{S}_{21}\mathbf{S}_{11}^{-1}\mathbf{S}_{12}\mathbf{S}_{22}^{-1/2}$의 0이 아닌 특성치는 서로 같으므로, r_i는 $\mathbf{S}_{22}^{-1/2}\mathbf{S}_{21}\mathbf{S}_{11}^{-1}\mathbf{S}_{12}\mathbf{S}_{22}^{-1/2}$의 특성치로 구할 수 있다. $\mathbf{S}_{22}^{-1/2}$의 의미는 식 (2.8)을 참조 바란다. 식 (4.17)에서 n대신 $n-(p+3)/2$를 사용하여 χ^2 분포에 의한 근사화를 개선할 수 있다.

$-2\log\lambda$는 근사적으로 자유도가 p_1p_2인 χ^2 분포를 따르며, 그 값이 충분히 클 때 H_0를 기각한다.

예제 4.4 표 4.1의 땀자료에서 확률변수 x_1과 확률벡터 (x_2, x_3)가 서로 독립인가를 검정한다. 다변량 정규분포의 성질에 의해 공분산행렬이 다음과 같이 분해되었을 때

$$\mathbf{\Sigma} = \begin{pmatrix} \mathbf{\Sigma}_{11} & \mathbf{\Sigma}_{12} \\ \mathbf{\Sigma}_{12}^T & \mathbf{\Sigma}_{22} \end{pmatrix} = \left(\begin{array}{c|cc} \sigma_{11} & \sigma_{12} & \sigma_{13} \\ \hline \sigma_{12} & \sigma_{22} & \sigma_{23} \\ \sigma_{13} & \sigma_{23} & \sigma_{33} \end{array} \right),$$

$\mathbf{\Sigma}_{12} = \mathbf{0}$의 가설, 즉 $\sigma_{12} = \sigma_{13} = 0$에 대해 검정하면 독립성을 검정하기에 충분하다. 이 경우 $p_1 = 1$, $p_2 = 2$이다.

공분산행렬 $\mathbf{\Sigma}$의 최우추정량 $\mathbf{S}_n$을 분해하면

$$\mathbf{S}_n = \begin{pmatrix} \mathbf{S}_{11} & \mathbf{S}_{12} \\ \mathbf{S}_{12}^T & \mathbf{S}_{22} \end{pmatrix} = \left(\begin{array}{c|cc} 2.735 & 9.510 & -1.719 \\ \hline 9.510 & 189.799 & -5.358 \\ -1.719 & -5.358 & 3.446 \end{array} \right)$$

이고, 식 (4.17)을 계산하면 $-2\log\lambda = 10.468$ 이며, 이 값은 χ_2^2 분포의 99.5% 백분위수이다. 유의수준 0.05에서 자유도가 2인 기각값은 $\chi_{2;0.05}^2 = 5.99$ 이고, 식 (4.17)의 검정통계량값 10.468이 기각값 5.99보다 크므로, 귀무가설 $H_0 : \mathbf{\Sigma}_{12} = \mathbf{0}$을 기각하게 된다. 즉, 확률변수 x_1과 확률벡터 x_2, x_3는 서로 독립이 아니라고 할 수 있다.

변수그룹들의 독립성을 검정하기 위하여 다음의 R 함수를 작성할 수 있다.

```
indep.f<-function(x,g1,g2,alpha=0.05) {
    p1<-length(g1); p2<-length(g2)
    n<-nrow(x)

    s<-cov.wt(x,method="ML")$cov
    s11.i<-solve(s[g1,g1])
    s22.i<-solve(s[g2,g2])
    s12<-s[g1,g2]
    s21<-s[g2,g1]

    a<-diag(p2)-s22.i%*%s21%*%s11.i%*%s12
    lrt<--n*sum(log(eigen(a)$val))

    p.val<-1-pchisq(lrt,p1*p2)
    cat("The LRT is ",lrt,"and P-value is ",p.val,".\n")
    if(p.val < alpha)
        cat("Reject the null hypothesis.\n")
    else
        cat("Don't reject the null hypothesis.\n")
}
```

위의 함수에서 g1, g2는 각 그룹에 해당하는 변수의 첨자를 나타내는 벡터이다. 본 예제에서는 땀자료의 x_1과 x_2, x_3의 독립성을 검정하려고 하므로

```
>indep.f(sweat.d,c(1),c(2,3),alpha=0.05)
```

또는

```
>indep.f(sweat.d,1,c(2,3))
```

의 명령어를 입력하면

```
The LRT is  10.46801 and P-value is  0.005332129 .
Reject the null hypothesis.
```

의 결과를 얻는다. ■

4.1.5 $\boldsymbol{\Sigma}$가 등상관행렬인 경우

공분산행렬이 다음의 가설

$$H_0 : \boldsymbol{\Sigma} = \sigma^2\{(1-\rho)\mathbf{I}_p + \rho\mathbf{1}_p\mathbf{1}_p^T\} \tag{4.18}$$

로 표현될 때, $\boldsymbol{\Sigma}$를 등상관행렬(equi-correlation matrix)이라 부른다. 식 (4.18)을 살펴보면, p개의 변수들 사이의 상관계수가 모두 ρ로 같고, 변수의 분산도 σ^2으로 모두 같다. 이때 σ^2와 ρ 및 $\boldsymbol{\mu}$는 추정해야 할 미지의 모수이다. 로그우도함수를 모수에 대해 미분하여 풀면, $\boldsymbol{\mu}$의 최우추정량은 $\bar{\mathbf{x}}$가 되고, σ^2와 ρ의 최우추정량은 아래와 같이 구한다. $\mathbf{S}_n$의 (i,j)번째 원소를 s_{ij}라하면, σ^2와 ρ의 최우추정량은

$$\hat{\sigma}^2 = \frac{1}{p}\mathrm{tr}(\mathbf{S}_n), \tag{4.19}$$

$$\hat{\rho}\hat{\sigma}^2 = \frac{2}{p(p-1)}\sum_{i<j} s_{ij} \tag{4.20}$$

에서 얻어진다(Morrison, 1990, p. 294). 여기서 얻어진 최우추정치를 식 (4.1)의 우도함수에 대입하여, 우도함수의 최대값을 얻은후, H_0의 우도비검정통계량를 구하면

$$-2\log\lambda = -n\log|\hat{\boldsymbol{\Sigma}}^{-1}\mathbf{S}_n| + n\ \mathrm{tr}(\hat{\boldsymbol{\Sigma}}^{-1}\mathbf{S}_n) - np \tag{4.21}$$

이다. 여기서 $\hat{\boldsymbol{\Sigma}}$는 귀무가설 H_0에서 최우추정량

$$\hat{\boldsymbol{\Sigma}} = \hat{\sigma}^2\{(1-\hat{\rho})\mathbf{I}_p + \hat{\rho}\mathbf{1}_p\mathbf{1}_p^T\}$$

이다. 이 경우 $-2\log\lambda$는 근사적으로 자유도가 $p(p+1)/2-2$인 χ^2 분포를 따른다.

예제 4.5 표 4.1의 땀자료에서 다음의 가설에 대해 유의수준 0.05에서 검정하라.

$$H_0 : \boldsymbol{\Sigma} = \sigma^2\begin{pmatrix} 1 & \rho & \rho \\ \rho & 1 & \rho \\ \rho & \rho & 1 \end{pmatrix}.$$

위의 귀무가설하에서 구하여진 추정량은 예제 4.3에서 구한 $\mathbf{S}_n$과 식 (4.19), (4.20) 으로부터 구한

$$\hat{\sigma^2} = 65.3269, \quad \hat{\rho} = 0.0124$$

이므로 귀무가설 H_0에서 공분산행렬의 최우추정량은

$$\hat{\mathbf{\Sigma}} = \begin{pmatrix} 65.327 & 0.811 & 0.811 \\ 0.811 & 65.327 & 0.811 \\ 0.811 & 0.811 & 65.327 \end{pmatrix}$$

이고, 식 (4.21)의 우도비검정통계량값은 $-2\log\lambda = 112.33$ 이며, $P-$값은 0이다. 한편 χ^2분포에서 기각값은 $\chi^2_{4;0.05} = 9.49$ 이므로 귀무가설 H_0를 기각한다. 어떤 제약조건도 없을 때 공분산행렬의 최우추정량 $\mathbf{S}_n$과 H_0 가설하에서의 최우추정량 $\hat{\mathbf{\Sigma}}$을 비교하면

$$\mathbf{S}_n = \begin{pmatrix} 2.735 & 9.510 & -1.719 \\ 9.510 & 189.799 & -5.358 \\ -1.719 & -5.358 & 3.446 \end{pmatrix}, \quad \hat{\mathbf{\Sigma}} = \begin{pmatrix} 65.327 & 0.811 & 0.811 \\ 0.811 & 65.326 & 0.811 \\ 0.811 & 0.811 & 65.326 \end{pmatrix}$$

으로, 그 차이가 분명하므로 귀무가설 H_0의 기각이 자명하다.

위의 검정을 R에서 작성하면 다음과 같다.

```
equicorr.f<-function(x,alpha=0.05) {
    n<-nrow(x)
    p<-ncol(x)
    if(p <=2 )
        stop("Dimension must be larger than 2\n")

    sn<-cov.wt(x,method="ML")$cov
    sigma2<-sum(eigen(sn)$val)/p
    rho<-(sum(sn)-sum(diag(sn)))/(p*(p-1)*sigma2)
    Sigma<-sigma2*((1-rho)*diag(p)+rho*matrix(rep(1,p*p),p,p))
    Sigma.i<-solve(Sigma)
    a<-(Sigma.i%*%sn)
    eig.val<-eigen(a)$val
    lrt<--n*sum(log(eig.val))+n*sum(eig.val)-n*p
    df<-p*(p+1)/2-2
    p.val<-1-pchisq(lrt,df)

    cat("The LRT is ",lrt,"and P-value is ",p.val,".\n")
    if(p.val < alpha)
        cat("Reject the null hypothesis.\n")
    else
        cat("Don't reject the null hypothesis.\n")
}
```

위의 함수에서 stop은 p가 2보다 작거나 같은 경우를 배제하기 위함이다.

자료 sweat.d에 대하여 가설 (4.18)를 함수 equicorr.f를 통하여 검정하면 다음과 같은 결과를 얻는다.

```
> equicorr.f(sweat.d,alpha=0.05)
The LRT is  112.3300 and P-value is  0 .
Reject the null hypothesis.
```

■

4.1.6 $\boldsymbol{\Sigma}$가 상수의 행렬에 비례하는 경우

$\boldsymbol{\Sigma}_0$가 상수의 $p.d.$(양정치) 행렬이고, σ^2는 미지의 모수일 때, $\boldsymbol{\Sigma}$가 상수의 행렬 $\boldsymbol{\Sigma}_0$에 비례하는 가설은

$$H_0 : \boldsymbol{\Sigma} = \sigma^2 \boldsymbol{\Sigma}_0 \tag{4.22}$$

으로 표현할 수 있다. 추정해야 할 모수는 $\boldsymbol{\mu}$와 σ^2이다. 로그우도함수를 모수에 대해 미분하여 풀면, $\boldsymbol{\mu}$의 최우추정량은 $\bar{\mathbf{x}}$가 되고, σ^2의 최우추정량은

$$\hat{\sigma}^2 \;=\; \frac{1}{p}\mathrm{tr}(\boldsymbol{\Sigma}_0^{-1}\mathbf{S}_n) \tag{4.23}$$

으로 주어진다. 식 (4.23)의 최우추정치를 식 (4.1)의 우도함수에 대입하여, 우도함수의 최대값을 얻은 후, H_0의 우도비검정통계량을 구하면

$$-2\log\lambda = np\log|\hat{\sigma}^2| - n\log|\boldsymbol{\Sigma}_0^{-1}\mathbf{S}_n| \tag{4.24}$$

이다. 이 경우, $-2\log\lambda$는 근사적으로 자유도가 $[p(p+1)/2] - 1 = (p+2)(p-1)/2$인 χ^2 분포를 따른다. 특히, $\boldsymbol{\Sigma}_0 = \mathbf{I}_p$인 경우를 구형성검정(sphericity test)이라고 한다(Mardia et al., 1979, p. 107, p. 134).

예제 4.6 표 4.1의 땀자료에 대해 다음의 가설을 유의수준 0.05에서 검정하라.

$$H_0 : \boldsymbol{\Sigma} = \sigma^2 \boldsymbol{\Sigma}_0,$$

여기서 $\boldsymbol{\Sigma}_0$는 예제 4.3에서 사용한 행렬

$$\boldsymbol{\Sigma}_0 = \begin{pmatrix} 3 & 10 & -2 \\ 10 & 200 & -6 \\ -2 & -6 & 4 \end{pmatrix}$$

이다.

σ^2의 최우추정량을 구하면 식 (4.23)으로부터 $\hat{\sigma}^2 = 0.914$ 이고 우도비검정통계량값은 식 (4.24)에서 $-2\log\lambda = 0.056$ 이고, $P-$값은 0.99996이다. 한편 기각값 $\chi^2_{5;0.05} = 11.07$ 과 비교하면 유의수준 0.05에서 귀무가설 H_0를 기각하지 못한다.

예제 4.3에서의 가설은 $\sigma^2 = 1.0$인 경우로 귀무가설을 기각하지 못하였다. 본 예제에서는 $\hat{\sigma}^2 = 0.914$인 경우이므로 귀무가설을 기각하지 못할 것으로 예상할 수 있다. ■

4.1.7 Σ의 모든 비대각원소가 0인 경우

가설 H_0가 $\mathbf{\Sigma}$의 모든 비대각원소가 0인 경우를 나타낼 때, 이 가설은 $\mathbf{\Sigma}$가 대각행렬임을 의미한다. 또한 이것은 상관행렬이 항등행렬 $\mathbf{I}_p$인 경우와 같다. 따라서 가설 H_0가 성립할 때, 모든 확률변수는 서로 독립이다. 가설 H_0는 수리적으로

$$H_0 : \mathbf{\Sigma} = \text{diag}(\sigma_1^2, ..., \sigma_p^2) \tag{4.25}$$

와 같이 표현할 수 있다. 가설 H_0 하에서, 식 (4.1)의 우도함수는 p개의 단변량 정규분포의 우도함수의 곱으로 된다. 각각의 우도함수에서 μ_i와 σ_i^2의 최우추정량을 구할 수 있으며, 그것은 각기 $\bar{x}_i$와 s_{ii}로 주어진다. 여기서 s_{ii}는 $\mathbf{S}_n$의 i번째 대각원소이다. 따라서 $\boldsymbol{\mu}$의 최우추정량은 $\bar{\mathbf{x}}$이고, $\mathbf{\Sigma}$의 최우추정량은 $\text{diag}(s_{11}, ..., s_{pp})$이다. 여기서 얻어진 최우추정량을 식 (4.1)의 우도함수에 대입하여, 우도함수의 최대값을 얻으면, H_0의 우도비검정통계량은

$$-2\log\lambda = -n\log|\hat{\mathbf{\Sigma}}^{-1}\mathbf{S}_n| + n\ \text{tr}(\hat{\mathbf{\Sigma}}^{-1}\mathbf{S}_n) - np \tag{4.26}$$

로 주어진다. 여기서

$$\hat{\mathbf{\Sigma}} = \text{diag}(s_{11}, \ldots, s_{pp})$$

이다. 우도비검정통계량 $-2\log\lambda$는 근사적으로 자유도가 $[p(p+1)/2]-p = p(p-1)/2$인 χ^2 분포를 따른다.

예제 4.7 표 4.1의 땀자료에서 확률변수 x_1, x_2, x_3가 서로 독립인가를 유의수준 0.05에서 검정한다.

귀무가설 $H_0 : \mathbf{\Sigma} = \text{diag}(\sigma_1^2, ..., \sigma_p^2)$ 하에서 최우추정량은

$$\hat{\mathbf{\Sigma}} = \begin{pmatrix} 2.735 & 0.000 & 0.000 \\ 0.000 & 189.799 & 0.000 \\ 0.000 & 0.000 & 3.446 \end{pmatrix}$$

이고, 우도비검정 통계량값을 구하면 $-2\log\lambda = 11.366$ 으로, $P-$값이 0.0099이다. 한편 기각값 $\chi^2_{3;0.05} = 7.81$ 보다 크므로 유의수준 0.05에서 귀무가설 H_0를 기각한다. 즉, 확률변수 x_1, x_2, x_3는 서로 독립이라 말할 수 없다. ■

제 4.2 절 모수의 추정과 검정 : 두 개의 모집단

n_1개의 자료 $\mathbf{x}_1, ..., \mathbf{x}_{n_1}$이 다변량 정규분포 $N_p(\boldsymbol{\mu}_1, \boldsymbol{\Sigma}_1)$에서 추출된 확률표본이고, 이 표본과 독립인 n_2개의 자료 $\mathbf{y}_1, ..., \mathbf{y}_{n_2}$가 다변량 정규분포 $N_p(\boldsymbol{\mu}_2, \boldsymbol{\Sigma}_2)$에서 추출된 확률표본으로 한다. 본 절에서는 $\boldsymbol{\mu}_1$과 $\boldsymbol{\mu}_2$, 그리고 $\boldsymbol{\Sigma}_1$과 $\boldsymbol{\Sigma}_2$ 사이에 어떤 관계가 있을 때, 추정 및 가설 검정 문제를 생각한다.

$L_i(\boldsymbol{\mu}_i, \boldsymbol{\Sigma}_i)$ $(i = 1, 2)$를 $N_p(\boldsymbol{\mu}_i, \boldsymbol{\Sigma}_i)$에서 추출한 n_i개의 표본에 입각한 우도함수라하고, 위의 두 개의 확률표본에 입각한 우도함수를 $L_+(\boldsymbol{\mu}_1, \boldsymbol{\mu}_2, \boldsymbol{\Sigma}_1, \boldsymbol{\Sigma}_2)$로 한다. 두 개의 확률표본이 독립이므로

$$L_+(\boldsymbol{\mu}_1, \boldsymbol{\mu}_2, \boldsymbol{\Sigma}_1, \boldsymbol{\Sigma}_2) = L_1(\boldsymbol{\mu}_1, \boldsymbol{\Sigma}_1) L_2(\boldsymbol{\mu}_2, \boldsymbol{\Sigma}_2)$$

이 된다. 우도함수 $L_i(\boldsymbol{\mu}_i, \boldsymbol{\Sigma}_i)$는 4.1절의 식 (4.1)과 같은 형태를 갖는다. 따라서 모수 $\boldsymbol{\mu}_i$와 $\boldsymbol{\Sigma}_i$의 최우추정량은 4.1절에서처럼 각각의 우도함수 $L_i(\boldsymbol{\mu}_i, \boldsymbol{\Sigma}_i)$를 최대로 하여 얻는다. 각각의 표본의 산술평균을 $\bar{\mathbf{x}}$와 $\bar{\mathbf{y}}$로 하고, 각각의 표본의 공분산행렬을 4.1절의 $\mathbf{S}_n$(65쪽)과 같이 정의하여 $\mathbf{S}_1$과 $\mathbf{S}_2$로 한다. 그러면, $\boldsymbol{\mu}_1$과 $\boldsymbol{\Sigma}_1$의 최우추정량은 $\bar{\mathbf{x}}$와 $\mathbf{S}_1$이 되고, 마찬가지로 $\boldsymbol{\mu}_2$와 $\boldsymbol{\Sigma}_2$의 최우추정량은 $\bar{\mathbf{y}}$와 $\mathbf{S}_2$로 된다.

4.2.1 평균의 비교

두 개의 모집단에서 나온 자료의 분석에서 중요한 관심사 중의 하나는 두 개의 평균이 같은지의 여부이다. 즉 다음과 같은 가설을 설정할 수 있다.

$$H_0 : \boldsymbol{\mu}_1 = \boldsymbol{\mu}_2. \tag{4.27}$$

이러한 가설 H_0의 검정 문제는 $\boldsymbol{\Sigma}_1 = \boldsymbol{\Sigma}_2$ $(= \boldsymbol{\Sigma})$인 경우와 $\boldsymbol{\Sigma}_1 \neq \boldsymbol{\Sigma}_2$인 경우로 나누어 생각할 수 있다.

4.2.1.1 $\boldsymbol{\Sigma}_1 = \boldsymbol{\Sigma}_2$인 경우

이 경우에 가설 H_0의 우도비검정은 $\boldsymbol{\mu}_1 \neq \boldsymbol{\mu}_2$일 때와 $\boldsymbol{\mu}_1 = \boldsymbol{\mu}_2$일 때에 모수의 최우추정량을 구해야 한다. $\boldsymbol{\mu}_1 \neq \boldsymbol{\mu}_2$는 $\boldsymbol{\mu}_1$과 $\boldsymbol{\mu}_2$에 어떠한 제약조건도 없음을 의미한다.

먼저, $\boldsymbol{\mu}_1 \neq \boldsymbol{\mu}_2$일 때 모수의 최우추정량은 우도함수 $L_+(\boldsymbol{\mu}_1, \boldsymbol{\mu}_2, \boldsymbol{\Sigma}, \boldsymbol{\Sigma})$를 최대로 하여 얻으며, $\bar{\mathbf{x}}$, $\bar{\mathbf{y}}$와 $\mathbf{S}_p = (n_1\mathbf{S}_1 + n_2\mathbf{S}_2)/n$은 각기 $\boldsymbol{\mu}_1$, $\boldsymbol{\mu}_2$와 $\boldsymbol{\Sigma}$의 최우추정량이 된다(Mardia et al., 1979, p. 108). 여기서 $n = n_1 + n_2$이다. 이 때 우도함수의 최대값은

$$L_+(\bar{\mathbf{x}}, \bar{\mathbf{y}}, \mathbf{S}_p, \mathbf{S}_p) = | 2\pi\mathbf{S}_p |^{-n/2} \exp(-pn/2)$$

이 된다.

다음으로 $\boldsymbol{\mu}_1 = \boldsymbol{\mu}_2$ $(= \boldsymbol{\mu})$인 경우는 모든 자료 $\mathbf{x}$, $\mathbf{y}$가 하나의 모집단 $N_p(\boldsymbol{\mu}, \boldsymbol{\Sigma})$으로부터 추출된 것으로 간주할 수 있다. 따라서 모수의 최우추정량은 우도함수 $L_+(\boldsymbol{\mu}, \boldsymbol{\mu}, \boldsymbol{\Sigma}, \boldsymbol{\Sigma})$를 최대로하여 얻는다. $\boldsymbol{\mu}$의 최우추정량은 $\bar{\mathbf{z}} = (n_1\bar{\mathbf{x}} + n_2\bar{\mathbf{y}})/n$이고, $\boldsymbol{\Sigma}$의 최우추정량은 모든 $\mathbf{x}$, $\mathbf{y}$ 자료에 입각하여 4.1절의 $\mathbf{S}_n$과 같이 정의한 것으로 이것을 $\mathbf{S}_+$로 나타내면

$$\mathbf{S}_+ = \frac{1}{n}\left[\sum_{r=1}^{n_1}(\mathbf{x}_r - \bar{\mathbf{z}})(\mathbf{x}_r - \bar{\mathbf{z}})^T + \sum_{s=1}^{n_2}(\mathbf{y}_s - \bar{\mathbf{z}})(\mathbf{y}_s - \bar{\mathbf{z}})^T\right]$$

로 주어진다. 이 경우 우도함수의 최대값은

$$L_+(\bar{\mathbf{z}}, \bar{\mathbf{z}}, \mathbf{S}_+, \mathbf{S}_+) = | 2\pi\mathbf{S}_+ |^{-n/2} \exp(-pn/2)$$

이 된다.

$\mathbf{S}_+ = \mathbf{S}_p + (n_1 n_2/n^2)(\bar{\mathbf{x}} - \bar{\mathbf{y}})(\bar{\mathbf{x}} - \bar{\mathbf{y}})^T$이므로, $\boldsymbol{\Sigma}_1 = \boldsymbol{\Sigma}_2$의 조건하에서 가설 $H_0 : \boldsymbol{\mu}_1 = \boldsymbol{\mu}_2$의 우도비검정통계량은

$$\begin{aligned}\lambda &= \frac{L_+(\bar{\mathbf{z}}, \bar{\mathbf{z}}, \mathbf{S}_+, \mathbf{S}_+)}{L_+(\bar{\mathbf{x}}, \bar{\mathbf{y}}, \mathbf{S}_p, \mathbf{S}_p)} \\ &= \left(\frac{| \mathbf{S}_p |}{| \mathbf{S}_+ |}\right)^{n/2} = \left(1 + \frac{T_0^2}{n-2}\right)^{-n/2} \qquad (4.28)\end{aligned}$$

이 된다. 여기서

$$T_0^2 = \frac{n_1 n_2(n-2)}{n^2}(\bar{\mathbf{x}} - \bar{\mathbf{y}})^T \mathbf{S}_p^{-1}(\bar{\mathbf{x}} - \bar{\mathbf{y}}) \tag{4.29}$$

이며, 이 통계량을 두 표본 호텔링 T^2 통계량(two-sample Hotelling T^2 statistic)이라 부른다. $-2\log\lambda$는 근사적으로 자유도가 p인 χ^2 분포를 가지며, 그 값이 충분히 클 때 H_0를 기각한다. H_0가 성립할 때, $[(n-p-1)/p(n-2)]T_0^2$는 분자의 자유도가 p이고 분모의 자유도가 $n-p-1$인 F 분포를 따른다. 우도비검정통계량 λ는 T_0^2의 단조감소함수이므로, T_0^2의 값이 충분히 클 때 H_0를 기각한다.

예제 4.8 표 4.2의 자료는 얼룩거북이의 모양과 크기의 관계를 연구하기 위해 조사된 자료이다(Jolicoeur와 Mosimann, 1960). 암컷과 수컷 거북이 각각 24마리의 등껍질을 측정한 결과이다(Johsnson과 Wichern, 1992, p. 275, 표 6.5). 이 자료에서 암컷을 turtle1.d, 수컷을 turtle2.d라 한다.

암수 거북이의 공분산행렬이 같다는 조건하에서 유의수준 0.05에서 암수 거북이의 등껍질의 평균이 같은지를 검정하여 본다.

먼저 암수 거북이의 표본평균벡터와 공분산행렬을 구하면 다음과 같다.

$$\bar{\mathbf{x}} = \begin{pmatrix} 136.04 \\ 102.58 \\ 52.04 \end{pmatrix}, \quad \bar{\mathbf{y}} = \begin{pmatrix} 113.38 \\ 88.29 \\ 40.71 \end{pmatrix}, \quad \mathbf{S}_1 = \begin{pmatrix} 432.71 & 259.68 & 159.04 \\ 259.68 & 164.58 & 97.60 \\ 159.04 & 97.60 & 62.04 \end{pmatrix},$$

$$\mathbf{S}_2 = \begin{pmatrix} 132.98 & 75.85 & 35.82 \\ 75.85 & 47.96 & 20.75 \\ 35.82 & 20.75 & 10.79 \end{pmatrix}, \quad \mathbf{S}_p = \begin{pmatrix} 282.85 & 167.77 & 97.43 \\ 167.77 & 106.27 & 59.18 \\ 97.43 & 59.18 & 36.41 \end{pmatrix}.$$

또한 식 (4.29)로부터 $T_0^2 = 72.38$ 이므로 $[(n-p-1)/p(n-2)]T_0^2 = 23.08$이며, $P-$값은 0이다. 한편 $F_{3,44;0.05} = 2.82$와 비교하면 T_0^2값이 크므로 H_0를 기각한다. 즉 얼룩거북이의 암컷과 수컷의 등껍질의 평균이 서로 다르다.

본 예제의 경우를 R 함수로 작성하면 다음과 같다.

표 4.2: 얼룩거북이자료

번호	암컷			수컷		
	길이	너비	높이	길이	너비	높이
1	98	81	38	93	74	37
2	103	84	38	94	78	35
3	103	86	42	96	80	35
4	105	86	42	101	84	39
5	109	88	44	102	85	38
6	123	92	50	103	81	37
7	123	95	46	104	83	39
8	133	99	51	106	83	39
9	133	102	51	107	82	38
10	133	102	51	112	89	40
11	134	100	48	113	88	40
12	136	102	49	114	86	40
13	138	98	51	116	90	43
14	138	99	51	117	90	41
15	141	105	53	117	91	41
16	147	108	57	119	93	41
17	149	107	55	120	89	40
18	153	107	56	120	93	44
19	155	115	63	121	95	42
20	155	117	60	125	93	45
21	158	115	62	127	96	45
22	159	118	63	128	95	45
23	162	124	61	131	95	46
24	177	132	67	135	106	47

```
hotelling2.f<-function(x1,x2,alpha=0.05) {
    n1<-nrow(x1); n2<-nrow(x2)
    n<-n1+n2;  p<-ncol(x1)

    m1<-mean(x1)
    m2<-mean(x2);
    s1<-cov.wt(x1,method="ML")$cov
    s2<-cov.wt(x2,method="ML")$cov
    sp<-(n1*s1+n2*s2)/n                          (계속)
```

```
    t2<-(n1*n2*(n-p-1))/(n^2*p)*t(m1-m2)%*%solve(sp)%*%(m1-m2)
    p.val<-1-pf(t2,p,n-p-1)
    cat("The test statistic is ",t2,
        "and P-value is ",p.val,".\n")

    if(p.val < alpha)
        cat("Reject the null hypothesis.\n")
    else
        cat("Don't reject the null hypothesis.\n")
}
```

얼룩거북이자료에 대해 위의 함수를 적용하면

```
> hotelling2.f(turtle1.d,turtle2.d)
The test statistic is  23.0782 and P-value is  3.966726e-09 .
Reject the null hypothesis.
```

을 얻는다. 그러므로 암컷과 수컷의 평균이 같다는 가설을 기각한다. 즉, 암컷과 수컷의 등껍질의 평균이 다르다. ■

4.2.1.2 $\mathbf{\Sigma}_1 \neq \mathbf{\Sigma}_2$인 경우

$\mathbf{\Sigma}_1 \neq \mathbf{\Sigma}_2$은 $\mathbf{\Sigma}_1$과 $\mathbf{\Sigma}_2$ 사이에 어떠한 제약조건도 없음을 의미한다.

(1) $n_1 = n_2\ (= n_*)$**인 경우**

$\mathbf{z}_r = \mathbf{x}_r - \mathbf{y}_r$로 변환하여 두 개의 모집단 문제를 한 개의 모집단 문제로 줄여서 4.1.1절의 결과를 이용할 수 있다. $\boldsymbol{\mu}_z = \boldsymbol{\mu}_1 - \boldsymbol{\mu}_2$이고 $\mathbf{\Sigma}_z = \mathbf{\Sigma}_1 + \mathbf{\Sigma}_2$이라 하면, $\mathbf{z}_r$은 $N_p(\boldsymbol{\mu}_z, \mathbf{\Sigma}_z)$에서 추출된 확률표본으로 된다. 가설 $H_0 : \boldsymbol{\mu}_1 = \boldsymbol{\mu}_2$의 검정은 가설 $H_0 : \boldsymbol{\mu}_z = \mathbf{0}$의 검정 문제로 된다. 따라서 4.1.1절의 결과를 $\mathbf{z}$ 표본에 적용하여 가설 $H_0 : \boldsymbol{\mu}_z = \mathbf{0}$의 우도비검정통계량을 찾을 수 있으며, 그것은 아래와 같이 주어진 한 개의 표본에 관한 호텔링 T_0^2 통계량의 단조감소함수가 된다.

$$T_0^2 = n_* \bar{\mathbf{z}}^T \mathbf{S}_z^{-1} \bar{\mathbf{z}},$$

여기서 $\bar{\mathbf{z}}$와 $\mathbf{S}_z$는 $\mathbf{z}$ 표본의 표본평균과 $n_* - 1$로 나눈 표본공분산행렬이다(Seber, 1984, p. 114). H_0가 성립할 때, $[(n_* - p)/p(n_* - 1)]T_0^2$는 분자의 자유도가 p이고 분모의 자유도가 $n - p$인 F 분포를 따른다. T_0^2값이 충분히 클 때 H_0를 기각한다.

예제 4.9 예제 4.8의 얼룩거북이자료에서 암수 거북이의 공분산행렬이 같다는 조건 없이 유의수준 0.05에서 암수 거북이의 평균벡터가 같은지를 검정하여 본다.

먼저 $\mathbf{z}_r(r = 1, \ldots, 24)$을 구하면 표 4.3과 같다.

이 자료를 한 개의 모집단으로 간주하여 표본평균과 표본공분산행렬을 구하면 다음과 같다.

$$\bar{\mathbf{z}} = \begin{pmatrix} 22.67 \\ 14.29 \\ 11.33 \end{pmatrix}, \quad \mathbf{S}_z = \begin{pmatrix} 101.72 & 63.49 & 49.07 \\ 63.49 & 51.78 & 32.07 \\ 49.07 & 32.07 & 28.49 \end{pmatrix}$$

따라서 $T_0^2 = 122.02$ 인데, 이 값은 다음과 같이 구할 수 있다.

표 4.3: 얼룩거북이자료에서 두 모집단의 차이

번호	길이	너비	높이	번호	길이	너비	높이
1	5	7	1	13	22	8	8
2	9	6	3	14	21	9	10
3	7	6	7	15	24	14	12
4	4	2	3	16	28	15	16
5	7	3	6	17	29	18	15
6	20	11	13	18	33	14	12
7	19	12	7	19	34	20	21
8	27	16	12	20	30	24	15
9	26	20	13	21	31	19	17
10	21	13	11	22	31	23	18
11	21	12	8	23	31	29	15
12	22	16	9	24	42	26	20

```
>z<-turtle1.d-turtle2.d
>nrow(z)*t(mean(z))%*%solve(var(z))%*%mean(z)
         [,1]
[1,] 122.0209
```

$F_{3,21;0.05} = 3.07$ 과 $[(n_* - p)/p(n_* - 1)]T_0^2 = 37.14$를 비교하면 T_0^2이 더 크므로 귀무가설 H_0를 기각한다. 즉 얼룩거북이의 암컷과 수컷의 등껍질의 평균이 서로 다르다. ■

(2) $n_1 \neq n_2$ 인 경우

이 경우에 식 (4.27)의 귀무가설 H_0에 대한 검정을 다변량 베렌스-피셔 문제 (multivariate Behrens-Fisher problem)라 부른다. 이 문제는 우도비검정으로 풀 수 있으며(Mardia et al, 1979, p. 142), 단변량 Behrens-Fisher 문제에서 제시된 방법의 일반화 등을 생각할 수 있다. 여기서는 우도비검정법을 다루고, 다른 방법에 대해서는 그 방법의 소개와 비교를 다룬 Subrahmaniam과 Subrahmaniam(1973), Seber(1984, p. 114)를 참조하기 바란다.

먼저 $\boldsymbol{\mu}_1$과 $\boldsymbol{\mu}_2$, $\boldsymbol{\Sigma}_1$과 $\boldsymbol{\Sigma}_2$ 사이에 어떠한 제약조건도 없는 경우는 본 절의 서두에서 설명한 바와 같이, $\boldsymbol{\mu}_1$과 $\boldsymbol{\Sigma}_1$의 최우추정량은 $\bar{\mathbf{x}}$와 $\mathbf{S}_1$이 되고 $\boldsymbol{\mu}_2$와 $\boldsymbol{\Sigma}_2$의 최우추정량은 $\bar{\mathbf{y}}$와 $\mathbf{S}_2$로 된다. 이때 우도함수의 최대값은 다음과 같다.

$$L_+(\bar{\mathbf{x}}, \bar{\mathbf{y}}, \mathbf{S}_1, \mathbf{S}_2) = | 2\pi\mathbf{S}_1 |^{-n_1/2} | 2\pi\mathbf{S}_2 |^{-n_2/2} \exp(-pn/2) \tag{4.30}$$

만약 $\boldsymbol{\mu}_1 = \boldsymbol{\mu}_2 (= \boldsymbol{\mu})$이고 $\boldsymbol{\Sigma}_1$과 $\boldsymbol{\Sigma}_2$ 사이에 어떠한 제약조건도 없는 경우에, 각 모수의 최우추정량 $\hat{\boldsymbol{\mu}}$, $\hat{\boldsymbol{\Sigma}}_1$, $\hat{\boldsymbol{\Sigma}}_2$는

$$\hat{\boldsymbol{\mu}} = (n_1\hat{\boldsymbol{\Sigma}}_1^{-1} + n_2\hat{\boldsymbol{\Sigma}}_2^{-1})^{-1}(n_1\hat{\boldsymbol{\Sigma}}_1^{-1}\bar{\mathbf{x}} + n_2\hat{\boldsymbol{\Sigma}}_2^{-1}\bar{\mathbf{y}}), \tag{4.31}$$

$$\hat{\boldsymbol{\Sigma}}_1 = \mathbf{S}_1 + (\bar{\mathbf{x}} - \hat{\boldsymbol{\mu}})(\bar{\mathbf{x}} - \hat{\boldsymbol{\mu}})^T, \tag{4.32}$$

$$\hat{\boldsymbol{\Sigma}}_2 = \mathbf{S}_2 + (\bar{\mathbf{y}} - \hat{\boldsymbol{\mu}})(\bar{\mathbf{y}} - \hat{\boldsymbol{\mu}})^T \tag{4.33}$$

를 만족하며, 식 (4.31) - (4.33)을 다음과 같이 반복적으로 계산하여 구한다.

단계 1. $\hat{\boldsymbol{\Sigma}}_i$ $(i = 1, 2)$의 초기값으로 $\mathbf{S}_i$를 택한다.

단계 2. 식 (4.31)에서 $\hat{\boldsymbol{\mu}}$을 구한다.

단계 3. 식 (4.32), (4.33)에서 새로운 $\hat{\boldsymbol{\Sigma}}_i$ $(i = 1, 2)$을 구한다.

단계 4. 단계 2와 단계 3을 반복한다.

현 단계에서의 추정치와 바로 전 단계에서의 추정치의 값의 차이가 작으면 위의 반복과정을 멈춘다. 구한 추정치로 우도함수의 최대값 $L_+(\hat{\boldsymbol{\mu}}, \hat{\boldsymbol{\mu}}, \hat{\boldsymbol{\Sigma}}_1, \hat{\boldsymbol{\Sigma}}_2)$을 구한다. 이 최대값은 다음과 같다.

$$L_+(\hat{\boldsymbol{\mu}}, \hat{\boldsymbol{\mu}}, \hat{\boldsymbol{\Sigma}}_1, \hat{\boldsymbol{\Sigma}}_2) = |2\pi\hat{\boldsymbol{\Sigma}}_1|^{-n_1/2} \exp\left\{-\frac{1}{2}\sum_{r=1}^{n_1}(\mathbf{x}_r - \hat{\boldsymbol{\mu}})^T\hat{\boldsymbol{\Sigma}}_1^{-1}(\mathbf{x}_r - \hat{\boldsymbol{\mu}})\right\}$$
$$\times|2\pi\hat{\boldsymbol{\Sigma}}_2|^{-n_2/2} \exp\left\{-\frac{1}{2}\sum_{r=1}^{n_2}(\mathbf{y}_r - \hat{\boldsymbol{\mu}})^T\hat{\boldsymbol{\Sigma}}_2^{-1}(\mathbf{y}_r - \hat{\boldsymbol{\mu}})\right\}. \quad (4.34)$$

따라서 우도비검정통계량은 $\lambda = L_+(\hat{\boldsymbol{\mu}}, \hat{\boldsymbol{\mu}}, \hat{\boldsymbol{\Sigma}}_1, \hat{\boldsymbol{\Sigma}}_2)/L_+(\bar{\mathbf{x}}, \bar{\mathbf{y}}, \mathbf{S}_1, \mathbf{S}_2)$이 된다. 또한 $-2\log\lambda$는 근사적으로 자유도가 p인 χ^2 분포를 따르므로, 그 값이 충분히 클 때 H_0를 기각한다.

표 4.4: 디젤 트럭의 비용자료

번호	연료비	수리비	자본금	번호	연료비	수리비	자본금
1	8.50	12.26	9.11	13	9.09	13.25	20.66
2	7.42	5.13	17.15	14	8.53	10.14	17.45
3	10.28	3.32	11.23	15	8.29	6.22	16.38
4	10.16	14.72	5.99	16	15.90	12.90	19.09
5	12.79	4.17	29.28	17	11.94	5.69	14.77
6	9.60	12.72	11.00	18	9.54	16.77	22.66
7	6.47	8.89	19.00	19	10.43	17.65	10.66
8	11.35	9.95	14.53	20	10.87	21.52	28.47
9	9.15	2.94	13.68	21	7.13	13.22	19.44
10	9.70	5.06	20.84	22	11.88	12.18	21.20
11	9.77	17.86	35.18	23	12.03	9.22	23.09
12	11.61	11.75	17.00				

예제 4.10 표 1.1의 자료는 가솔린 트럭의 자료이다. 이 자료를 $N(\boldsymbol{\mu}_1, \boldsymbol{\Sigma}_1)$에서 추출된 확률표본으로 간주하고, 표 4.4의 디젤 트럭에 관한 자료를 $N(\boldsymbol{\mu}_2, \boldsymbol{\Sigma}_2)$에서 추출된 확률표본으로 간주하여, 모평균을 비교한다(Johnson과 Wichern, 1992, p. 276, 표 6.6). 이 자료를 cost1.d라 한다.

먼저 표 1.1에서 $\boldsymbol{\mu}_1$과 $\boldsymbol{\Sigma}_1$의 최우추정량은 5쪽에서 구하였다. 표 4.4의 자료로부터 $\boldsymbol{\mu}_2$와 $\boldsymbol{\Sigma}_2$의 최우추정량은 다음과 같다.

$$\bar{\mathbf{y}} = \begin{pmatrix} 10.11 \\ 10.76 \\ 18.17 \end{pmatrix}, \quad \mathbf{S}_2 = \begin{pmatrix} 4.17 & 0.73 & 2.26 \\ 0.73 & 24.73 & 7.35 \\ 2.26 & 7.35 & 44.63 \end{pmatrix}$$

R에서 식 (4.31) – (4.33)을 만족하는 추정량은 다음과 같다.

```
bfp.f<-function(x1,x2,tol=0.001) {
    n1<-nrow(x1); n2<-nrow(x2);p<-ncol(x1)
    m1<-mean(x1); m2<-mean(x2)
    S1<-cov.wt(x1,method="ML")$cov;
    S2<-cov.wt(x2,method="ML")$cov

    m.prev<-rep(0,p)
    m.curr<-solve(n1*solve(S1)+n2*solve(S2))
            %*%(n1*solve(S1)%*%m1+n2*solve(S2)%*%m2)
    m.curr<-as.vector(m.curr)

    while( dist(rbind(m.prev,m.curr)) > tol ) {
        m.prev<-m.curr
        S1.curr<-S1 + (m1 - m.curr)%*%t(m1 - m.curr)
        S2.curr<-S2 + (m2 - m.curr)%*%t(m2 - m.curr)
        m.curr<-solve(n1*solve(S1.curr)+n2*solve(S2.curr))
         %*%(n1*solve(S1.curr)%*%m1+n2*solve(S2.curr)%*%m2)
        m.curr<-as.vector(m.curr)
    }

    list(m=m.curr,S1=S1.curr,S2=S2.curr)
}
```

위에서 tol은 수정된 평균벡터의 추정량 m.curr과 이전의 추정량 m.prev의 차이의 한계로 기본값(default)은 0.001로 설정되어 있고 사용자가 재지정할 수 있다. dist 함수는 두 자료사이의 유클리디안 거리이며, 인수로 행렬을 요구함으로 rbind를 사용하여 행렬형태로 변환하였다. 이는 두 벡터사이의 유클리디안 거리를 구할 수 있는데, 예를 들어 $\mathbf{x} = (1,1,1)^T$와 $\mathbf{y} = (0,0,0)^T$의 유클리디안 거리는 $\sqrt{3}$임을 dist(rbind(c(1,1,1),c(0,0,0)))을 통하여 확인할 수 있다. 위의 프로그램을 가솔린 트럭과 디젤 트럭의 비용자료에 적용하면

```
> bfp.f(cost.d, cost1.d)
```

는 다음의 결과를 얻는다.

$$\hat{\boldsymbol{\mu}} = \begin{pmatrix} 10.92 \\ 7.74 \\ 10.06 \end{pmatrix}, \quad \hat{\boldsymbol{\Sigma}}_1 = \begin{pmatrix} 24.07 & 12.50 & 2.21 \\ 12.50 & 17.19 & 4.47 \\ 2.21 & 4.47 & 13.80 \end{pmatrix},$$

$$\hat{\boldsymbol{\Sigma}}_2 = \begin{pmatrix} 4.83 & -1.72 & -4.32 \\ -1.72 & 33.84 & 31.82 \\ -4.32 & 31.82 & 110.30 \end{pmatrix}.$$

따라서 우도비검정통계량은 식 (4.30), (4.34)로부터

$$\lambda = \frac{L_+(\hat{\boldsymbol{\mu}}, \hat{\boldsymbol{\mu}}, \hat{\boldsymbol{\Sigma}}_1, \hat{\boldsymbol{\Sigma}}_2)}{L_+(\bar{\mathbf{x}}, \bar{\mathbf{y}}, \mathbf{S}_1, \mathbf{S}_2)} = \frac{3.708 \times 10^{-220}}{6.763 \times 10^{-214}} = 5.483 \times 10^{-7}$$

이며, $-2\log\lambda = 28.83$이 $\chi^2_{3;0.05} = 7.815$ 보다 크므로 H_0를 기각한다. 즉 두 모집단의 평균이 같다고 할 수 없다. ■

4.2.2 공분산행렬의 관계

$\boldsymbol{\mu}_1$과 $\boldsymbol{\mu}_2$ 사이에 아무런 제약조건이 없을 때, 다음과 같은 공분산행렬 $\boldsymbol{\Sigma}_1$과 $\boldsymbol{\Sigma}_2$ 사이의 관계를 생각할 수 있다.

① H_1: $\boldsymbol{\Sigma}_1 = \boldsymbol{\Sigma}_2$

② H_2: $\boldsymbol{\Sigma}_2 = c\boldsymbol{\Sigma}_1$

③ H_3: $\mathbf{\Sigma}_2 = \mathbf{D}\mathbf{\Sigma}_1\mathbf{D}$

④ H_4: $\mathbf{\Sigma}_1$과 $\mathbf{\Sigma}_2$ 사이에 어떠한 제약조건도 없다.

여기서 c는 미지의 양의 값을 갖는 모수이고, $\mathbf{D}$는 미지의 양의 값을 대각원소로 갖는 대각행렬이다. 가설 H_1은 두 개의 공분산행렬이 같음을 나타낸다. 가설 H_2는 두 개의 공분산행렬이 비례함을 나타낸다. 가설 H_3는 변수 사이의 상관관계가 두 모집단에서 서로 같음을 나타낸다. 즉, 모든 $i \neq j$에 대해서 $\text{corr}(x_i, x_j) = \text{corr}(y_i, y_j)$이다. i가 j보다 작을 때, 가설 H_i는 가설 H_j에 축차된다. 즉 $i < j$인 경우에 H_i가 성립하면 H_j도 성립한다. 따라서 위의 가설은 공분산행렬의 비교에 쓰이며, 이러한 비교는 우도비검정으로 확인할 수 있다.

위의 네 가지 가설하에서 $\boldsymbol{\mu}_1$과 $\boldsymbol{\mu}_2$의 최우추정량은 각각 $\bar{\mathbf{x}}$와 $\bar{\mathbf{y}}$이다. $r_i = n_i/(n_1 + n_2)$로 할 때, 각각의 가설하에서 모수의 최우추정량을 구하는 과정은 다음과 같다.

① 가설 H_1은 $2p + p(p+1)/2 = p(p+5)/2$개의 미지의 모수를 포함한다. 가설 H_1 하에서 $\mathbf{\Sigma}_{H_1}$을 두 모집단에 공통인 공분산행렬이라 할 때, $\mathbf{\Sigma}_{H_1}$의 최우추정량은

$$\hat{\mathbf{\Sigma}}_{H_1} = r_1\mathbf{S}_1 + r_2\mathbf{S}_2 \tag{4.35}$$

이다. 4.2.1.1절의 $\boldsymbol{\mu}_1 \neq \boldsymbol{\mu}_2$이고 $\mathbf{\Sigma}_1 = \mathbf{\Sigma}_2$인 경우의 추정량을 참고하면 이 경우에 우도함수의 최대값은 다음과 같다.

$$L_+(\bar{\mathbf{x}}, \bar{\mathbf{y}}, \hat{\mathbf{\Sigma}}_{H_1}, \hat{\mathbf{\Sigma}}_{H_1}) = \mid 2\pi\hat{\mathbf{\Sigma}}_{H_1} \mid^{-n/2} \exp(-pn/2) \tag{4.36}$$

② 가설 H_2는 $2p+1+p(p+1)/2 = (p^2+5p+2)/2$개의 미지의 모수를 포함한다. 가설 H_2 하에서 $\mathbf{\Sigma}_1 = \mathbf{\Sigma}_{H_2}$라 할 때, c와 $\mathbf{\Sigma}_{H_2}$의 최우추정량은

$$\hat{c} = \frac{1}{p}\text{tr}(\hat{\mathbf{\Sigma}}_{H_2}^{-1}\mathbf{S}_2), \tag{4.37}$$

$$\hat{\mathbf{\Sigma}}_{H_2} = r_1\mathbf{S}_1 + \frac{r_2}{\hat{c}}\mathbf{S}_2 \tag{4.38}$$

에 의해 얻어진다. $\hat{c}$의 초기값을 $(1/p)\text{tr}(\mathbf{S}_1^{-1}\mathbf{S}_2)$으로 택하여 식 (4.38)에서 $\hat{\mathbf{\Sigma}}_{H_2}$를 구하고, 이 값을 다시 식 (4.37)에 대입하여 $\hat{c}$의 값을 구한다. 이러

한 과정을 반복하여 수렴하는 값을 택한다(Flury, 1986; Eriksen, 1987). 이때 우도함수의 최대값은 다음과 같다.

$$L_+(\bar{\mathbf{x}}, \bar{\mathbf{y}}, \hat{\mathbf{\Sigma}}_{H_2}, \hat{c}\hat{\mathbf{\Sigma}}_{H_2}) = \mid 2\pi\hat{\mathbf{\Sigma}}_{H_2} \mid^{-n/2} \hat{c}^{-pn_2/2} \exp(-pn/2) \tag{4.39}$$

③ 가설 H_3는 $2p+p+p(p+1)/2 = p(p+7)/2$개의 미지의 모수를 포함한다. 가설 H_3 하에서 $\mathbf{\Sigma}_1 = \mathbf{\Sigma}_{H_3}$로 할 때, $\mathbf{D}$와 $\mathbf{\Sigma}_{H_3}$의 최우추정량은

$$\hat{\mathbf{D}} = \text{diag}(\hat{\mathbf{\Sigma}}_{H_3}^{-1}\hat{\mathbf{D}}^{-1}\mathbf{S}_2), \tag{4.40}$$

$$\hat{\mathbf{\Sigma}}_{H_3} = r_1\mathbf{S}_1 + r_2\hat{\mathbf{D}}^{-1}\mathbf{S}_2\hat{\mathbf{D}}^{-1} \tag{4.41}$$

에 의해 얻어진다(Manly와 Rayner, 1987). $\hat{\mathbf{D}}$의 초기값으로 $\mathbf{I}_p$를 선택한 뒤 식 (4.41)에서 $\hat{\mathbf{\Sigma}}_{H_3}$를 계산한다. 이 값을 식 (4.40)에 대입하여 $\hat{\mathbf{D}}$의 새로운 값을 계산한다. 이 새로운 값을 (4.41)에 대입하여 $\hat{\mathbf{\Sigma}}_{H_3}$의 새로운 값을 계산한다. 이러한 과정을 반복하여 수렴하는 값을 택한다. 이 경우 우도함수의 최대값은 다음과 같다.

$$L_+(\bar{\mathbf{x}}, \bar{\mathbf{y}}, \hat{\mathbf{\Sigma}}_{H_3}, \hat{\mathbf{D}}\hat{\mathbf{\Sigma}}_{H_3}\hat{\mathbf{D}}) = \mid 2\pi\hat{\mathbf{\Sigma}}_{H_3} \mid^{-n/2} \mid \hat{\mathbf{D}} \mid^{-n_2} \exp(-pn/2) \tag{4.42}$$

④ 가설 H_4는 $2p+p(p+1) = p(p+3)$개의 미지의 모수를 포함한다. 가설 H_4 하에서 $\mathbf{\Sigma}_i$의 최우추정량은 $\mathbf{S}_i$이며, 우도함수의 최대값은 다음과 같다.

$$L_+(\bar{\mathbf{x}}, \bar{\mathbf{y}}, \mathbf{S}_1, \mathbf{S}_2) = \mid 2\pi\mathbf{S}_1 \mid^{-n_1/2} \mid 2\pi\mathbf{S}_2 \mid^{-n_2/2} \exp(-pn/2) \tag{4.43}$$

이상의 결과를 이용하여 귀무가설이 H_i이고 대립가설이 H_j일 때, 이 검정의 우도비검정통계량 λ_{ij}를 쉽게 구할 수 있으며, 표 4.5에 요약되어 있다.

표 4.5를 살펴보면 가설 H_1 vs H_4의 검정통계량 $-2\log\lambda_{14}$는 세 개의 가설 H_1 vs H_2, H_2 vs H_3, H_3 vs H_4의 검정통계량의 합으로 다음과 같이 분해된다.

$$-2\log\lambda_{14} = (-2\log\lambda_{12}) + (-2\log\lambda_{23}) + (-2\log\lambda_{34}).$$

공분산행렬의 관계를 살피기 위해 먼저 H_3 vs H_4의 검정을 실시한다. 만약에 H_3가 기각되면 두 개의 모집단 사이에 공분산관계가 서로 다르다고 결정내리고 여기서 멈춘다. 그런데 H_3가 기각되지 않으면 H_2 vs H_3의 검정을 실시하여 위의 과정을 반복한다.

표 4.5: 두 개의 모집단의 공분산행렬에 관한 우도비검정통계량

가설	$-2\log\lambda_{ij}$	자유도
H_1 vs H_2	$n\log(\mid\hat{\mathbf{\Sigma}}_{H_1}\mid / \mid\hat{\mathbf{\Sigma}}_{H_2}\mid) - pn_2\log(\hat{c})$	1
H_2 vs H_3	$n\log(\mid\hat{\mathbf{\Sigma}}_{H_2}\mid / \mid\hat{\mathbf{\Sigma}}_{H_3}\mid) + pn_2\log(\hat{c}) - 2n_2\log(\mid\hat{\mathbf{D}}\mid)$	$p-1$
H_3 vs H_4	$n\log(\mid\hat{\mathbf{\Sigma}}_{H_3}\mid) + 2n_2\log(\mid\hat{\mathbf{D}}\mid) - \log(\mid\mathbf{S}_1\mid^{n_1}\mid\mathbf{S}_2\mid^{n_2})$	$p(p-1)/2$
H_1 vs H_4	$n\log(\mid\hat{\mathbf{\Sigma}}_{H_1}\mid) - \log(\mid\mathbf{S}_1\mid^{n_1}\mid\mathbf{S}_2\mid^{n_2})$	$p(p+1)/2$

예제 4.11 표 1.1의 가솔린 트럭과 표 4.4의 디젤 트럭의 비용자료에 대해 두 공분산의 관계를 검정하여 보자.

가설 H_3 하에서 식 (4.40), (4.41)의 $\hat{\mathbf{D}}, \hat{\mathbf{\Sigma}}_{H_3}$를 구하기 위하여 다음의 R 함수를 작성할 수 있다.

```
covh3.f<-function(x1,x2,tol=0.001) {
    n1<-nrow(x1);n2<-nrow(x2);p<-ncol(x1)
    S1<-cov.wt(x1,method="ML")$cov;
    S2<-cov.wt(x2,method="ML")$cov
    r1<-n1/(n1+n2); r2<-n2/(n1+n2)
    D.prev<-matrix(0,p,p)
    D.curr<-diag(p)

    while(dist(rbind(diag(D.prev),diag(D.curr)))>tol){
        Di<-solve(D.curr)
        S<-r1*S1 + r2*Di%*%S2%*%Di
        D.prev<-D.curr
        D.curr<-diag(diag(solve(S)%*%Di%*%S2))
    }

    colnames(D.curr)<-colnames(S)
    rownames(D.curr)<-rownames(S)
    list(D=D.curr,S=S)
}
```

만약 가솔린 트럭의 비용자료를 cost.d, 디젤 트럭의 비용자료를 cost1.d라 하고 함수 covh3.f를 이용하면 다음과 같은 결과를 얻는다.

```
> covh3.f(cost.d, cost1.d)
$D
             fuel   repair  capital
fuel    0.4954607 0.000000 0.000000
repair  0.0000000 1.390315 0.000000
capital 0.0000000 0.000000 1.842519

$S
             fuel    repair   capital
fuel    20.273576  7.747360  2.688642
repair   7.747360 15.398550  3.950588
capital  2.688642  3.950588 13.406643
```

위의 결과를 이용하여 표 4.5에서 H_3 vs H_4에 대한 $-2\log\lambda_{34}$를 구하면 6.23 이고 $\chi^2_{3;0.05} = 7.815$ 이므로 H_3를 기각하지 못한다. 그러므로 H_2 vs H_3에 대한 검정을 실시할 필요가 있다.

가설 H_2 하에서 모수를 추정하기 위하여 식 (4.37), (4.38)을 이용한다. R에서 필요한 함수를 작성하면 다음과 같다.

```
covh2.f<-function(x1,x2,tol=0.001) {
    n1<-nrow(x1);n2<-nrow(x2);p<-ncol(x1)
    S1<-cov.wt(x1,method="ML")$cov;
    S2<-cov.wt(x2,method="ML")$cov

    r1<-n1/(n1+n2)
    r2<-n2/(n1+n2)

    c.prev<-0
    c.curr<-sum(eigen(solve(S1)%*%S2)$val)/p  (계속)
```

```
    while( abs(c.curr-c.prev) > tol ) {
        S<-r1*S1 + r2*S2/c.curr
        c.prev<-c.curr
        c.curr<-sum(eigen(solve(S)%*%S2)$val)/p
    }
    list(c=c.curr,S=S)
}
```

그리고 그 결과는 다음과 같다.

```
> covh2.f(cost.d,cost1.d)
$c [1] 1.499932


$S
              fuel     repair   capital
fuel     14.736061  7.524834  2.311258
repair    7.524834 16.831740  4.741449
capital   2.311258  4.741449 19.877285
```

여기서 S1, S2는 각각 cost.d, cost1.d의 공분산행렬의 최우추정량이다.

위의 결과를 이용하여 표 4.5에서 H_2 vs H_3에 대한 우도비 검정통계량을 구하면 $-2\log\lambda_{23} = 24.65$ 이고 $\chi^2_{2;0.05} = 5.99$ 이다. 그러므로 H_2를 기각하게 된다. 즉, 가솔린 트럭의 공분산행렬 $\mathbf{\Sigma}_1$과 디젤 트럭의 공분산행렬 $\mathbf{\Sigma}_2$ 사이에는

$$\mathbf{\Sigma}_2 = \mathbf{D}\mathbf{\Sigma}_1\mathbf{D}, \quad \mathbf{D} = \text{diag}(0.50, 1.40, 1.86)$$

의 관계가 있다. ■

참고 4.1 본 장에서는 두 개의 모집단의 평균 또는 공분산행렬의 관계를 살펴보았다. 위의 결과는 두 개 이상의 모집단에 대해서도 쉽게 확장할 수 있다.

연 습 문 제

1. 1장의 표 1.1의 가솔린 트럭 비용자료가 다변량 정규분포 $N_3(\boldsymbol{\mu}, \boldsymbol{\Sigma})$에서 추출된 확률표본으로 가정하고, 가설 $H_0 : \boldsymbol{\mu} = (12, 8, 9)^T$를 검정하라.

2. 1번 문제의 가정하에, "가솔린 트럭의 비용자료의 세 변수가 서로 독립이다"라는 가설을 검정하라.

3. 표 4.2의 얼룩거북이자료에서 암수 거북이의 공분산행렬이 같은지를 검정하라.

4. 예제 4.1의 `hotelling1.f` 함수처럼 예제 4.3을 위한 R 함수를 작성하라.

5. 다음은 차원이 2인 두 모집단에 관한 모의자료이다. R에서 `set.seed(3)`을 수행한 후 `mvtnorm` 패키지를 인스톨과 로딩후 (`library(mvtnorm)`) 연속적으로 `rmvnorm(15,sigma=matrix(c(1,0.5,0.5,1),2))` 을 수행하면 인공자료 I과 인공자료 II를 얻을 수 있다. 두 모집단의 공분산행렬은 어떤 관계가 있는가?

인공자료 I		인공자료 II	
x_1	x_2	x_1	x_2
−1.00878367	−0.546139979	0.2836077	−1.95511057
−0.52921719	−0.996255281	0.7807653	0.06377615
0.08219264	−0.559175154	0.9956083	1.28067825
−0.79599826	0.884402475	0.5935025	−0.24940284
0.24082674	0.243675517	−0.5728525	−0.95966582
−0.12062511	−0.550975716	0.8695954	0.88467332
−0.16137818	−0.888084879	1.0465506	−0.44530246
1.02583391	0.092213679	0.1060753	0.26788476
−1.60864128	−1.925154599	−1.3955524	−1.93152518
1.09879797	−0.139928539	0.4014108	−1.15789147
−0.91120750	−0.908584884	0.6423196	−0.23453389
−0.79228377	0.828287845	−0.5678892	−1.08056154
−0.43000692	0.792174554	1.9935453	1.75543275
0.22538817	−0.004231215	−0.5300633	0.68053917
−0.14735603	−1.058695056	0.1333552	−0.66820677

제 5 장

다변량 이상치

대다수의 자료가 공통으로 가지는 양상(pattern)을 따르지 못하는 자료를 이상치 (outlier)로 정의할 수 있다. 많은 자료가 평균을 중심으로 모여 있고 소수의 자료가 평균에서 멀리 벗어나 있을 수 있다. 이러한 경우에 많은 자료가 평균을 중심으로 모여 있는 것을 하나의 양상으로 볼 수 있다. 또한 n개의 자료 $\mathbf{x}_r$이 독립이고 동일한 분포를 가진다는 가정 혹은 그 분포가 다변량 정규분포인 것 등도 하나의 양상으로 볼 수 있다. 이상치는 관련된 모든 자료 분석에 영향을 줄 수 있으며, 특히 표본평균벡터와 표본공분산행렬에 영향을 준다. 따라서 이상치가 있는 경우, 그러한 자료를 제거 또는 수정하지 않고 사용하면, 관련된 모든 통계자료분석이 그릇된 결과를 줄 수 있다.

이상치와 구별하여, 모수의 추정과 가설검정 등의 추론문제에 크게 영향을 주는 자료를 영향력있는 자료(influential observation)라 부른다. 일반적으로 이상치가 반드시 영향력있는 자료일 필요가 없으며, 역으로 영향력있는 자료가 반드시 이상치일 필요가 없다.

본 절에서는 다변량정규분포와 관련된 이상치를 찾는 방법을 살펴본다. 다변량 정규분포의 자료 중에서 이상치를 찾는 방법으로 오래된 방법이 앞으로 살펴볼 윌크스 통계량(Wilks statistic)을 이용하는 것이다(Wilks, 1963). 윌크스 통계량의 사용은 마하라노비스 거리의 사용과 같다. 자료 중에 이상치가 단지 한 개 있을 때는 윌크스 통계량이 효과적이지만, 여러 개의 이상치가 존재할 때는 다음의 두 가지 현상이 발생할 수 있어서 이상치를 올바르게 찾을 수 없다.

- 가면화 현상(masking phenomenon) : 여러 개의 이상치가 있는 경우, 일부분의 이상치가 나머지 이상치들의 영향에 의해 이상치가 아닌 것으로 판명되는 현상

- 수렁 현상(swamping phenomenon) : 이상치의 영향에 의해 이상치가 아닌 자료가 이상치로 판명되는 현상

가면화 현상이 존재할 경우, 이상치로 판명된 하나 또는 두 개의 자료를 제거했을 때 이상치가 아닌 것으로 판명된 자료가 극도의 이상치로 나타난다. 이러한 두 현상을 극복할 수 있는 방법으로, 국지적 영향(local influence)을 이용한 방법과 로버스트 방법 등이 있다.

제 5.1 절 윌크스 통계량

임의의 확률표본 $\mathbf{x}_1,\ldots,\mathbf{x}_n$ 이 주어졌을 때, $\mathbf{x}_r$을 제외한 나머지 $n-1$ 개의 자료에 의해 얻어진 표본공분산행렬을 $\mathbf{S}_{-r}$이라 하면, $|\ \mathbf{S}\ |$ 와 $|\ \mathbf{S}_{-r}\ |$의 관계는 다음과 같다.

$$\frac{|\ (n-2)\mathbf{S}_{-r}\ |}{|\ (n-1)\mathbf{S}\ |} \;=\; 1-\frac{n}{(n-1)^2}D_r^2.$$

이 통계량을 윌크스 통계량(Wilks, 1963)이라 부른다. 여기서 D_r^2은 식 (2.19)에서 정의한 표본 마하라노비스 거리

$$D_r^2=(\mathbf{x}_r-\bar{\mathbf{x}})^T\mathbf{S}^{-1}(\mathbf{x}_r-\bar{\mathbf{x}})$$

이다. 만약에 $\mathbf{x}_r$이 나머지 $n-1$ 개의 자료의 군락에서 멀리 떨어져 있다면, $|\ \mathbf{S}_{-r}\ |$ 과 $|\ \mathbf{S}\ |$의 차이는 커지며, 윌크스 통계량의 값은 작아진다. 따라서 윌크스 통계량의 값을 작게 하는 $\mathbf{x}_r$을 이상치로 판정한다. 또한 윌크스 통계량은 D_r^2의 감소함수이므로, D_r^2의 값이 크면 $\mathbf{x}_r$을 이상치로 판정한다. D_r^2의 적절한 기각값(critical value)을 선택하여 이상치로 판정할 수 있다(Penny, 1996). 윌크

스 통계량의 사용은 표본에 단지 한 개의 이상치가 존재할 때 매우 효과적이다. 그러나 실제 자료에서는 이상치가 몇 개 존재하는지 모르며, 그러한 이상치들이 가면화 현상과 수렁 현상을 일으킬 수 있으므로, 윌크스 통계량은 이상치를 올바르게 찾지 못하는 경우가 흔하다.

예제 5.1 표 1.1의 비용자료(5쪽)에서 마하라노비스 거리는 2.3.2절의 표 2.2(40쪽)와 같다. 관측치 9, 21의 표본 마하라노비스 거리가 크므로, 관측치 9, 21을 이상치라고 볼 수 있다. 그러나 비용자료의 경우 다른 방법에 의하면 관측치 9, 21, 36을 이상치로 판단된다. 이러한 결과는 윌크스 통계량이 이상치를 찾는 데 불충분함을 나타낸다. ■

제 5.2 절 국지적 영향 방법

국지적 영향 방법(local influence method)은 Cook(1986)이 단변량 회귀분석에서 관측치 제거방법의 일반화의 일환으로 제안하였다. 이 방법은 우도함수의 섭동(perturbation)에 근간을 두고 있다. 이 방법은 다변량 정규모형에도 적용되었으며(Kim, 1996), 다음의 값들을 이용한다.

$$d_{rs} = (\mathbf{x}_r - \bar{\mathbf{x}})^T \mathbf{S}^{-1} (\mathbf{x}_s - \bar{\mathbf{x}}).$$

그 절차는 다음과 같다. 크기가 $n \times n$ 인 행렬 $\mathbf{F}$의 (r, s)번째 원소를 다음과 같이 정의된 f_{rs}로 한다.

$$f_{rs} = \frac{2}{n}(d_{rs} + \frac{1}{2}d_{rs}^2).$$

행렬 $\mathbf{F}$에 대한 몇 개의 절대값이 큰 특성치에 해당하는 특성벡터들을 이용하는데, 보통 절대값이 가장 큰 특성치와 그 다음으로 큰 특성치에 해당하는 특성벡터들이 이상치에 대한 정보를 제공한다. 위의 각 특성벡터의 r 번째 성분은 $\mathbf{x}_r$의 이상치의 가능성을 나타내며, 그 성분의 절대치가 크면 이상치로 간주한다. 위에서 언급한 두 개의 특성 벡터의 성분을 평면상에 나타내면, 많은 자료 점들이 원점 근처에서 하나의 군락을 형성하고, 몇 개의 자료점이 이 군락에서 벗어나

외곽으로 퍼져있는 것이 일반적이다. 따라서 원점 근처에 모여있는 자료점들로부터 떨어져 있는 점들에 해당하는 관측치가 이상치일 가능성이 크다.

예제 5.2 표 1.1의 비용자료의 이상치를 국지적 영향 방법에 의해 구하여 본다. R에서 국지적 영향 방법을 함수로 작성하면 다음과 같다.

```
locinf.f<-function(x) {
    x<-as.matrix(x)
    n<-nrow(x); m<-cov.wt(x)$center
    S<-cov.wt(x,method="ML")$cov; Si<-solve(S)

    f<-matrix(0,n,n)
    for(r in 1:n){
        for(s in 1:n){
            d<-t(x[r,]-m)%*%Si%*%(x[s,]-m)
            f[r,s]<-2*(d+d^2/2)/n
        }
    }

    a<-eigen(f,symmetric=T)
    b<-order(abs(a$val),decreasing=T)
    max<-b[1]; sec<-b[2]
    val<-c(a$values[max],a$values[sec])
    e1<-a$vectors[,max]
    e2<-a$vectors[,sec]

    plot(e1,e2,type="n",xlab="First direction",
            ylab="Second direction")
    text(e1,e2)
    abline(h=0,v=0)
    list(val=val, lmax=e1, lsec=e2)
}
```

위의 함수에서 val은 행렬 **F**에 대한 절대값이 가장 큰 두 개의 특성치로 이루어진 벡터이다. 그리고 e1, e2는 val의 각 값에 대한 특성벡터이다. 만약 비

표 5.1: 비용자료에 대한 국지적 영향방법의 방향벡터

번호	$\mathbf{l}_{max}$	$\mathbf{l}_{sec}$	번호	$\mathbf{l}_{max}$	$\mathbf{l}_{sec}$
1	−0.0371	−0.0895	19	−0.0003	−0.0273
2	−0.0160	−0.1307	20	−0.0472	−0.0601
3	−0.0061	−0.0145	21	−0.2476	−0.8085
4	−0.0610	−0.0782	22	−0.0224	0.0222
5	0.0002	−0.0047	23	−0.0405	−0.3935
6	−0.0183	−0.0116	24	−0.0143	−0.1601
7	−0.0058	−0.0337	25	−0.0842	−0.0816
8	−0.0155	−0.0456	26	−0.0162	−0.0663
9	−0.9365	0.2419	27	−0.0083	−0.0360
10	−0.0009	−0.0079	28	−0.0389	0.0248
11	−0.0109	−0.0233	29	−0.0073	−0.0363
12	−0.0003	−0.0023	30	−0.0051	−0.0391
13	−0.0004	0.0017	31	−0.0695	0.0328
14	−0.0026	0.0072	32	−0.0098	−0.0305
15	−0.0265	−0.1369	33	−0.0197	−0.1365
16	−0.0110	−0.0241	34	−0.0052	−0.0091
17	−0.0124	−0.0076	35	−0.0042	−0.0335
18	−0.0307	−0.0004	36	−0.1862	0.0997

용자료가 cost.d에 저장되어 있으면 R의 명령어 창에서

```
> a<-locinf.f(cost.d)
```

를 입력한 후 a$val을 입력하면 11.247, 4.630의 값을 얻게 된다. 그리고 **a$lmax**, **a$lsec**은 각각 특성치 11.247, 4.630에 해당하는 특성벡터인 것이다. 그 특성벡터는 표 5.1에 나타나 있다. 여기서 $\mathbf{l}_{max}$와 $\mathbf{l}_{sec}$는 행렬 **F**의 절대값이 가장 큰 것과, 두 번째로 큰 특성치에 해당하는 특성벡터를 각각 나타낸다.

또한 위의 함수 locinf.f를 수행하여 구한 특성벡터를 그림으로 표현하면 그림 5.1과 같은 결과를 보인다. 그림 5.1을 살펴보면 9, 21, 23, 36번의 자료점들이 나머지 자료점들과 분리되어 있어, 이 점들이 이상치일 가능성이 있다. ■

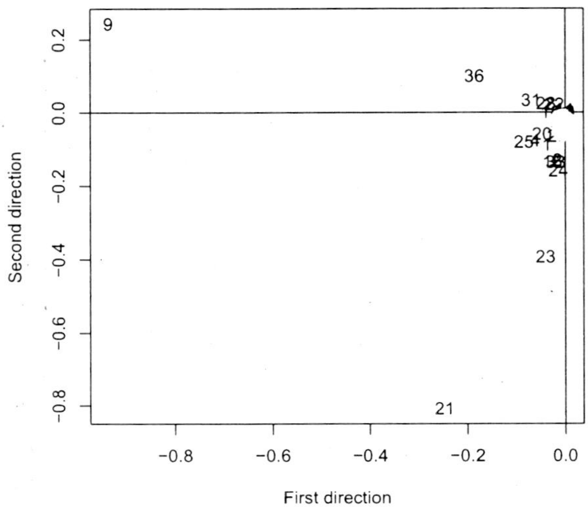

그림 5.1: 비용자료에 대한 국지적 영향 방법

제 5.3 절 로버스트 방법

여러 가지 로버스트 방법(robust method)이 있으나, 본 절에서는 Rousseeuw와 van Zomeren(1990)이 제안한 최소공분산행렬식추정량(minimum covariance determinant esimator, MCD estimator)을 생각한다. MCD 방법은 D_r^2를 계산할 때, 평균벡터와 공분산행렬의 추정량으로 $\bar{\mathbf{x}}$와 $\mathbf{S}$대신 MCD 추정량을 사용한다. 최소한 $[n/2]+1$개의 자료점을 포함하는 최소 공분산 행렬식을 갖는 자료의 중심을 평균벡터에 대한 MCD 추정량으로 택한다(단, $[x]$는 실수 x를 넘지않는 최대 정수를 의미한다). 여기서 택한 자료점들의 표본공분산행렬에 적절한 수를 곱해서 공분산행렬의 MCD 추정량으로 사용한다. 이러한 MCD 추정량을 이용하여 계산한 마하라노비스 거리의 값이 클 때, 이상치의 가능성이 있으며, 근사적인 임계값으로 자유도 p인 χ^2 분포의 $100(1-\alpha)\%$ 백분위수를 사용할 수 있다.

다중 선형회귀모형에서 높은 지렛값 (high leverage)을 갖는 자료를 찾는데 방법이 쓰일 수 있다. 좀 더 자세한 내용은 Rousseeuw와 Leroy(1987)의 책 7장에

표 5.2: 비용자료에 대한 제곱 마하라노비스 거리

번호	MD	RD	번호	MD	RD	번호	MD	RD
1	1.180	3.357	13	0.688	0.530	25	5.839	6.903
2	3.192	4.279	14	0.388	0.384	26	2.288	2.703
3	3.374	3.119	15	4.202	13.876	27	3.598	12.358
4	3.267	23.685	16	2.291	2.761	28	1.369	2.418
5	0.926	0.470	17	1.022	1.863	29	2.397	2.342
6	1.341	4.991	18	3.032	3.086	30	1.745	8.190
7	0.510	1.393	19	0.404	0.293	31	3.019	4.821
8	3.186	7.431	20	6.349	32.677	32	2.423	13.911
9	17.643	114.705	21	10.730	40.311	33	1.283	2.472
10	0.112	0.140	22	0.494	1.313	34	1.091	8.012
11	1.036	6.508	23	5.091	6.066	35	2.084	2.349
12	1.244	0.795	24	1.881	2.199	36	4.280	23.905

있다.

예제 5.3 예제 5.2에서 사용한 비용자료의 마하라노비스 거리(MD)와 MCD 추정량을 사용해서 계산한 마하라노비스 거리(RD)를 구하여 본다.

R에서 표본평균벡터와 표본공분산행렬에 대한 MCD 추정량은 MASS 라이브러리에서 제공하는 cov.mcd를 이용하고, 마하라노비스 거리는 mahalanobis를 이용하여 계산한다. 만약 cost.m과 cost.s에 비용자료의 표본평균벡터와 표본공분산행렬이 저장되어 있을 때, 다음의 명령어를 수행하면 RD를 구할 수 있다.

```
> mahalanobis(cost.d,cost.m,cost.s)
> library(MASS)
> a<-cov.mcd(cost.d)
> mahalanobis(cost.d,a$center,a$cov)
```

를 수행하면 표 5.2와 같은 결과를 얻는다.

표 5.2에 표본 마하라노비스 거리(MD)와 MCD 추정량을 이용한 로버스트 마하라노비스 거리(RD)가 나타나 있다. 표 5.2를 살펴보면 MD와 RD는 9번과

21번에 대해 이상치 가능성에 대한 일치된 결론을 준다. 그러나 4번, 20번과 36번의 경우 MD와 RD는 상반된 결론을 준다. ■

제 5.4 절 확증적 분석

확증적 분석(confirmatory analysis)은 탐지된 이상치가 실제 이상치인가를 확인하는 과정이다. Fung(1993)이 회귀분석에서 제안한 stepwise adding-back(SAB) 절차를 다음과 같이 다변량 자료분석에 적용할 수 있다.

단계 1 이상치가 아닌 것으로 판명된 자료의 수를 n_1이라 하고, 이러한 자료들을 기본표본이라 부른다.

단계 2 각각의 가능한 이상치를 이 기본표본에 추가하여 크기가 n_1+1인 새로운 표본을 만든다. 이러한 새로운 표본은 $n-n_1$가지가 있다.

단계 3 각각의 새로운 표본에서 표본평균과 표본공분산행렬을 구해서, 추가된 자료의 마하라노비스 거리를 계산한다. 이 값이 크면 이상치로 재분류하고, 그렇지 않으면 자료를 기본표본에 포함시키고 단계 2로 간다. 만약 기본표본 이 외에 이상치로 분류된 어떠한 자료도 좋은 자료로 판명되지 않을 때 끝난다.

예제 5.4 비용자료에서 MCD 방법은 4, 9, 20, 21, 36번의 자료를, 국지적 영향 방법은 9, 21, 23, 36번의 자료를, 마하라노비스 거리는 9, 21번의 자료를 이상치의 가능성이 있는 것으로 보여 준다. 따라서 4, 9, 20, 21, 23, 36번의 자료를 이상치일 가능성이 있는 자료로 분류하고 SAB 절차를 시행한다.

단계 1 전체 자료에서 4, 9, 20, 21, 23, 36번의 자료를 제외한 나머지 자료를 X_{c_1}라 하자. $n_1 = 30$이다.

단계 2 자료 X_{c_1}에 4, 9, 20, 21, 23, 36번의 자료를 각각 포함시켜 여섯 가지의 표본$(S_1, S_2, S_3, S_4, S_5, S_6)$ 을 만든다.

단계 3 표본 S_1에서 4번 자료에 대한 제곱 마하라노비스 거리를 구해 보면 7.70이 나온다. 또한 S_2에 대해 9번 자료에 대해서도 마찬가지 과정을 적용하면 21.51이 나온다. 각 경우에 대해 제곱 마하라노비스 거리를 구해보면 표 5.3의 처음 줄과 같다. 23번 자료가 이상치가 아닌 것으로 판명되었으므로 기본 자료 X_{c_1}에 23번 자료를 첨가하고 단계 2로 간다.

단계 2 자료 X_{c_1}에 23번 자료를 첨가한 자료를 X_{c_2}라 하자. X_{c_2}에 4번 자료를 첨가하여 제곱 마하라노비스 거리를 구하면 7.76이다. 표 5.3의 두번째 줄과 같다. 4가 이상치가 아닌 것으로 판명되었다. 기본 자료 X_{c_2}에 4번 자료를 첨가하고 단계 3으로 간다.

단계 3 이상치라 가정한 9, 20, 21, 36번 자료를 제외하고 위에서 기술한 방법을 모두 구한다. 표의 세번째줄을 참조하면 20번 자료가 이상치가 아니다.

단계 4 표의 네번째줄에서 36번 자료가 이상치가 아니다.

단계 5 표의 다섯번째줄에서 9번, 21번 자료는 여전히 큰 값을 가지고 있으므로 모두 좋은 자료라 할 수 없다. 그러므로 SAB절차를 끝낸다. ■

표 5.3: 비용자료에 대한 확증적 분석

단계	자료 번호					
	4	9	20	21	23	36
1	7.70	21.51	8.30	16.26	6.62	10.52
2	7.76	22.14	8.56	15.62		10.89
3		21.48	7.58	14.39		10.05
4		21.51		14.65		9.44
5		19.62		13.96		

제 5.5 절 평균-미끄러짐 모형

어떤 자료, 예를 들어 $\mathbf{x}_1$이 이상치임을 검정하는 방법으로 평균-미끄러짐 (mean-slippage) 모형을 이용한 우도비검정을 수행하는 방법이 있다. 평균-미끄러짐 모형은 다음 두 개의 가설로 이루어진다.

$$H_0 : \mathbf{x}_1, ..., \mathbf{x}_n \sim N(\boldsymbol{\mu}_1, \boldsymbol{\Sigma}),$$

$$H_1 : \mathbf{x}_1 \sim N(\boldsymbol{\mu}_1 + \boldsymbol{\alpha}, \boldsymbol{\Sigma}), \quad \mathbf{x}_2, ..., \mathbf{x}_n \sim N(\boldsymbol{\mu}_1, \boldsymbol{\Sigma}),$$

여기서 $\boldsymbol{\alpha}$는 미지의 미끄러짐 (slippage) 모수이다. $\hat{\boldsymbol{\Sigma}}_{H_i}$ 가 H_i 하에서 $\boldsymbol{\Sigma}$의 최우추정량을 나타낼 때, 귀무가설하에서 모수의 최우추정량은

$$\hat{\boldsymbol{\mu}}_1 = \bar{\mathbf{x}}, \quad \hat{\boldsymbol{\Sigma}}_{H_0} = \mathbf{S},$$

이며, 대립가설하에서는

$$\hat{\boldsymbol{\mu}}_1 = (n\bar{\mathbf{x}} - \mathbf{x}_1)/(n-1), \quad \hat{\boldsymbol{\alpha}} = n(\mathbf{x}_1 - \bar{\mathbf{x}})/(n-1),$$

$$\hat{\boldsymbol{\Sigma}}_{H_1} = \mathbf{S} - \{n/(n-1)\}(\mathbf{x}_1 - \bar{\mathbf{x}})(\mathbf{x}_1 - \bar{\mathbf{x}})^T$$

이다. 이에 대한 우도비검정통계량은

$$\frac{|\ \hat{\boldsymbol{\Sigma}}_{H_1}\ |}{|\ \hat{\boldsymbol{\Sigma}}_{H_0}\ |} = 1 - \{n/(n-1)\}(\mathbf{x}_1 - \bar{\mathbf{x}})^T \mathbf{S}^{-1}(\mathbf{x}_1 - \bar{\mathbf{x}})$$

의 단조증가함수이다. 따라서 평균-미끄러짐모형을 사용한 결과는 윌크스통계량 또는 마하라노비스 거리를 사용한 것과 같다.

평균 대신에 분산을 고려한 분산-미끄러짐 모형 등이 있으며, 자세한 내용은 Barnett와 Lewis(1994)의 책을 참조하기 바란다.

제 5.6 절 기타

Caroni와 Prescott(1992)는 윌크스 통계량을 축차적으로 적용하여 이상치를 찾는 방법을 제시하였다. Hadi(1992, 1994)는 반복적으로 자료를 이상치와 좋은

자료의 그룹으로 분류하여, 매 단계마다 좋은 자료의 그룹의 원소를 늘리는 방법을 제시하였다. Rocke와 Woodruff(1996)는 로버스트 추정량을 사용한 복합적인 방법을 제시하였다. 공분산행렬의 처음과 끝의 몇 개의 주성분을 사용하여 이상치를 찾기도 한다(Jolliffe, 1986).

연 습 문 제

다음의 표는 이변량 정규분포에서 얻은 모의자료에 이상치를 추가하여 얻은 23개의 자료 (Kim, 2000)를 나타낸다. 문제 1–3 번에 대하여 답하라.

번호	x_1	x_2	번호	x_1	x_2	번호	x_1	x_2
1	0.054	−0.186	9	−4.695	−9.787	17	1.937	2.935
2	1.302	3.017	10	2.124	4.202	18	0.451	0.811
3	5.012	6.489	11	1.150	2.589	19	5.399	10.323
4	1.314	0.838	12	4.749	6.396	20	−1.698	−3.847
5	−4.219	−7.006	13	2.224	4.645	21	4.000	−6.000
6	−1.835	−1.382	14	0.850	2.648	22	−8.000	−18.000
7	1.432	4.682	15	−0.717	−1.163	23	12.000	−1.000
8	−0.973	0.165	16	1.143	2.945			

1. 산포도를 그려서 이상치의 가능성이 있는 자료를 찾고, 그 찾은 자료가 변수의 평균, 분산, 공분산 중 어느것에 영향을 주는지를 조사하라.

2. 표본 마하라노비스 거리를 계산하여 이상치를 찾고, 1번의 결과와 비교하라.

3. 국지적 영향을 이용한 방법과 MCD를 이용한 방법을 적용하여 이상치를 찾고, 이러한 방법이 여기서 찾은 이상치가 평균, 분산, 공분산 중 어느것에 영향을 주는지에 대한 정보를 제공하는지를 살펴보라.

제 6 장

다변량 분산분석

인자(factor)의 수준(level)에 따라 배열된 자료의 평균을 비교하려할 때, 전체변동(total variability)을 적절히 분해하여 검정통계량을 찾을 수 있다. 이와 같이 전체변동을 분해하여 관련된 자료분석을 하는 것을 분산분석이라 한다. 인자의 수준은 서로 다른 처리(treatment)를 나타내기도 한다. 인자의 수가 한 개일 때 일원배치법(one-way classification), 두 개일 때 이원배치법(two-way classification)이라 한다. 관측하는 변수의 수가 한 개일 때 단변량 분산분석(analysis of variance, ANOVA), 두 개 이상일 때 **다변량 분산분석**(multivariate analysis of variance, MANOVA)이라 한다. 다변량 분산분석은 단변량 분산분석의 자연스러운 확장이므로 먼저 단변량 분산분석에 대하여 알아보고 그 결과를 다변량 분산분석으로 확장한다.

제 6.1 절 일원배치법

6.1.1 단변량 일원배치법

단변량 일원배치법은 하나의 인자가 두 개 이상의 수준을 가진 경우에, 인자수준에 따른 관측치의 평균에 차이가 있는지를 분석하는 방법이다.

인자의 수준의 수를 k라 하고, 그 인자의 i 번째 수준에서 관측값들의 수가 n_i일 때, 다음과 같이 자료를 배치할 수 있다.

	수준 1	수준 2	$\cdots$	수준 k	
	y_{11}	y_{21}	$\cdots$	y_{k1}	
	y_{12}	y_{22}	$\cdots$	y_{k2}	
	$\vdots$	$\vdots$	$\vdots$	$\vdots$	
	y_{1n_1}	y_{2n_2}	$\cdots$	y_{kn_k}	
평균	$\bar{y}_1$	$\bar{y}_2$	$\cdots$	$\bar{y}_k$	총평균 $\bar{y}$

위의 자료에 대한 일원분산분석모형은 다음과 같이 표현할 수 있다.

$$y_{ij} = \mu + \alpha_i + \epsilon_{ij}, \quad i = 1, \cdots, k; \quad j = 1, \cdots, n_i, \tag{6.1}$$

여기서 $\bar{y} = \sum_{i=1}^{k} \sum_{j=1}^{n_i} y_{ij}/n$ $(n = \sum_{i=1}^{k} n_i)$으로 총평균을 나타내며, α_i는 인자의 i 번째 수준의 효과를 나타내고, $\sum_{i=1}^{k} n_i \alpha_i = 0$을 만족한다. 이 조건은 μ와 α_i를 유일하게 추정하도록 해준다. μ와 α_i는 미지의 모수이다. 여기서 ϵ_{ij}는 오차항으로 서로 독립이며 $N(0, \sigma^2)$을 따르는 확률변수이다. α_i를 i 번째 처리효과(treatment effcet)라고 부르기도 한다.

총평균 $\bar{y}$에 대한 관측치 y_{ij}의 변동의 제곱합(전체변동)을 다음과 같이 분해할 수 있다.

$$\begin{aligned} \sum_{i=1}^{k} \sum_{j=1}^{n_i} (y_{ij} - \bar{y})^2 &= \sum_{i=1}^{k} n_i (\bar{y}_i - \bar{y})^2 + \sum_{i=1}^{k} \sum_{j=1}^{n_i} (y_{ij} - \bar{y}_i)^2, \\ SST &= SSB + SSE. \end{aligned} \tag{6.2}$$

위의 식에서 총제곱합(SST)은 자료에서의 전체변동을, 인자제곱합(SSB)은 인자수준의 차이를, 잔차제곱합(SSE)은 모형 (6.1)에 의해 설명되어지지 않는 변동(오차)를 반영한다.

각 제곱합의 자유도를 살펴보면 다음과 같다. 먼저 SST 항에서 선형제약조건은 $\sum_{i=1}^{k} \sum_{j=1}^{n_i} (y_{ij} - \bar{y}) = 0$ 으로 한 개이므로 자유도는 $n - 1$이다. SSB에서는 인자의 수준의 수가 k이고, $\sum_{i=1}^{k} n_i (\bar{y}_i - \bar{y}) = 0$ 의 제약조건만 있으므로 자유도는 $k - 1$이다. 한편, SSE는 제약조건이 $\sum_{j=1}^{n_i} (y_{ij} - \bar{y}_i) = 0 \ \ (i = 1, \cdots, k)$

표 6.1: 단변량 일원배치법의 분산분석표

	제곱합	자유도	평균제곱합	F
인자	SSB	$k-1$	$MSB = \frac{SSB}{k-1}$	$F = \frac{MSB}{MSE}$
잔차	SSE	$n-k$	$MSE = \frac{SSE}{n-k}$	
계	SST	$n-1$		

이므로 제약조건의 수가 k이다. 그러므로 SSE의 자유도는 $n-k$이다. 여기서 전체제곱합이 식 (6.2)처럼 분해되었듯이 자유도도

$$n-1 = (k-1) + (n-k)$$

처럼 분해됨을 알 수 있다.

식 (6.2)를 바탕으로 표 6.1과 같은 분산분석표를 작성할 수 있다.

인자수준의 효과에 차이가 있는지를 검정하기 위하여 가설

$$H_0 : \alpha_1 = \alpha_2 = \cdots = \alpha_k (= 0) \tag{6.3}$$

을 고려한다. 인자수준의 효과가 모두 같다면, $\sum_{i=1}^{k} n_i \alpha_i = 0$ 의 조건에서 모든 인자수준의 효과는 0이 된다. 이러한 가정하에서 SSB와 SSE는 각각 자유도가 $k-1, n-k$인 χ^2 분포를 따르며, 서로 독립이다. 그러므로 H_0 하에서 표 6.1의 분산분석표에서 정의한 $F = MSB/MSE$는 $F(k-1, n-k)$ 분포를 따르므로 유의수준 α 에서 기각역은

$$F > F_{k-1,n-k;\alpha}$$

이다. 이는 인자수준의 효과의 차이가 크면 SSB의 값이 커질 것이라는 사실에 근거한다.

만약 (6.3)의 가설을 검정한 결과가 인자수준의 효과의 차이가 있는 것으로 결론이 났다면, 즉 H_0를 기각하였다면, 어느 인자수준의 효과의 차이가 있는지를 검정할 필요가 있다. 이러한 목적을 위하여, 다음의 귀무가설

$$H_0' : \alpha_i = \alpha_j, \quad i \neq j$$

표 6.2: 촉매제자료

1	2	3	4
58.2	56.3	50.1	52.9
57.2	54.5	54.2	49.9
58.4	57.0	55.4	50.0
55.8	55.3		51.7
54.9			

을 검정하면 충분하다. H_0'을 검정하는 방법을 다중비교법 (multiple comparison method)이라 하며, 최소유의차분법(least significant difference, LSD), Ducan의 다중범위검정(Ducan's multiple range test), Newman-Keuls 검정, Tukey 검정, Scheffe 검정 등이 있다. Carmer 와 Swanson(1973)은 $\alpha = 0.05$인 F검정에서 H_0를 기각하였다면 최소유의차분법이 가장 강력한 방법임을 모의실험결과를 바탕으로 보였다.

최소유의차분법에 의한 $\alpha_i - \alpha_j$의 $100(1-\alpha)\%$ 동시신뢰구간은

$$\alpha_i - \alpha_j \in (\bar{y}_i - \bar{y}_j) \pm LSD, \quad LSD = t_{\alpha/2;n-k}\sqrt{MSB\left(\frac{1}{n_i} + \frac{1}{n_j}\right)}$$

이다. 그러므로 이 구간이 0을 포함하지 않으면 H_0'을 기각하게 된다. 더 자세한 내용은 Hochberg 와 Tamhane(1987)의 책을 참고하기 바란다.

예제 6.1 어떤 용액의 응집력의 촉매제에 따른 차이점을 알아보기 위하여 4 종류의 촉매제를 사용할 때의 응집력을 표 6.2와 같이 측정하였다. 촉매제의 종류가 달라짐에 따라 응집력의 차이가 있는지를 검정하여 본다(Montgomery, 1991, p. 93).

분산분석표를 작성하면 다음과 같다.

	제곱합	자유도	평균제곱오차	F
SSB	85.68	3	28.56	9.91
SSE	34.56	12	2.88	
SST	120.24	15		

식 (6.3)의 H_0의 검정통계량 F의 값이 9.91 로 $F_{3,12;0.05} = 3.49$보다 크므로 H_0를 기각한다. 즉, 촉매제의 종류에 따라 응집력이 영향을 받는다고 할 수 있다.

LSD 방법으로 두 수준의 평균의 차가 유의한지를 검정하면 다음과 같은 결과를 얻는다.

i	j	LSD	신뢰구간
1	2	2.48	$(-1.36, 3.60)$
1	3	2.70	$(0.96, 6.36)$
1	4	2.48	$(3.29, 8.25)$
2	3	2.82	$(-0.28, 5.36)$
2	4	2.61	$(2.04, 7.26)$
3	4	2.82	$(-0.72, 4.92)$

위의 표로부터 촉매제를 두 가지만 비교했을 때 $(1,2)$, $(2,3)$, $(3,4)$는 0을 포함하고 있으므로 응집력에 대하여 별 차이가 없다. 촉매제 $(1,3), (1,4), (2,4)$는 응집력의 차이가 있음을 알 수 있다.

R에서 단변량 일원배치법과 관련된 내장함수는 aov이다. aov를 이용하여 가설 (6.3)을 검정하기 위하여, 표 6.2의 자료가 각 수준을 포함하여 catalyst.d에 다음과 같이 저장되어 있다고 가정한다. 또한 catalyst.d는 R 명령어창에서 read.table 함수를 이용하여 로딩하였기때문에 catalyst.d는 데이타프레임 클래스이다.

```
obs   level
58.2  1
57.2  1
......
51.7  4
```

이때 단변량 일원배치법을 위하여 함수 aov를 이용하는데, 매개변수(argument)로 각 수준은 factor 모드를 요구하므로 함수 factor를 이용한다.

```
> catalyst.d<-read.table("catalyst.d",header=T)
> aov(obs~factor(level),catalyst.d)
Call:
   aov(formula = obs ~ factor(level), data = catalyst.d)

Terms:
                factor(level) Residuals
Sum of Squares       85.67583  34.56167
Deg. of Freedom             3        12

Residual standard error: 1.697097
Estimated effects may be unbalanced
```

분산분석표를 얻기위한 명령어는 다음과 같다.

```
> summary(aov(obs~factor(level),catalyst.d))
             Df Sum Sq Mean Sq F value   Pr(>F)
factor(level)  3 85.676  28.559  9.9157 0.001436 **
Residuals     12 34.562   2.880
---
Signif. codes:  0 '***' 0.001 '**' 0.01 '*' 0.05 '.' 0.1 ' ' 1
```

위의 결과에서 $P-$값인 `Pr(F)`가 유의수준(0.05) 보다 작으므로 귀무가설 (6.3)을 기각한다. ■

6.1.2 다변량 일원배치법

다변량 일원배치법은 단변량 일원배치법의 모형 (6.1)을 여러 개의 관측변수로 확장시켜서 얻는다. 만약 인자의 수준의 수가 k, 관측변수의 수가 p, 인자의 i번째 수준에서의 관측값들의 수가 n_i이면 자료의 배치는 단변량 일원배치법과 같다. 다만 스칼라 y_{ij} 대신 차원이 p인 벡터 $\mathbf{y}_{ij}$로 바뀐다. 따라서 모형은 다음과 같이 표현할 수 있다.

$$\mathbf{y}_{ij} = \boldsymbol{\mu} + \boldsymbol{\alpha}_i + \mathbf{e}_{ij}, \tag{6.4}$$

여기서 $\mathbf{e}_{ij}$는 서로 독립이고, $N_p(\mathbf{0}, \mathbf{\Sigma})$의 분포를 갖고, $i = 1, \cdots, k,\ \ j = 1, \cdots, n_i$이다. 단변량 일원배치법과 마찬가지로 $\boldsymbol{\alpha}_i$는 i 번째 인자수준의 효과를 나타내는 벡터이고, $\boldsymbol{\mu}$는 전체평균벡터이다. 또한 $\boldsymbol{\alpha}_i$는 $\sum_{i=1}^{k} n_i\boldsymbol{\alpha}_i = \mathbf{0}$을 만족한다. 이 조건은 $\boldsymbol{\mu}$와 $\boldsymbol{\alpha}_i$를 유일하게 추정하도록 해준다.

모형 (6.4)에 대해서 변수들의 전체변동을 반영하는 제곱합 및 교차곱행렬(sum of squares and products, SSP)을 다음과 같이 분해된다.

$$
\begin{aligned}
&\sum_{i=1}^{k}\sum_{j=1}^{n_i}(\mathbf{y}_{ij} - \bar{\mathbf{y}})(\mathbf{y}_{ij} - \bar{\mathbf{y}})^T \\
= \ &\sum_{i=1}^{k} n_i(\bar{\mathbf{y}}_i - \bar{\mathbf{y}})(\bar{\mathbf{y}}_i - \bar{\mathbf{y}})^T + \sum_{i=1}^{k}\sum_{j=1}^{n_i}(\mathbf{y}_{ij} - \bar{\mathbf{y}}_i)(\mathbf{y}_{ij} - \bar{\mathbf{y}}_i)^T,
\end{aligned} \tag{6.5}
$$

여기서 $\bar{\mathbf{y}}_i = \sum_{j=1}^{n_i}\mathbf{y}_{ij}/n_i$, $\bar{\mathbf{y}} = \sum_{i=1}^{k}\sum_{j=1}^{n_i}\mathbf{y}_{ij}/n, n = \sum_{i=1}^{k} n_i$이다. 식 (6.5)를

$$\mathbf{T}_{p\times p} = \mathbf{B}_{p\times p} + \mathbf{W}_{p\times p}$$

로 표현한다. 통계량 $\mathbf{T}$는 각 수준의 자료벡터들이 전체 표본평균벡터로부터 퍼져있는 정도의 측도이다. $\mathbf{B}$는 각 인자수준의 표본평균벡터가 전체 표본평균벡터로부터 퍼져있는 정도를 나타내는 행렬로 보통 급간(between) 제곱합 및 교차곱행렬이라 한다. $\mathbf{W}$는 급내(within)변동을 의미하며 다음과 같은 분해가 가능하다.

$$\mathbf{W} = (n_1 - 1)\mathbf{S}_1 + (n_2 - 1)\mathbf{S}_2 + \cdots + (n_k - 1)\mathbf{S}_k,$$

여기서 $\mathbf{S}_i$는 i 번째 수준에서의 자료에 입각한 표본공분산행렬이다. 행렬 $\mathbf{W}$는 두 모집단에서 공분산행렬이 동일한 경우에 이러한 공통의 공분산행렬의 추정량의 일반화된 형태임을 알 수 있다. 한편, 통계량 $\mathbf{T}, \mathbf{B}, \mathbf{W}$의 자유도를 살펴 보면 각각 $n-1, k-1, n-k$이다.

각 수준의 효과에 차이가 있는지를 알아보기 위한 검정은 귀무가설을 다음과 같이 설정할 수 있다.

$$H_0 : \boldsymbol{\alpha}_1 = \boldsymbol{\alpha}_2 = \cdots = \boldsymbol{\alpha}_k = \mathbf{0}. \tag{6.6}$$

단변량의 경우 제곱합이 모두 스칼라이어서 그 비교가 가능하지만 다변량인 경우는 행렬형태이므로 그 비교가 불가능하다. 그러므로 각 행렬의 일반화된 분산을 이용하여, Wilks(1932)는 H_0에 대한 검정통계량을 다음과 같이 제안하였다.

$$\Lambda = \frac{|\mathbf{W}|}{|\mathbf{B}+\mathbf{W}|}. \tag{6.7}$$

위의 검정통계량을 윌크스의 람다(Wilks Λ) 라 한다. 만약 Λ 값이 작다면 $\mathbf{W}$의 변동이 인자수준간 변동($\mathbf{B}$)에 비하여 작음을 의미한다. 즉, 인자수준간에 차이가 있음을 뜻하므로 H_0를 기각한다.

검정통계량 Λ는 윌크스의 람다분포(Wilks Λ distribution)를 따른다. 즉, $\Lambda \sim \Lambda(p, n-k, k-1)$, 여기서 람다분포의 처음 인수는 행렬 $\mathbf{W}, \mathbf{B}$의 차원을 의미하고, 두 번째 인수는 $\mathbf{W}$의 자유도를, 세 번째 인수는 $\mathbf{B}$의 자유도를 의미한다. 그런데 이 람다분포는 특별한 p와 k에 대하여 F분포와 밀접한 관계가 있으며, 일반적으로 다음과 같은 F 분포에 의한 근사화를 사용할 수 있다 (Seber, 1984, pp. 40–42).

$$\Lambda^* = \frac{1-\Lambda^{1/t}}{\Lambda^{1/t}} \frac{ft-g}{p(k-1)} \sim F(p(k-1), ft-g), \tag{6.8}$$

여기서 $g = [p(k-1)-2]/2$, $t = [(p^2(k-1)^2-4)/(p^2+(k-1)^2-5)]^{1/2}$, $f = (n-k)-[p-(k-1)+1]/2 = n-1-(p+k)/2$이다. F 분포의 자유도 계산에서, $ft-g$가 정수가 아니면, 대신 $ft-g$의 정수부분을 택한다. 만약 $\Lambda^* > F_{p(k-1),ft-g;\alpha}$ 이면 H_0를 기각한다.

예제 6.2 표 6.3은 지역에 따라 개미핥기 두개골들의 차이가 있는 지를 검정하기 위하여 세 곳에서 세 가지를 측정한 결과이다(Seber, 1984, p. 436, 표 9.3).

이 경우 $p=3, k=3, n_1=6, n_2=4, n_3=3$ 이고 행렬 $\mathbf{B}, \mathbf{W}$는 다음과 같다.

$$\mathbf{B} = 10^{-3}\begin{pmatrix} 0.806 & 0.623 & 0.749 \\ 0.623 & 0.482 & 0.586 \\ 0.749 & 0.586 & 1.184 \end{pmatrix}, \mathbf{W} = 10^{-2}\begin{pmatrix} 0.634 & 0.624 & 0.762 \\ 0.624 & 0.635 & 0.761 \\ 0.762 & 0.761 & 1.097 \end{pmatrix}.$$

따라서 $\Lambda = 0.6014$ 이고 식 (6.8)의 $\Lambda^* = 0.772$ 이다. 한편 기각값 $F_{6,16;0.05} = 2.74$ 보다 Λ^*가 작으므로, H_0 를 기각하지 않는다. 즉, 지역에 따라 개미핥기 두

표 6.3: 개미핥기자료

지역 1			지역 2			지역 3		
2.068	2.070	1.580	2.045	2.054	1.580	2.093	2.098	1.653
2.068	2.074	1.602	2.076	2.088	1.602	2.100	2.106	1.623
2.090	2.090	1.613	2.090	2.093	1.643	2.104	2.101	1.653
2.097	2.093	1.613	2.111	2.114	1.643			
2.117	2.125	1.663						
2.140	2.146	1.681						

개골 크기는 차이가 없다. Λ^* 및 관련된 자유도의 계산을 위한 R 함수는 다음과 같이 작성할 수 있다.

```
lambstar.f<-function(lamb, p, q, r)
{
   g<-(p*r-2)/2
   t<-sqrt((p^2*r^2-4)/(p^2+r^2-5))
   f<-q-(p-r+1)/2
   n1<-p*r
   n2<-f*t-g
   lambstar<-(1-lamb^(1/t))/lamb^(1/t)*n2/n1
   list(lambstar=lambstar,n1=n1,n2=n2)
}
```

위의 함수에서 인자 `lamb`은 Λ, `p`는 관측변수의 수, 그리고 `q`, `r`은 식 (6.8)에서 통계량 $\mathbf{W}, \mathbf{B}$의 자유도를 각각 의미한다. 따라서 본 예제에서는 다음과 같은 결과를 얻는다. 여기서 변수 `lamstar`는 Λ^*를, `n1`과 `n2`는 각각 Λ^*의 근사분포인 F 분포의 분자, 분모의 자유도를 나타낸다.

```
>lambstar.f(0.6014,3,10,2)
$lambstar:
[1] 0.7719758

$n1:
[1] 6

$n2:
[1] 16
```

R에서 다변량 일원배치법의 함수는 manova이다. 여기서 anteater.d는 예제 6.1의 catalyst.d와 마찬가지로 표 6.3을 가지며 맨 마지막 열은 각 수준을 나타내며, 처음 3개(변수명: obs1, obs2, obs3)는 관측치를 나타낸다. aov와 마찬가지로 각 수준은 factor 이어야 함으로 함수 factor를 사용하며, 관측치가 행렬이므로 함수 cbind를 사용한다. 개미핥기자료에 대한 다변량분산분석은 manova 함수를 이용하여 다음과 같은 분석 결과를 얻는다.

```
> anteater.d<-read.table("anteater.d",header=T)
> summary(manova(cbind(obs1,obs2,obs3)~factor(level),
   anteater.d),test="Wilks")

              Df   Wilks approx F num Df den Df Pr(>F)
factor(level)  2 0.60144  0.77187      6     16 0.6032
Residuals     10
```

함수 manova의 summary에서 test는 여러 가지 방법이 있으며, 여기서는 본 절에서 설명한 Wilks Λ를 사용한다. 여기서 P-value는 0.6032로 유의수준(0.05)보다 크므로 귀무가설 (6.6)을 기각하지 못한다. 한편, 행렬 $\mathbf{B}, \mathbf{W}$ 등은 다음의 명령어를 이용하여 SS ' factor(level) ' , SSResiduals로부터 각각 구할 수 있다.

```
> rts<-summary(manova(cbind(obs1,obs2,obs3)~factor(level),
        anteater.d),test="Wilks")
> rts[2]
$SS $SS$‘factor(level)‘
             obs1         obs2         obs3
obs1 0.0008059744 0.0006232436 0.0007497949
obs2 0.0006232436 0.0004820192 0.0005859487
obs3 0.0007497949 0.0005859487 0.0011843590

$SS$Residuals
            obs1        obs2        obs3
obs1 0.006342333 0.006241833 0.007615667
obs2 0.006241833 0.006352750 0.007612667
obs3 0.007615667 0.007612667 0.010967333
```

■

가설 (6.6)의 H_0가 기각되었다면 단변량 일원배치법에서와 마찬가지로 수준 l, m의 효과의 차이가 유의한지를 검정할 필요가 있다. 인자수준 $\boldsymbol{\alpha}_l$, $\boldsymbol{\alpha}_m$의 i 번째 성분의 차이에 대한 $100(1-\alpha)\%$ 동시신뢰구간은 다음과 같다.

$$\alpha_{li} - \alpha_{mi} \in (\bar{y}_{li} - \bar{y}_{mi}) \pm t_{n-k;\alpha/pk(k-1)} \sqrt{\frac{\mathbf{W}_{ii}}{n-k}\left(\frac{1}{n_l} + \frac{1}{n_m}\right)},$$

여기서 $i = 1, \cdots, p;\ l < m = 1, \cdots, k$ 이고 $\mathbf{W}_{ii}$는 $\mathbf{W}$의 (i, i) 번째 원소이다. 즉, 만약 이 구간이 0을 포함하고 있다면 인자수준 $\boldsymbol{\alpha}_l$, $\boldsymbol{\alpha}_m$의 i 번째 성분의 차이가 유의하지 않고(차이가 없고), 그렇지않다면 차이가 유의하다(차이가 있다).

예제 6.3 예제 6.2의 개미핥기자료에 대하여 각 지역에서의 표본평균벡터를 구하면 다음과 같다.

$$\bar{\mathbf{y}}_1 = \begin{pmatrix} 2.097 \\ 2.100 \\ 1.625 \end{pmatrix}, \quad \bar{\mathbf{y}}_2 = \begin{pmatrix} 2.080 \\ 2.087 \\ 1.617 \end{pmatrix}, \quad \bar{\mathbf{y}}_3 = \begin{pmatrix} 2.099 \\ 2.102 \\ 1.643 \end{pmatrix}.$$

가장 차이가 큰 평균차의 조합은 $1.643 - 1.617 = 0.026$ 이므로 $\alpha = 0.05$에 대하여 $\alpha_{33} - \alpha_{23}$의 95% 신뢰구간을 구하면

$$0.026 \pm t_{10;0.05/18}\sqrt{\frac{0.01097}{10}\left(\frac{1}{4}+\frac{1}{3}\right)} = (-0.02, 0.07)$$

이다. 이 신뢰구간이 0을 포함하고 있으므로 두 효과의 차이는 유의하지 않다. 즉, 개미핥기의 두개골의 세 번째 측정치에 대하여 두 번째 지역과 세 번째 지역의 평균은 별 차이가 없다. ■

제 6.2 절 이원배치법

이원배치법은 일원배치법이 인자의 수가 2인 경우로 확장된 경우이다. 이원배치법은 반복이 있는 경우와 반복이 없는 경우로 분류할 수 있다. 반복이 없는 경우는 각 인자의 효과만을 검정할 수 있는 반면, 반복이 있는 경우는 인자의 효과 뿐만 아니라 두 인자에 의해 발생되는 교호효과(interaction effect)에 대한 검정도 가능하다. 여기서는 각 수준에서 같은 반복횟수(n)를 가지는 경우에 국한하여 이원배치법을 살펴보기로 한다.

6.2.1 단변량 이원배치법

첫 번째 인자를 A, 두 번째 인자를 B 라 하고 인자수준의 수를 각각 a, b 라 할 때, 각 인자수준의 조합에 따른 자료의 배치를 살펴보면 다음과 같다.

		A 인자수준				표본평균
		1	2	$\cdots$	a	
B	1	$y_{111}\cdots y_{11n}$	$y_{211}\cdots y_{21n}$	$\cdots$	$y_{a11}\cdots y_{a1n}$	$\bar{y}_{\cdot 1 \cdot}$
인자	$\vdots$	$\vdots$	$\vdots$	$\vdots$	$\vdots$	$\vdots$
수준	b	$y_{1b1}\cdots y_{1bn}$	$y_{2b1}\cdots y_{2bn}$	$\cdots$	$y_{ab1}\cdots y_{abn}$	$\bar{y}_{\cdot b \cdot}$
표본평균		$\bar{y}_{1\cdot\cdot}$	$\bar{y}_{2\cdot\cdot}$	$\cdots$	$\bar{y}_{a\cdot\cdot}$	$\bar{y}$

각 표본평균은

$$\bar{y}_{i\cdot\cdot} = \frac{1}{bn}\sum_{j=1}^{b}\sum_{r=1}^{n} y_{ijr}, \quad \bar{y}_{\cdot j\cdot} = \frac{1}{an}\sum_{i=1}^{a}\sum_{r=1}^{n} y_{ijr}, \quad \bar{y} = \frac{1}{abn}\sum_{i=1}^{a}\sum_{j=1}^{b}\sum_{r=1}^{n} y_{ijr}$$

이다. 각 셀(cell)에서의 표본평균은 $\bar{y}_{ij\cdot} = \sum_{r=1}^{n} y_{ijr}/n$ 이다.

위의 자료에 대한 단변량 이원배치법에서의 모형은 다음과 같다.

$$y_{ijr} = \mu + \alpha_i + \beta_j + \gamma_{ij} + e_{ijr}, \quad i = 1, \cdots, a; \quad j = 1, \cdots, b; \quad r = 1, \cdots, n, \quad (6.9)$$

여기서 μ는 전체모평균, α_i는 인자 A의 i 번째 수준에서의 효과, β_j는 인자 B의 j 번째 수준에서의 효과, γ_{ij}는 인자 A의 i 번째 수준과 인자 B의 j 번째 수준의 교호작용에 의한 교호효과를 나타낸다. 한편 e_{ijr}은 서로 독립이고 $N(0, \sigma^2)$을 따른다. 일원배치법과 마찬가지로 다음의 제약조건을 설정한다.

$$\sum_{i=1}^{a} \alpha_i = \sum_{j=1}^{b} \beta_j = \sum_{i=1}^{a} \gamma_{ij} = \sum_{j=1}^{b} \gamma_{ij} = 0.$$

이러한 제약조건하에서 모형 (6.9)의 모수는 유일하게 추정된다. 전체변동을 다음과 같이 분해하여

$$\begin{aligned}
\sum_{i=1}^{a}\sum_{j=1}^{b}\sum_{r=1}^{n}(y_{ijr} - \bar{y})^2 &= bn\sum_{i=1}^{a}(\bar{y}_{i\cdot\cdot} - \bar{y})^2 + an\sum_{j=1}^{b}(\bar{y}_{\cdot j\cdot} - \bar{y})^2 \\
&+ n\sum_{i=1}^{a}\sum_{j=1}^{b}(\bar{y}_{ij\cdot} - \bar{y}_{i\cdot\cdot} - \bar{y}_{\cdot j\cdot} + \bar{y})^2 + \sum_{i=1}^{a}\sum_{j=1}^{b}\sum_{r=1}^{n}(y_{ijr} - \bar{y}_{ij\cdot})^2, \qquad (6.10) \\
SST &= SSA + SSB + SSAB + SSE,
\end{aligned}$$

분산분석표를 표 6.4와 같이 작성할 수 있다.

표 6.4: 단변량 이원배치법의 분산분석표

	제곱합	자유도	평균제곱합	F
인자 A	SSA	$a-1$	$MSA = \frac{SSA}{a-1}$	MSA/MSE
인자 B	SSB	$b-1$	$MSB = \frac{SSB}{b-1}$	MSB/MSE
교호효과	$SSAB$	$(a-1)(b-1)$	$MSAB = \frac{SSAB}{(a-1)(b-1)}$	$MSAB/MSE$
잔차	SSE	$ab(n-1)$	$MSE = \frac{SSE}{ab(n-1)}$	
계	SST	$abn-1$		

반복적인 이원배치법에서의 검정은 다음의 세 가지 가설에 대하여 시행한다.

$$H_{01}: \text{ 모든 } i,j\text{에 대하여 } \gamma_{ij}=0 \text{ 이다.}$$
$$H_{02}: \alpha_1=\alpha_2=\cdots=\alpha_a=0.$$
$$H_{03}: \beta_1=\beta_2=\cdots=\beta_b=0.$$

위의 각 가설은 교호효과의 존재유무, 인자 A의 각 수준의 효과의 차이가 유의한가, 인자 B의 각 수준의 효과의 차이가 유의한가를 검정하는 귀무가설들이다. 표 6.4에 의하여 각 귀무가설 H_{01}, H_{02}, H_{03}에 대한 기각값은 F 분포로부터 구할 수 있다. 예를 들면 H_{01}에 대한 기각역은 $\frac{MSAB}{MSE} > F_{(a-1)(b-1),ab(n-1);\alpha}$ 이다.

6.2.2 다변량 이원배치법

단변량 이원배치법의 모형 (6.9)를 확장하면 다변량 이원배치법의 자료 형태는 단변량 이원배치법에서 스칼라 y 대신에 p 차원의 벡터 $\mathbf{y}$로 대치된다. 즉 다변량 이원배치법의 모형은 다음과 같이 표현할 수 있다.

$$\mathbf{y}_{ijr}=\boldsymbol{\mu}+\boldsymbol{\alpha}_i+\boldsymbol{\beta}_j+\boldsymbol{\gamma}_{ij}+\mathbf{e}_{ijr}, \tag{6.11}$$

여기서 $\mathbf{e}_{ijr}$은 서로 독립이고, 다변량 정규분포 $N_p(\mathbf{0},\boldsymbol{\Sigma})$를 따르며, 단변량 이원배치법에서와 마찬가지로 다음의 제약조건을 갖는다.

$$\sum_{i=1}^{a}\boldsymbol{\alpha}_i=\sum_{j=1}^{b}\boldsymbol{\beta}_j=\sum_{i=1}^{a}\boldsymbol{\gamma}_{ij}=\sum_{j=1}^{b}\boldsymbol{\gamma}_{ij}=\mathbf{0}.$$

이 제약조건하에서 모형 (6.11)의 모수는 유일하게 추정된다.

제곱합 및 교차곱행렬의 형태는 벡터의 연산에 의하여 다변량 일원배치법의 분해 (6.5)와 마찬가지로 다음과 같이 분해된다.

$$\sum_{i=1}^{a}\sum_{j=1}^{b}\sum_{r=1}^{n}(\mathbf{y}_{ijr}-\bar{\mathbf{y}})(\mathbf{y}_{ijr}-\bar{\mathbf{y}})^T = bn\sum_{i=1}^{a}(\bar{\mathbf{y}}_{i\cdot\cdot}-\bar{\mathbf{y}})(\bar{\mathbf{y}}_{i\cdot\cdot}-\bar{\mathbf{y}})^T$$
$$+an\sum_{j=1}^{b}(\bar{\mathbf{y}}_{\cdot j\cdot}-\bar{\mathbf{y}})(\bar{\mathbf{y}}_{\cdot j\cdot}-\bar{\mathbf{y}})^T$$
$$+n\sum_{i=1}^{a}\sum_{j=1}^{b}(\bar{\mathbf{y}}_{ij\cdot}-\bar{\mathbf{y}}_{i\cdot\cdot}-\bar{\mathbf{y}}_{\cdot j\cdot}+\bar{\mathbf{y}})(\bar{\mathbf{y}}_{ij\cdot}-\bar{\mathbf{y}}_{i\cdot\cdot}-\bar{\mathbf{y}}_{\cdot j\cdot}+\bar{\mathbf{y}})^T$$
$$+\sum_{i=1}^{a}\sum_{j=1}^{b}\sum_{r=1}^{n}(\mathbf{y}_{ijr}-\bar{\mathbf{y}}_{ij\cdot})(\mathbf{y}_{ijr}-\bar{\mathbf{y}}_{ij\cdot})^T. \tag{6.12}$$

이 식의 각 항의 제곱합 및 교차곱행렬을 다음과 같이 표현할 때

$$\mathbf{T}=\mathbf{A}+\mathbf{B}+\mathbf{C}+\mathbf{E},$$

각 행렬의 자유도는

$$abn-1=(a-1)+(b-1)+(a-1)(b-1)+ab(n-1)$$

와 같다.

다변량 이원배치법에서의 검정은 다음의 세 가지 귀무가설에 대하여 다룬다.

① 교호효과의 존재성에 관한 귀무가설은

$$H_{01}:\ \text{모든 } i,j \text{ 에 대하여 } \boldsymbol{\gamma}_{ij}=\mathbf{0}$$

이다. 다변량 일원배치법의 주효과 검정과 마찬가지로 일반화된 분산을 검정통계량으로 사용하면

$$\Lambda_1=\frac{|\mathbf{E}|}{|\mathbf{C}+\mathbf{E}|} \tag{6.13}$$

는 $\Lambda(p, ab(n-1), (a-1)(b-1))$을 따르며, 표본으로부터 계산된 Λ_1 값이 작으면 H_{01}을 기각한다. 식 (6.8)처럼 다음과 같은 F 분포에 의한 근사화를 사용할

수 있다.

$$\Lambda_1^* = \frac{1-\Lambda_1^{1/t}}{\Lambda_1^{1/t}} \frac{ft-g}{p(a-1)(b-1)} \sim F(p(a-1)(b-1), ft-g). \tag{6.14}$$

여기서 $g = [p(a-1)(b-1)-2]/2$, $t = [(p^2(a-1)^2(b-1)^2-4)/(p^2+(a-1)^2(b-1)^2-5)]^{1/2}$, $f = ab(n-1)-[p-(a-1)(b-1)+1]/2$이다. F 분포의 자유도 계산에서, $ft-g$가 정수가 아니면, 대신 $ft-g$의 정수부분을 택한다. 만약 $\Lambda_1^* > F_{p(a-1)(b-1),ft-g;\alpha}$ 이면 H_{01}을 기각한다.

② 인자 A의 수준의 효과에 차이가 있는지를 확인하기 위하여, 다음의 귀무가설

$$H_{02} : \boldsymbol{\alpha}_1 = \boldsymbol{\alpha}_2 = \cdots = \boldsymbol{\alpha}_a = \mathbf{0}$$

을 설정하여, 다음의 검정통계량을 계산하여

$$\Lambda_2 = \frac{|\mathbf{E}|}{|\mathbf{A}+\mathbf{E}|}$$

식 (6.8)처럼 다음과 같은 F 분포에 의한 근사화를 사용할 수 있다.

$$\Lambda_2^* = \frac{1-\Lambda_2^{1/t}}{\Lambda_2^{1/t}} \frac{ft-g}{p(a-1)} \sim F(p(a-1), ft-g) \tag{6.15}$$

여기서 $g = [p(a-1)-2]/2$, $t = [(p^2(a-1)^2-4)/(p^2+(a-1)^2-5)]^{1/2}$, $f = ab(n-1)-[p-(a-1)+1]/2$이다. F 분포의 자유도 계산에서, $ft-g$가 정수가 아니면, 대신 $ft-g$의 정수부분을 택한다. 만약 $\Lambda_2^* > F_{p(a-1),ft-g;\alpha}$ 이면 H_{02}를 기각한다.

③ 인자 B의 수준의 효과에 차이가 있는지를 확인하기 위하여,

$$H_{03} : \boldsymbol{\beta}_1 = \boldsymbol{\beta}_2 = \cdots = \boldsymbol{\beta}_b = \mathbf{0}$$

의 가설을 설정하여, 이 가설에 대해 다음의 검정통계량 Λ_3을 계산한다.

$$\Lambda_3 = \frac{|\mathbf{E}|}{|\mathbf{B}+\mathbf{E}|}.$$

식 (6.8)처럼 다음과 같은 F 분포에 의한 근사화를 사용할 수 있다.

$$\Lambda_3^* = \frac{1-\Lambda_3^{1/t}}{\Lambda_3^{1/t}} \frac{ft-g}{p(b-1)} \sim F(p(b-1), ft-g), \tag{6.16}$$

여기서 $g = [p(b-1)-2]/2$, $t = [(p^2(b-1)^2-4)/(p^2+(b-1)^2-5)]^{1/2}$, $f = ab(n-1)-[p-(b-1)+1]/2$이다. F 분포의 자유도 계산에서 $ft-g$가 정수가 아니면, 대신 $ft-g$의 정수부분을 택한다. 만약 $\Lambda_3^* > F_{p(b-1),ft-g;\alpha}$ 이면 H_{03}를 기각한다.

한편, 인자 A의 수준의 효과의 차이에 관한 $100(1-\alpha)\%$ 동시신뢰구간은 다음과 같다.

$$\alpha_{li} - \alpha_{mi} \in (\bar{y}_{l\cdot i} - \bar{y}_{m\cdot i}) \pm t_{\nu;\alpha/pa(a-1)} \sqrt{\frac{\mathbf{E}_{ii}}{\nu}\frac{2}{bn}},$$

여기서 $i = 1, \cdots, p;$ $l < m = 1, \cdots, a,$ $\nu = ab(n-1), \mathbf{E}_{ii}$는 $\mathbf{E}$의 (i,i) 번째 원소이고, $\bar{y}_{l\cdot i} - \bar{y}_{m\cdot i}$는 $\bar{\mathbf{y}}_{l\cdot} - \bar{\mathbf{y}}_{m\cdot}$의 i 번째 원소이다.

마찬가지로 인자 B의 수준의 효과의 차이에 관한 $100(1-\alpha)\%$ 동시신뢰구간은 다음과 같다.

$$\beta_{li} - \beta_{mi} \in (\bar{y}_{\cdot li} - \bar{y}_{\cdot mi}) \pm t_{\nu;\alpha/pb(b-1)} \sqrt{\frac{\mathbf{E}_{ii}}{\nu}\frac{2}{an}},$$

여기서 $i = 1, \cdots, p;$ $l < m = 1, \cdots, b$ 이다.

예제 6.4 표 6.5는 플라스틱 필름을 만드는 데 최적의 조건을 찾기 위한 실험의 결과이다. 실험조건은 성형률의 변화와 첨가제의 양에 따라(각각 2가지 수준) 4가지이며, 측정변수는 인장력(y_1), 광택(y_2), 불투명성(y_3)이다. 각 실험조건에서 5번씩 반복실험하였다(Johnson과 Wichern, 1992, p. 266, 표 6.4).

필름자료의 경우에 인자 A를 성형률의 변화라 하고, 인자 B를 첨가제의 양이라 하면 $p = 3, n = 5, a = 2, b = 2$이므로 다변량 이원배치법 모형을 적용한다.

표 6.5: 필름자료

		첨가제의 양					
		적다			많다		
		y_1	y_2	y_3	y_1	y_2	y_3
성형률의 변화	작다	6.5	9.5	4.4	6.9	9.1	5.7
		6.2	9.9	6.4	7.2	10.0	2.0
		5.8	9.6	3.0	6.9	9.9	3.9
		6.5	9.6	4.1	6.1	9.5	1.9
		6.5	9.2	0.8	6.3	9.4	5.7
	크다	6.7	9.1	2.8	7.1	9.2	8.4
		6.6	9.3	4.1	7.0	8.8	5.2
		7.2	8.3	3.8	7.2	9.7	6.9
		7.1	8.4	1.6	7.5	10.1	2.7
		6.8	8.5	3.4	7.6	9.2	1.9

각 제곱합 및 교차곱행렬을 계산하면 다음과 같다.

$$\mathbf{A} = \begin{pmatrix} 1.74 & -1.50 & 0.86 \\ -1.50 & 1.30 & -0.74 \\ 0.86 & -0.74 & 0.42 \end{pmatrix}, \quad \mathbf{B} = \begin{pmatrix} 0.76 & 0.68 & 1.93 \\ 0.68 & 0.61 & 1.73 \\ 1.93 & 1.73 & 4.90 \end{pmatrix},$$

$$\mathbf{C} = \begin{pmatrix} 0.0005 & 0.0165 & 0.0445 \\ 0.0165 & 0.5445 & 1.4685 \\ 0.0445 & 1.4685 & 3.9605 \end{pmatrix}, \quad \mathbf{E} = \begin{pmatrix} 1.76 & 0.02 & -3.07 \\ 0.02 & 2.63 & -0.55 \\ -3.07 & -0.55 & 64.92 \end{pmatrix},$$

$$\mathbf{T} = \begin{pmatrix} 4.27 & -0.79 & -0.24 \\ -0.79 & 5.09 & 1.91 \\ -0.24 & 1.91 & 74.21 \end{pmatrix}.$$

먼저 교호효과의 존재성의 검정에서, $\Lambda_1 = 0.78$ 이므로, 식 (6.14)와 119쪽에 있는 함수 `lambstar.f`를 이용하면 $\Lambda_1^* = 1.32$ 를 얻고, $F_{3,14;0.05} = 3.34$ 이므로 H_{01}을 기각할 수 없다. 즉, 필름 제조에 성형률의 변화와 첨가제의 양에 의한 교호작용이 존재하지 않는다.

다음으로 성형률의 변화가 필름의 성능에 영향을 미치는지를 파악하기 위하여, $\Lambda_2 = 0.38$로부터 식 (6.15)와 119쪽에 있는 함수 `lambstar.f`를 이용하면 $\Lambda_2^* = 7.61$을 얻고, $F_{3,14;0.05} = 3.34$ 이므로 H_{02}를 기각한다. 즉, 성형률의 변화가 필름의 성능에 영향을 미친다.

이제 성형률의 변화와 자료의 측정변수와의 관계를 살펴본다. 먼저 성형률의 변화에 따른 표본평균을 구하면

$$\bar{\mathbf{y}}_{1\cdot\cdot} = (6.49, 9.57, 3.79)^T, \quad \bar{\mathbf{y}}_{2\cdot\cdot} = (7.08, 9.06, 4.08)^T$$

이다. 그러므로 평균 차이가 가장 큰 첫 번째 변수인 인장력에 대한 동시신뢰구간을 구하면

$$(6.49 - 7.08) \pm t_{16;0.05/(3\cdot 2(2-1))}\sqrt{(2\cdot 1.76)/(16\cdot 2\cdot 5)} = (-0.74, -0.44)$$

으로 0을 포함하고 있지 않으므로, 성형률의 변화가 인장력에 영향을 끼친다. 이 결과는 위의 Λ_2^*의 검정 결과와 같다.

그 다음으로 차이가 큰 광택에 대한 95% 신뢰구간을 구하면 $(0.32, 0.70)$으로 성형률의 변화가 광택의 차이를 불러 일으킨다. 불투명성에 관한 95% 신뢰구간은 $(-1.22, 0.64)$로 0을 포함하므로 성형률의 변화가 불투명성에는 영향을 미치지 않는다. 이상에서 성형률의 조건을 바꾸면 인장력과 광택에는 효과가 달라지고, 불투명성에는 별 차이를 주지 못한다는 사실을 알 수 있다.

마지막으로 첨가제 양에 대한 효과를 알아본다. $\Lambda_3 = 0.52$ 이므로 식 (6.16)과 119쪽에 있는 함수 `lambstar.f`를 이용하면 $\Lambda_3^* = 4.31$을 얻으며, $F_{3,14;0.05} = 3.34$보다 크므로 H_{03}를 기각한다. 즉, 첨가제의 양에 따라 필름의 성능이 달라진다. 각 측정변수에 미치는 효과는 성형률의 변화에서 살펴본 바와 비슷하게 구할 수 있다.

이상의 검정을 `R`에서 분석하여 보기로 한다. 표 6.5의 자료에서 인자의 수가 2이므로 각 처리수준을 포함하는 자료를 `film.d`라 할 때 그 형태는 다음과 같다.

```
 y1  y2  y3 A B
6.5 9.5 4.4 1 1
6.2 9.9 6.4 1 1
...............
7.6 9.2 1.9 2 2
```

이상의 검정을 R에서 120쪽에 있는 manova와 같이 실행할 수 있다. 다만 manova 함수가 요인이 factor이어야 함으로 다음과 같은 명령어를 이용할 수 있다.

```
> film.d=read.table("film.d",header=T)
> film.d$A=factor(film.d$A)
> film.d$B=factor(film.d$B)
> summary(manova(cbind(y1,y2,y3)~A+B+A*B,film.d),test="Wilks")
          Df  Wilks approx F num Df den Df   Pr(>F)
A          1 0.3819   7.5543      3     14 0.003034 **
B          1 0.5230   4.2556      3     14 0.024745 *
A:B        1 0.7771   1.3385      3     14 0.301782
Residuals 16
---
Signif. codes:  0 '***' 0.001 '**' 0.01 '*' 0.05 '.' 0.1 ' ' 1
```

이 결과는 앞의 결과와 Λ_i^*의 계산에서 약간의 차이가 있는데 그 이유는 $\Lambda_i^{1/t}$의 계산에서 오차가 발생하였기 때문이다. 이 결과에서 P-value를 보면 인자 A의 주효과의 차이가 없다라는 귀무가설을 유의수준 0.05에서 기각한다. 즉, 성형률의 변화에 따라 필름의 성능이 달라진다. 인자 B의 주효과의 차이는 P-value가 0.024745 으로 0.05 보다 작으므로 H_{02}를 기각한다. 교호작용의 존재는 A:B의 P-value가 0.301782이므로 H_{03}을 기각할 수 없다. 한편, 각각의 검정통계량 Λ_i는 위의 결과에서 Wilks Lambda에 해당한다. 또한, 각각의 교차곱행렬은 예제 6.2에서와 마찬가지로 summary(manova(...))의 결과를 변수(예를 들어 temp라고 한다)에 저장한 후 temp[2]를 입력하면 128쪽의 $\mathbf{A}, \mathbf{B}$ 등을 구할 수 있다. ■

연 습 문 제

다음의 표는 이변량 이원배치에 관한 자료이다. 문제 1–3에 대하여 답하라.

		인자 A					
		수준 1		수준 2		수준 3	
		y_1	y_2	y_1	y_2	y_1	y_2
인		7	8	5	6	8	11
	수준 1	14	8	6	2	1	15
자		7	6	5	4	3	13
		3	8	-1	3	5	4
B	수준 2	1	7	4	8	1	12
		4	9	-2	7	3	10

1. 이변량 이원배치법의 분산분석표를 작성하라.

2. 유의수준 $\alpha = 0.05$ 에서 인자 A 와 B 사이에 교호효과가 있는지를 검정하라.

3. 유의수준 $\alpha = 0.05$ 에서 각 인자수준의 효과에 차이가 있는지를 검정하고, 만약에 차이가 있다면, 어느 수준에서 차이가 생겼는지를 조사하라.

제 7 장

다변량 회귀분석

선형회귀모형(linear regression model)은 독립변수(independent variable)와 종속변수(dependent variable)사이의 관계를 이용하여 독립변수의 값으로부터 종속변수의 값을 예측하는 것 등에 사용한다. 독립변수를 설명변수(explanatory variable) 또는 회귀변수(regressor variable)라 부르기도 하며, 종속변수를 반응변수(response variable)라 부르기도 한다. '선형'이란 단어는 종속변수가 각각의 회귀계수의 선형함수임을 의미한다. 회귀모형은 변수의 수에 따라 다음과 같이 분류할 수 있다.

1. 단순선형회귀모형(simple linear regression model): 독립변수와 종속변수의 수가 모두 하나인 경우.

2. 다중선형회귀모형(multiple linear regression model): 독립변수의 수는 여러 개이고 종속변수의 수는 하나인 경우.

3. 다변량 다중선형회귀모형(multivariate multiple linear regression model): 독립변수와 종속변수의 수가 모두 두 개 이상인 경우.

처음 두 가지 경우는 종속변수의 수가 하나이므로 단변량 회귀모형이다. 또한 회귀모형을 독립변수가 확률변수인 경우와 고정된 상수인 경우로 나눌 수 있다. 앞으로 다루게 될 다변량 회귀모형은 독립변수가 고정된 상수인 다변량 다중선형회귀모형을 의미한다. 이러한 다변량 회귀모형에서 종속변수들은 보통 서로 상관되어 있다.

제 7.1 절 다변량 다중선형회귀모형

다변량 회귀모형은 다음과 같이 표현할 수 있으며

$$\mathbf{Y} = \mathbf{X}\mathbf{\Psi} + \mathbf{U}, \tag{7.1}$$

$\mathbf{Y}$는 종속변수로 이루어진 $n \times p$ 행렬로

$$\mathbf{Y} = (\mathbf{y}_{(1)}, ..., \mathbf{y}_{(p)}) = (\mathbf{y}_1, ..., \mathbf{y}_n)^T$$

와 같이 쓸 수 있다. 여기서 $\mathbf{y}_{(i)}$는 크기가 $n\times 1$인 열벡터이고, $\mathbf{y}_i$는 크기가 $p\times 1$인 열벡터이다. $\mathbf{X} = (\mathbf{x}_1, ..., \mathbf{x}_n)^T$는 $n \times q$의 행렬로, 주어진 독립변수의 값들로 이루어졌다. 보통 행렬 $\mathbf{X}$를 디자인 행렬(design matrix)이라 부른다. $\mathbf{\Psi}$는 미지의 모수인 회귀계수의 행렬로 그 크기는 $q \times p$이며 다음과 같이 쓸 수 있다.

$$\mathbf{\Psi} = (\boldsymbol{\psi}_1, ..., \boldsymbol{\psi}_p).$$

$\mathbf{U} = (\mathbf{u}_1, ..., \mathbf{u}_n)^T$는 $n \times p$ 행렬로 관측할 수 없는 확률오차항을 나타낸다. 식 (7.1)의 회귀모형은

$$\mathbf{y}_i = \mathbf{\Psi}^T\mathbf{x}_i + \mathbf{u}_i, \quad i = 1, ..., n \tag{7.2}$$

와 같이 표현할 수 있다. 모든 $\mathbf{x}_i$의 첫 번째 원소가 1 일 때, 단변량 회귀모형에서와 같이 절편항이 모형에 포함된다. 오차항 $\mathbf{u}_i$에 대한 보통의 가정은 다음과 같다.

A1. 오차항들은 서로 비상관되어 있다.

A2. 오차항의 평균은 $\mathbf{0}$이고, 공분산행렬은 $\mathbf{\Sigma}$이다.

A3. 오차항은 다변량 정규분포를 따른다.

A1 과 A3 가정에 의해 오차항들은 실제로 서로 독립이 된다. 이러한 가정하에서 $E(\mathbf{Y}) = \mathbf{X\Psi}$, $\mathrm{cov}(\mathbf{y}_i) = \mathbf{\Sigma}$, $\mathrm{cov}(\mathbf{y}_i, \mathbf{y}_j) = \mathbf{0}$ $(i \neq j)$이다. 또한 모수 $\mathbf{\Psi}$와 $\mathbf{\Sigma}$의 우도함수는

$$L(\mathbf{\Psi}, \mathbf{\Sigma}) = \mid 2\pi\mathbf{\Sigma} \mid^{-n/2} \exp\left\{-\frac{1}{2}\mathrm{tr}\left[(\mathbf{Y} - \mathbf{X\Psi})\mathbf{\Sigma}^{-1}(\mathbf{Y} - \mathbf{X\Psi})^T\right]\right\} \tag{7.3}$$

로 주어진다(Mardia et al., 1979, p. 158).

제 7.2 절 모수의 추정

7.2.1 회귀계수행렬의 최소제곱추정량

회귀모형 (7.1)에서 회귀계수행렬 $\mathbf{\Psi}$의 추정은 단변량 회귀모형과 마찬가지로 최소제곱법(least squares method)으로 추정할 수 있다. 단변량 회귀모형에서는 회귀계수의 최소제곱추정량(least squares estimator, LSE)을 찾기 위하여 최소로하는 목적함수가 스칼라(scalar)값이지만, 다변량 회귀모형에서는 다음의 행렬

$$\mathbf{Q}(\mathbf{\Psi}) = (\mathbf{Y} - \mathbf{X\Psi})^T(\mathbf{Y} - \mathbf{X\Psi})$$

을 고려한다(Rencher, 1995, p. 369). $\mathbf{\Psi}$의 최소제곱추정량을 $\hat{\mathbf{\Psi}}$이라 하면, 모든 $\mathbf{\Psi}$에 대해 $\mathbf{Q}(\mathbf{\Psi}) - \mathbf{Q}(\hat{\mathbf{\Psi}})$가 반정치(positive semi-definite) 행렬이 되는 의미에서 $\mathbf{Q}(\mathbf{\Psi})$는 $\mathbf{\Psi} = \hat{\mathbf{\Psi}}$에서 최소가 된다. $\mathbf{\Psi}$의 최소제곱추정량은

$$\hat{\mathbf{\Psi}} = (\mathbf{X}^T\mathbf{X})^{-1}\mathbf{X}^T\mathbf{Y} \tag{7.4}$$

으로 주어진다. 또한, 스칼라양인 $\mathrm{tr}[(\mathbf{Y} - \mathbf{X\Psi})^T(\mathbf{Y} - \mathbf{X\Psi})]$와 $\mid (\mathbf{Y} - \mathbf{X\Psi})^T(\mathbf{Y} - \mathbf{X\Psi}) \mid$도 $\mathbf{\Psi} = \hat{\mathbf{\Psi}}$에서 최소가 된다. 각 ψ_i의 최소제곱추정량은

$$\hat{\psi}_i = (\mathbf{X}^T\mathbf{X})^{-1}\mathbf{X}^T\mathbf{y}_{(i)}$$

으로, $\hat{\mathbf{\Psi}}$의 i 번째 열벡터이다.

식 (7.4)의 최소제곱추정량 $\hat{\mathbf{\Psi}}$은 $\mathbf{\Psi}$의 불편추정량이며, 오차항이 다변량 정규분포를 따를 때 $\mathbf{\Psi}$의 최우추정량이 된다(Mardia et al., 1979, pp. 158-159).

예제 7.1 표 7.1에 있는 자료(Rohwer 자료)는 3개의 종속변수와 5개의 독립변수로 구성되었다(Hossain과 Naik, 1989). Rohwer 자료는 텍스트파일 `rohwer.d`에 저장되어 있는데, 변수명은 독립변수는 `x1`, `x2`, `x3`, `x4`, `x5`이고 종속변수는 `y1`, `y2`, `y3` 이다. 이 때 모형 (7.2)에서 $n = 32$, $p = 3$이고 절편을 포함하는 모형이라고 가정하면 $q = 6$이다. 식 (7.4)에 의해 크기가 6×3인 행렬 $\hat{\boldsymbol{\Psi}}$를 구할 수 있다.

R에서 선형회귀모형의 분석에 관한 함수 `lm`이 제공되고 있다.

```
> rohwer.d<-read.table("rohwer.d",header=T)
> lm(cbind(y1,y2,y3)~x1+x2+x3+x4+x5,data=rohwer.d)

Call:
lm(formula = cbind(y1, y2, y3) ~ x1 + x2 + x3 + x4 + x5,
    data = rohwer.d)

Coefficients:
              y1         y2         y3
(Intercept)   39.69709   13.24384  -28.46747
x1             0.06728    0.05935    3.25713
x2             0.36998    0.49244    2.99658
x3            -0.37438   -0.16402   -5.85906
x4             1.52301    0.11898    5.66622
x5             0.41016   -0.12116   -0.62265
```

위의 결과중 `Coefficients` 부분이 식 (7.4)의 $\hat{\boldsymbol{\Psi}}$에 관한 것으로 `Intercept`는 절편을 의미한다. 이는 식 (7.4)를 다음과 같이 구현할 수 있다.

```
>attach(rohwer.d)
>rohwer.x<-cbind(x1,x2,x3,x4,x5)
>rohwer.y<-cbind(y1,y2,y3)
>x<-cbind(rep(1,32),rohwer.x)
>solve(t(x)%*%x)%*%t(x)%*%rohwer.y
```

여기서 처음 줄의 `attach`는 `rohwer.d`의 변수명을 사용하기 위해서이다. 만약

표 7.1: Rohwer 자료

번호	y_1	y_2	y_3	x_1	x_2	x_3	x_4	x_5
1	68	15	24	0	10	8	21	22
2	82	11	8	7	3	21	28	21
3	82	13	88	7	9	17	31	30
4	91	18	82	6	11	16	27	25
5	82	13	90	20	7	21	28	16
6	100	15	77	4	11	18	32	29
7	100	13	58	6	7	17	26	23
8	96	12	14	5	2	11	22	23
9	63	10	1	3	5	14	24	20
10	91	18	98	16	12	16	27	30
11	87	10	8	5	3	17	25	24
12	105	21	88	2	11	10	26	22
13	87	14	4	1	4	14	25	19
14	76	16	14	11	5	18	27	22
15	66	14	38	0	0	3	16	11
16	74	15	4	5	8	11	12	15
17	68	13	64	1	6	10	28	23
18	98	16	88	1	9	12	30	18
19	63	15	14	0	13	13	19	16
20	94	16	99	4	6	14	27	19
21	82	18	50	4	5	16	21	24
22	89	15	36	1	6	15	23	28
23	80	19	88	5	8	14	25	24
24	61	11	14	4	5	11	16	22
25	102	20	24	5	7	17	26	15
26	71	12	24	0	4	8	16	14
27	102	16	24	4	17	21	27	31
28	96	13	50	5	8	20	28	26
29	55	16	8	4	7	19	20	13
30	96	18	98	4	7	10	23	19
31	74	15	98	2	6	14	25	17
32	78	19	50	5	10	18	27	26

attach를 사용하지 않는다면

```
>rohwer.x<-cbind(rohwer.d$x1,...,rohwer.d$x5)
```

를 사용하여야 한다. 또한 위의 결과는 다음과 같은 명령어를 통하여 구할 수 있다.

```
>a=lm(cbind(y1,y2,y3)~x1+x2+x3+x4+x5,data=rohwer.d)
>a$coeff
```

여기서 a는 선형모형의 결과가 들어있다. ■

7.2.2 잔차와 공분산행렬의 추정

단변량 회귀모형에서와 마찬가지로, i 번째 관측치에서 적합된 값(fitted value)은 $\hat{\mathbf{y}}_i = \hat{\mathbf{\Psi}}^T\mathbf{x}_i$이며, $\hat{\mathbf{y}}_i$은 $E(\mathbf{y}_i)$의 불편추정량이다. 이에 해당하는 잔차벡터(residual vector)는

$$\mathbf{e}_i = \mathbf{y}_i - \hat{\mathbf{y}}_i \tag{7.5}$$

이 된다. 사영행렬(projection matrix) $\mathbf{H}$를

$$\mathbf{H} = \mathbf{X}(\mathbf{X}^T\mathbf{X})^{-1}\mathbf{X}^T \tag{7.6}$$

로 정의할 때, 잔차행렬은

$$\mathbf{E} = (\mathbf{e}_1, ..., \mathbf{e}_n)^T = (\mathbf{I}_n - \mathbf{H})\mathbf{Y} \tag{7.7}$$

로 표현할 수 있다.

$\mathbf{\Sigma}$의 추정은

$$\hat{\mathbf{\Sigma}} = \frac{1}{n-q}\mathbf{E}^T\mathbf{E} \tag{7.8}$$

로 할 수 있으며, $\hat{\mathbf{\Sigma}}$는 $\mathbf{\Sigma}$의 불편추정량이 된다. 오차항이 다변량 정규분포를 따를 때 $[(n-q)/n]\hat{\mathbf{\Sigma}}$은 $\mathbf{\Sigma}$의 최우추정량이 된다. 또한 최소제곱추정량 $\hat{\mathbf{\Psi}}$와 $\hat{\mathbf{\Sigma}}$는 서로 독립이다(Mardia et al., 1979, p. 160).

예제 7.2 예제 7.1의 Rohwer 자료에 대한 잔차와 $\hat{\boldsymbol{\Sigma}}$를 구하여 본다. 예제 7.1에서 기술한 바와 같이 R의 함수 lm의 결과는 모수의 추정 뿐만 아니라 잔차에 관한 정보도 포함하고 있다. 잔차는 lm의 결과 중 residual로부터 구할 수 있다. 즉, 예제 7.1에서와 같이 lm의 결과가 a에 저장되어 있다면 a$residual은 식 (7.7)의 $\mathbf{E}$를 준다.

```
> a$residual
          y1          y2          y3
1 -13.408527 -1.68924897 -35.9181632
2  -2.673579 -1.47930805 -17.8604027
3 -14.651443 -2.35659317   9.3290581
         ...         ...         ...
```

그러므로 Rohwer 자료에 대한 식 (7.8)의 $\hat{\boldsymbol{\Sigma}}$는

```
>t(a$residual)%*%a$residual/(32-6)
          y1       y2        y3
y1 149.96130 10.82255  49.21542
y2  10.82255  6.80888  23.99127
y3  49.21542 23.99127 659.00460
```

로 된다. ■

제 7.3 절 선형가설의 검정

회귀계수에 관한 선형가설(linear hypothesis)은 다음과 같이 표현할 수 있다.

$$H_0 : \mathbf{G}\boldsymbol{\Psi} = \mathbf{C}, \tag{7.9}$$

여기서 $\mathbf{G}$는 크기가 $r \times q$인 상수의 행렬로서 계수는 r이며, $\mathbf{C}$는 크기가 $r \times p$인 상수의 행렬이다. 이러한 선형가설은 $\mathbf{G}$와 $\mathbf{C}$의 선택에 따라 다양한 가설을 나

타낸다. 선형가설의 검정은 Wilks의 $\mathbf{\Lambda}$, Lawley-Hotelling의 trace, Pillai의 trace 등을 이용하여 실행할 수 있다.

가설 H_0의 검정은 우도비검정으로 실시할 수 있으며, 이 결과는 Wilks의 $\mathbf{\Lambda}$ 검정과 같다(Seber, 1984, pp. 409-414). 먼저 모수에 어떠한 제약조건도 없을 때, $\mathbf{\Psi}$와 $\mathbf{\Sigma}$의 최우추정량은 앞에서 언급한 $\hat{\mathbf{\Psi}}$과 $[(n-q)/n]\hat{\mathbf{\Sigma}}$이며, 편의상 각기 $\hat{\mathbf{\Psi}}_1$과 $\hat{\mathbf{\Sigma}}_1$으로 표시한다. 이때 우도함수의 최대값은

$$L_1 = L(\hat{\mathbf{\Psi}}_1, \hat{\mathbf{\Sigma}}_1) = \mid 2\pi\hat{\mathbf{\Sigma}}_1 \mid^{-n/2} \exp(-pn/2)$$

이 된다. 가설 H_0 하에서 $\mathbf{\Psi}$와 $\mathbf{\Sigma}$의 최우추정량은 각기

$$\hat{\mathbf{\Psi}}_0 = \hat{\mathbf{\Psi}}_1 + (\mathbf{X}^T\mathbf{X})^{-1}\mathbf{G}^T[\mathbf{G}(\mathbf{X}^T\mathbf{X})^{-1}\mathbf{G}^T]^{-1}(\mathbf{C} - \mathbf{G}\hat{\mathbf{\Psi}}_1), \tag{7.10}$$

$$\hat{\mathbf{\Sigma}}_0 = \frac{1}{n}(\mathbf{Y} - \mathbf{X}\hat{\mathbf{\Psi}}_0)^T(\mathbf{Y} - \mathbf{X}\hat{\mathbf{\Psi}}_0) \tag{7.11}$$

이다. 따라서 가설 H_0 하에서 우도함수의 최대값은

$$L_0 = L(\hat{\mathbf{\Psi}}_0, \hat{\mathbf{\Sigma}}_0) = \mid 2\pi\hat{\mathbf{\Sigma}}_0 \mid^{-n/2} \exp(-pn/2)$$

이 된다. 우도비검정통계량 λ는

$$\lambda = L_0/L_1 = \Big(\mid \hat{\mathbf{\Sigma}}_1 \mid / \mid \hat{\mathbf{\Sigma}}_0 \mid\Big)^{n/2} \tag{7.12}$$

으로 주어지며, λ의 값이 충분히 작으면 H_0를 기각한다. 충분히 큰 n에 대하여 $-2\log\lambda$는 근사적으로 자유도가 r인 χ^2 분포를 따른다.

$\Lambda = |\hat{\mathbf{\Sigma}}_1|/|\hat{\mathbf{\Sigma}}_0|$를 윌크스 람다 통계량(Wilks Λ statistic)이라 부른다. 우도비검정통계량 λ는 Wilks Λ 통계량의 단조증가함수이므로, Λ의 값이 충분히 작으면 H_0를 기각한다. $n\hat{\mathbf{\Sigma}}_i = \mathbf{W}_i$ $(i = 0, 1)$라 하면

$$\mathbf{W}_0 = \mathbf{W}_1 + (\mathbf{C} - \mathbf{G}\hat{\mathbf{\Psi}}_1)^T[\mathbf{G}(\mathbf{X}^T\mathbf{X})^{-1}\mathbf{G}^T]^{-1}(\mathbf{C} - \mathbf{G}\hat{\mathbf{\Psi}}_1)$$

이 된다. $\mathbf{\Delta} = \mathbf{W}_0 - \mathbf{W}_1$으로 하면,

$$\Lambda = \mid \mathbf{W}_1 \mid / \mid \mathbf{W}_0 \mid = \mid \mathbf{I}_p - \mathbf{W}_0^{-1/2}\mathbf{\Delta}\mathbf{W}_0^{-1/2} \mid = \prod_{i=1}^{p}(1-\gamma_i) \tag{7.13}$$

이 되며, γ_i는 $\mathbf{W}_0^{-1/2}\boldsymbol{\Delta}\mathbf{W}_0^{-1/2}$의 특성치이다 ($\mathbf{W}_0^{-1/2}$에 대하여 식 (2.8)을 참조). 귀무가설하에서 Λ는 Wilks Λ 분포 $\Lambda(p, n-q, r)$을 따르며, 다음의 F 분포에 의한 근사화를 사용할 수 있다 (식 (6.8) 참조).

$$\Lambda^* \;=\; \frac{1-\Lambda^{1/t}}{\Lambda^{1/t}}\frac{ft-g}{pr} \;\sim\; F(pr, ft-g), \qquad (7.14)$$

여기서 $g = (pr-2)/2$, $t = [(p^2r^2-4)/(p^2+r^2-5)]^{1/2}$, $f = (n-q)-(p-r+1)/2$이다. F 분포의 자유도 계산에서, $ft-g$가 정수가 아니면, 대신 $ft-g$의 정수부분을 택한다. 만약 $\Lambda^* > F_{pr,ft-g;\alpha}$ 이면 H_0를 기각한다.

또한 로리-호텔링 대각합 통계량(Lawley-Hotelling trace statistic) $\mathrm{tr}(\boldsymbol{\Delta}\mathbf{W}_1^{-1})$과 필라이 대각합 통계량(Pillai trace statistic) $\mathrm{tr}(\boldsymbol{\Delta}\mathbf{W}_0^{-1})$ 도 선형가설의 검정에 사용된다. 자세한 내용은 Seber(1984)의 책 8장을 참조하기 바란다.

예제 7.3 예제 7.1의 Rohwer 자료에 대하여 종속변수가 독립변수와 선형관계가 존재하는지를 검정하여 보자. 이에 대한 귀무가설 H_0은 $\boldsymbol{\Psi}$에서 절편을 제외한 모든 회귀계수가 0이 되므로, 가설 (7.9)에서

$$\mathbf{G} = [\ \mathbf{O}_{5\times1} \mid \mathbf{I}_5\ ], \quad \mathbf{C} = \mathbf{O}_{5\times3}$$

로 설정하면 충분하다. 따라서 식 (7.10), (7.11)로부터

$$\hat{\boldsymbol{\Psi}}_0 = \begin{pmatrix} 83.09 & 15.00 & 47.66 \\ 0 & 0 & 0 \\ 0 & 0 & 0 \\ 0 & 0 & 0 \\ 0 & 0 & 0 \\ 0 & 0 & 0 \end{pmatrix}, \quad \hat{\boldsymbol{\Sigma}}_0 = \begin{pmatrix} 188.52 & 13.91 & 198.97 \\ 13.91 & 8.00 & 44.63 \\ 198.97 & 44.63 & 1208.73 \end{pmatrix}$$

를 얻는다. 그러므로 우도비검정통계량은 식 (7.12)로 부터 $\lambda = 1.49 \times 10^{-10}$와 $\Lambda = 0.243$을 얻는다. 식 (7.14)와 119쪽에 있는 함수 `lambstar.f`를 이용하면 $\Lambda^* = 2.975$를 얻으며, 기각값 $F_{15,66;0.05} = 1.821$ 보다 크기 때문에 귀무가설을 기각한다. 즉, 종속변수와 독립변수 사이에 선형관계가 있다.

한편, 선형가설하에서 $\hat{\boldsymbol{\Psi}}_0$와 $\hat{\boldsymbol{\Sigma}}_0$를 구하기 위한 `R` 함수는 다음과 같다.

```
mmrlh.f<-function(X, Y, G, C){
  n<-nrow(X)
  X1<-cbind(rep(1,n), X)
  lmrts<-lm(Y~X)
  ps1<-lmrts$coef
  E1<-lmrts$resid
  W1<-t(E1) %*% E1

  ps0<-ps1 + solve(t(X1) %*% X1) %*% t(G)
       %*% solve(G %*% solve(t(X1) %*% X1) %*% t(G))
       %*% (C - G %*% ps1)
  E0<-Y - X1 %*% ps0
  S0<-t(E0) %*% E0/n
  W0<-W1 + t(C - G %*% ps1) %*% solve(G %*% solve(t(X1) %*% X1)
       %*% t(G)) %*% (C - G %*% ps1)
  D<-W0 - W1
  V<-eigen(W0)$vec
  L<-solve(diag(sqrt(eigen(W0)$val)))
  W0.sqi<-V %*% L %*% t(V)
  WDW<-W0.sqi %*% D %*% W0.sqi
  gamma<-eigen(WDW)$val
  Wilks<-prod(1 - gamma)

  list(psi0 = ps0, S0 = S0,gamma = gamma, Wilks = Wilks)
}
```

R의 명령어 창에서

```
> G<-cbind(rep(0,5),diag(5))
> C<-matrix(0,5,3)
> mmrlh.f(rohwer.x,rohwer.y,G,C)
```

를 입력하면 다음의 결과를 얻는다.

```
$psi0
                       y1            y2            y3
(Intercept)  8.309375e+01  1.500000e+01  4.765625e+01
Xx1          8.326673e-17  6.938894e-18  4.440892e-16
Xx2         -5.551115e-17  0.000000e+00  0.000000e+00
Xx3          3.885781e-16  2.775558e-17  8.881784e-16
Xx4          2.220446e-16  1.387779e-17  8.881784e-16
Xx5         -3.885781e-16 -4.163336e-17 -8.881784e-16

$S0
          y1        y2        y3
y1 188.52246 13.90625  198.9697
y2  13.90625  8.00000   44.6250
y3 198.96973 44.62500 1208.7256

$gamma
[1] 0.5943785 0.2986863 0.1455179

$Wilks
[1] 0.2430727
```

이 결과는 차례대로 $\hat{\mathbf{\Psi}}_0$, $\hat{\mathbf{\Sigma}}_0$, γ_i, Λ를 나타낸다. 또한 $\lambda = \Lambda^{n/2}$ 임을 확인할 수 있다. ■

제 7.4 절 박스-칵스 변환

3.4 절에서 다룬 것처럼, 다변량 회귀모형의 종속변수가 다변량 정규분포를 따르지 않는 경우가 흔하다. 따라서 변환된 종속변수의 분포가 다변량 정규분포에 가깝도록 자료를 변환할 필요가 있다. 각 종속 변수의 박스-칵스 변환은 3.4 절의 다변량 자료의 경우처럼 다음과 같이 정의할 수 있다.

$$y_{ri}(\lambda_i) = \begin{cases} (y_{ri}^{\lambda_i} - 1)/\lambda_i, & \text{만약 } \lambda_i \neq 0, \\ \log(y_{ri}), & \text{만약 } \lambda_i = 0, \end{cases}$$

여기서 $r = 1, ..., n,\ i = 1, ..., p$ 이며 $\mathbf{y}_r = (y_{r1}, ..., y_{rp})^T$로 나타낸다. 그리고 모든 종속변수 y_{ri}는 양의 값을 가지는 것으로 가정한다. 그렇지 않으면 적절한 값을 더하여 그 값이 양이 되도록 만든 후에 변수변환을 한다.

변환된 변수에 대한 다변량 회귀모형은 다음과 같이 표현할 수 있다.

$$\mathbf{y}_r(\boldsymbol{\lambda}) = \boldsymbol{\Psi}^T \mathbf{x}_r + \mathbf{u}_r,$$

여기서 $\mathbf{y}_r(\boldsymbol{\lambda}) = (y_{r1}(\lambda_1), ..., y_{rp}(\lambda_p))^T$ 는 변환된 종속변수의 벡터이며, $\mathbf{x}_r$은 $\mathbf{y}_r$과 관련된 독립변수로 이루어진 $q \times 1$ 벡터이다. $\mathbf{X} = (\mathbf{x}_1, ..., \mathbf{x}_n)^T$는 계수 p를 갖는다. 또한 $\mathbf{u}_r$은 $N(\mathbf{0}, \boldsymbol{\Sigma})$를 따른다.

$\boldsymbol{\lambda} = (\lambda_1, ..., \lambda_p)^T$로 할 때, 변환된 변수 $\mathbf{y}_1(\boldsymbol{\lambda}), \ldots, \mathbf{y}_n(\boldsymbol{\lambda})$들이 다변량 정규분포를 따른다는 가정하에 $\boldsymbol{\lambda}$의 최우추정량을 아래와 같이 구한다. $\dot{y}_i$ 를 $y_{1i}, ..., y_{ni}$의 기하평균(geometric mean)이라 하고, $\mathbf{Z}(\boldsymbol{\lambda})^T = (\mathbf{z}_1(\boldsymbol{\lambda}),..., \mathbf{z}_n(\boldsymbol{\lambda}))$, $\mathbf{z}_r(\boldsymbol{\lambda}) = (z_{r1}(\lambda_1), \ldots, z_{rp}(\lambda_p))^T$ 이라 한다. 여기서 $z_{ri}(\lambda_i) = y_{ri}(\lambda_i)/J_i$이고, $J_i = \dot{y}_i^{\lambda_i - 1}$이다. 새로운 변수 $z_{ri}(\lambda_i)$는 단위변화된(scaled) 변수이다. $\boldsymbol{\lambda}$는 다음의 프로파일-로그우도 함수

$$l_{max}(\boldsymbol{\lambda}) = -\frac{n}{2} \log \mid \mathbf{Z}(\boldsymbol{\lambda})^T (\mathbf{I} - \mathbf{H}) \mathbf{Z}(\boldsymbol{\lambda}) \mid \tag{7.15}$$

를 최대로 하는 것으로 추정한다.

예제 7.4 표 7.2에 있는 자료는 네 가지 그룹의 쥐들이 섭취한 음식물의 양에 관한 자료이다 (Srivastava와 Carter, 1983, pp. 146–148). 이 자료에 대하여 박스-칵스 변환을 위한 모수 $\boldsymbol{\lambda}$를 추정하여 본다.

변환모수 $\boldsymbol{\lambda}$에 관한 프로파일-로그우도함수인 식 (7.15)에 관한 `R` 함수를 얻기 위하여, 예제 3.11(61쪽)에서 함수 `mult.f`중 `H`를 식 (7.6)의 사영행렬로 변환하면 된다. 또한 회귀분석은 독립변수 `x`와 종속변수 `y`가 존재하므로 `mult.f`를 약간 수정해야 한다. 즉, `R` 함수는 다음과 같다.

표 7.2: 쥐자료

번호	y_1	y_2	x_1	x_2	x_3	x_4
1	12.7	10.4	0.25	0.0625	0.015625	254.0
2	7.2	8.4	0.25	0.0625	0.015625	262.0
3	14.8	13.9	0.25	0.0625	0.015625	301.0
4	5.6	10.2	0.25	0.0625	0.015625	311.0
5	13.9	12.1	0.25	0.0625	0.015625	290.0
6	10.4	11.2	0.25	0.0625	0.015625	300.0
7	16.6	17.8	0.25	0.0625	0.015625	306.0
8	13.9	14.3	0.25	0.0625	0.015625	286.0
9	11.9	7.0	0.65	0.4225	0.274625	275.0
10	10.7	11.3	0.65	0.4225	0.274625	282.0
11	10.1	6.9	0.65	0.4225	0.274625	256.0
12	10.8	5.2	0.65	0.4225	0.274625	276.0
13	14.7	14.4	0.65	0.4225	0.274625	337.0
14	9.7	12.1	0.65	0.4225	0.274625	296.0
15	5.5	7.1	0.65	0.4225	0.274625	309.0
16	13.1	6.5	0.65	0.4225	0.274625	293.0
17	8.8	17.7	1.30	1.6900	2.197000	275.0
18	8.3	3.2	1.30	1.6900	2.197000	192.0
19	16.2	11.9	1.30	1.6900	2.197000	338.0
20	7.7	4.9	1.30	1.6900	2.197000	248.0
21	14.5	14.0	1.30	1.6900	2.197000	315.0
22	11.6	2.5	1.30	1.6900	2.197000	295.0
23	5.3	6.1	1.30	1.6900	2.197000	312.0
24	11.2	11.0	1.30	1.6900	2.197000	286.0
25	13.5	9.7	1.71	2.9241	5.000211	275.0
26	11.6	2.4	1.71	2.9241	5.000211	270.0
27	10.0	14.8	1.71	2.9241	5.000211	290.0
28	12.3	16.2	1.71	2.9241	5.000211	260.0
29	13.6	14.9	1.71	2.9241	5.000211	302.0
30	12.8	13.2	1.71	2.9241	5.000211	284.0
31	10.9	14.3	1.71	2.9241	5.000211	280.0
32	8.3	10.5	1.71	2.9241	5.000211	329.0

```
mmrmult.f<-function(lambda,x,y){
    n<-nrow(x); p<-ncol(y)
    x<-cbind(rep(1,n),x)

    H<-x%*%solve(t(x)%*%x)%*%t(x)

    Y<-matrix(0,n,p)
    for(r in 1:n)
        for(i in 1:p) {
            if( lambda[i] == 0 ) Y[r,i]<-log(y[r,i])
            else Y[r,i]<-(y[r,i]^lambda[i] - 1)/lambda[i]
        }

    Z<-matrix(0,n,p)
    for(i in 1:p) {
        a<-(prod(y[,i]))^((lambda[i]-1)/n)
        Z[,i]<-Y[,i]/a
    }

    log(prod(eigen(t(Z)%*%(diag(n)-H)%*%Z)$values))
}
```

```
mmruniv.f<-function(lambda,x,y){
    n<-length(y)
    x<-cbind(rep(1,n),x)
    H<-x%*%solve(t(x)%*%x)%*%t(x)

    Y<-rep(0,n)
    for(r in 1:n) {
        if( lambda == 0 ) Y[r]<-log(y[r])
        else Y[r]<-(y[r]^lambda-1)/lambda
    }

    Y<-Y/(prod(x)^((lambda-1)/n))
    t(Y)%*%(diag(n)-H)%*%Y
}
```

```
mmrboxcox.f<-function(x,y) {
    x<-as.matrix(x)
    y<-as.matrix(y)
    p<-ncol(y)
    sp<-rep(1,p)
    for(i in 1:p)
        sp[i]<-nlminb(objective=mmruniv.f,
                   start=sp[i],x=x,y=y[,i])$par

    cat("Box-Cox parameters : ",
      nlminb(objective=mmrmult.f,
                start=sp,x=x,y=y)$par,"\n")
}
```

여기서 x에는 회귀모형의 독립변수에 관한 자료가 저장되어 있어야 하며, y에는 종속변수가 저장되어야 한다. 본 예제에서는 rat.x, rat.y를 구하여

```
> rat.d<-read.table("rat.d",header=T)
> attach(rat.d)
> rat.x<-cbind(x1,x2,x3,x4)
> rat.y<-cbind(y1,y2)
> mmrboxcox.f(rat.x,rat.y)
Box-Cox parameters :  1.618002 1.070140
```

의 결과를 얻는다. 즉,

$$\hat{\lambda}_1 = 1.618, \quad \hat{\lambda}_2 = 1.070.$$

$\hat{\lambda}_2$의 값이 1에 가까우므로, 두 번째 종속변수는 변환할 필요가 없다. ■

연 습 문 제

1. 표 7.2의 쥐자료에서 처음 세 개의 독립변수에 관한 회귀계수가 모두 같은지를 검정하라.

2. 표 7.1의 Rohwer 자료에서 종속변수의 박스-칵스 변환모수를 추정하라.

제 8 장

주성분분석

주성분분석(principal components analysis, PCA)은 다변량 자료분석에 자주 사용되는 간단한 분석 방법이다. 이것은 본래의 변수들에 대한 변이(variation)를 적은 수의 변환된 변수로 설명하는 것을 그 주된 목적으로 한다. 이러한 변환된 변수는 본래의 변수들의 선형결합 중에서 분산이 큰 몇 개로 택하며, 공분산행렬의 스펙트럴분해를 이용하여 찾는다. 이런 의미에서 주성분분석은 차원축약(dimensionality reduction)을 한다. 또한 이상치를 찾거나 자료의 그룹화 등에 사용되기도 한다.

예제 8.1 예제 1.3의 표 1.2는 상관계수가 0.98인 두 변수에 관한 20개의 난수를 보여주며, 그림 1.1 (a)는 그 자료의 산포도를 나타낸다. 이 그림에서 보면 두 변수 모두에서 자료의 변이(산포)가 크다. 이 자료를 두 개의 주성분 z_1과 z_2로 변환하여 얻은 자료의 산포도가 그림 8.1에 있다. 변환된 자료는 z_1축으로 넓게 퍼져 있고, z_2축으로는 변이가 거의 없다. 또한 z_1축으로의 변이의 정도는 x_1축이나 x_2축의 경우보다 크다. 따라서 두 개의 축으로 넓게 퍼져 있는 본래의 자료는 주성분 변환에 의해 변이가 큰 z_1 자료로 축약할 수 있다. 이러한 의미에서 주성분분석은 2차원(x_1과 x_2)으로 표현된 본래의 자료를 1차원 (z_1)으로 표현된 자료로 차원축약을 한다. ■

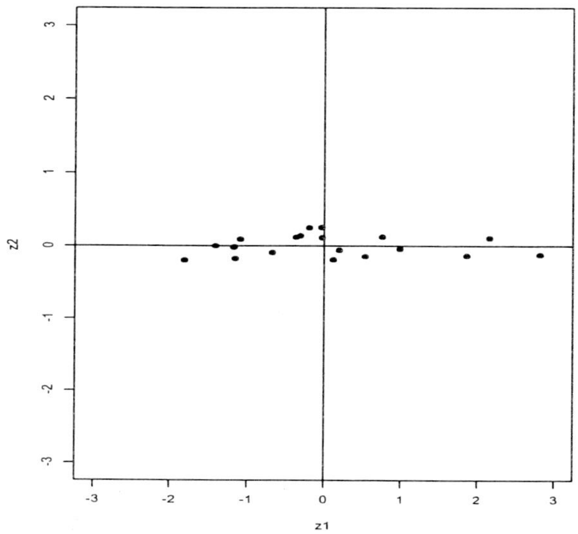

그림 8.1: 상관계수가 0.98인 20개의 이변량자료의 주성분 z_1과 z_2에 관한 산포도.

제 8.1 절 주성분

확률벡터 $\mathbf{x} = (x_1, ..., x_p)^T$의 평균이 $\boldsymbol{\mu}$이고 공분산행렬이 $\boldsymbol{\Sigma}$일 때, $\boldsymbol{\Sigma}$의 스펙트럴 분해는

$$\boldsymbol{\Sigma} \;=\; \boldsymbol{\Gamma}\boldsymbol{\Lambda}\boldsymbol{\Gamma}^T \tag{8.1}$$

이다(2.2.1절 참조). 여기서 $\boldsymbol{\Gamma}$는 직교행렬이며, $\boldsymbol{\Lambda}$는 대각행렬이다. $\boldsymbol{\Gamma}$의 i 번째 열벡터를 $\boldsymbol{\gamma}_i$로 하고, $\boldsymbol{\Lambda}$의 i 번째 대각원소를 λ_i로 할 때, $\boldsymbol{\gamma}_i^T\boldsymbol{\gamma}_i = 1$이고 $\boldsymbol{\gamma}_i^T\boldsymbol{\gamma}_j = 0$ $(i \neq j)$이다. 따라서 $\boldsymbol{\Sigma}$는

$$\boldsymbol{\Sigma} = \sum_{i=1}^{p} \lambda_i \boldsymbol{\gamma}_i \boldsymbol{\gamma}_i^T \tag{8.2}$$

로 표현할 수 있다. 특성치의 크기 순서는 $\lambda_1 \geq \ldots \geq \lambda_p$ 로 가정한다. $\boldsymbol{\Gamma}$가 직교행렬이므로, p개의 벡터 $\boldsymbol{\gamma}_1,...,\boldsymbol{\gamma}_p$는 서로 선형독립이다. 따라서 $\boldsymbol{\gamma}_i$들은 p 차원의 유클리디안(Euclidean) 공간의 기저(basis)가 된다. $\mathbf{e}_i$를 i 번째 원소는 1이

고 나머지 원소는 모두 0인 열벡터라 할 때, $\mathbf{e}_1,...,\mathbf{e}_p$도 p 차원의 유클리디안 공간의 기저가 된다. 축 $\boldsymbol{\gamma}_i$는 축 $\mathbf{e}_i$를 직교행렬 $\boldsymbol{\Gamma}$로 회전하여 얻어진 것이다. 즉, $\boldsymbol{\gamma}_i = \boldsymbol{\Gamma}\mathbf{e}_i$ 이다. 각각의 축 $\boldsymbol{\gamma}_i$는 p 차원의 유클리디안 공간에서 하나의 차원을 이룬다. i 번째 축 $\boldsymbol{\gamma}_i$에 대한 $\mathbf{x}$의 좌표는

$$z_i = \mathbf{x}^T\boldsymbol{\gamma}_i$$

가 되며, 평균 $\boldsymbol{\mu}$를 중심으로 위치변환된 자료를 고려하면 z_i는

$$z_i = (\mathbf{x} - \boldsymbol{\mu})^T\boldsymbol{\gamma}_i \tag{8.3}$$

로 된다. z_i를 $\mathbf{x}$의 i 번째 주성분(principal component)이라 부른다. 앞의 두 경우 모두 z_i의 분산은 λ_i이며, z_i와 z_j $(i \neq j)$는 비상관되어 있다. 이를 수식으로 표현하면 다음과 같다.

$$\text{var}(z_i) = \lambda_i, \quad \text{cov}(z_i, z_j) = 0, \quad i \neq j, \quad i, j = 1, \ldots, p. \tag{8.4}$$

첫 번째 주성분 z_1은 본래의 변수 $x_1, ..., x_p$의 선형결합 중에서 분산이 최대인 것이다. 두 번째 주성분 z_2는 z_1과 비상관된 $x_1, ..., x_p$의 선형결합 중에서 분산이 최대인 것이다. z_2의 분산은 z_1의 분산과 같거나 작다. 세 번째 주성분 z_3는 z_1, z_2와 비상관된 $x_1, ..., x_p$의 선형결합 중에서 분산이 최대인 것이다. z_3의 분산은 z_2의 분산과 같거나 작다. 나머지 주성분도 이러한 성질을 가진다.

γ_{ji}를 $\boldsymbol{\gamma}_i$의 j 번째 원소라 하면, γ_{ji}는 j 번째 확률변수 x_j가 i 번째 주성분에 주는 영향을 나타낸다. γ_{ji}의 절대치가 크면, 그 영향은 큰 것으로 해석한다.

2.3.1절의 식 (2.16)에 의해 공분산행렬의 대각원소의 합은 각 특성치의 합과 같다. 한편 주성분 z_i의 분산은 각각의 특성치이므로

$$\sum_{i=1}^{p} \text{var}(x_i) = \text{tr}(\boldsymbol{\Sigma}) = \sum_{i=1}^{p} \lambda_i = \sum_{i=1}^{p} \text{var}(z_i) \tag{8.5}$$

이다.

확률변수 x_i와 주성분 z_j 사이의 상관계수는

$$\text{corr}(x_i, z_j) = \gamma_{ij}\sqrt{\lambda_j}/\sqrt{\sigma_{ii}}, \quad i, j = 1, \ldots, p \tag{8.6}$$

가 된다(Johnson과 Wichern, 1992, p. 359).

예제 8.2 확률벡터 $\mathbf{x} = (x_1, x_2, x_3)^T$의 평균이 $\mathbf{0}$ 이고 공분산행렬이

$$\mathbf{\Sigma} = \begin{pmatrix} 1 & 2 & 0 \\ 2 & 5 & 0 \\ 0 & 0 & 2 \end{pmatrix}$$

라 가정하자. 이 공분산행렬을 33쪽에서 기술된 `R` 함수 `eigen`을 이용하여 다음과 같은 특성치와 특성벡터를 얻는다.

$$\mathbf{\Lambda} = \mathrm{diag}(5.83, 2.00, 0.17), \quad \mathbf{\Gamma} = \begin{pmatrix} 0.383 & 0.000 & 0.924 \\ 0.924 & 0.000 & -0.383 \\ 0.000 & 1.000 & 0.000 \end{pmatrix}.$$

주성분은 식 (8.3)에 의해

$$\begin{aligned} z_1 &= \mathbf{x}^T\boldsymbol{\gamma}_1 = 0.383x_1 + 0.924x_2, \\ z_2 &= x_3, \\ z_3 &= 0.924x_1 - 0.383x_2 \end{aligned}$$

이 된다. $\mathbf{\Sigma}$에서 확률변수 x_3와 다른 두 확률변수 x_1, x_2 사이의 상관계수가 모두 0 이므로, x_3는 주성분 중의 하나가 되었다.

이제 주성분의 분산을 구하여 보자.

$$\begin{aligned} \mathrm{var}(z_1) &= 0.383^2\mathrm{var}(x_1) + 0.924^2\mathrm{var}(x_2) + 2 \cdot 0.383 \cdot 0.924\mathrm{cov}(x_1, x_2) \\ &= 0.147 \cdot 1 + 0.854 \cdot 5 + 0.708 \cdot 2 \\ &= 5.83 = \lambda_1 \end{aligned}$$

이고, 마찬가지로 계산하면 $\mathrm{var}(z_2) = \mathrm{var}(x_3) = 2$ 이므로 $\mathrm{var}(z_1) \geq \mathrm{var}(z_2)$ 를 확인할 수 있다. 한편 z_1 과 z_2 사이의 공분산을 계산하면

$$\begin{aligned} \mathrm{cov}(z_1, z_2) &= \mathrm{cov}(0.383x_1 + 0.924x_2, x_3) \\ &= 0.383\mathrm{cov}(x_1, x_3) + 0.924\mathrm{cov}(x_2, x_3) \\ &= 0.383 \cdot 0 + 0.924 \cdot 0 = 0 \end{aligned}$$

으로 z_1 과 z_2는 서로 비상관되어 있다. 또한

$$\sigma_{11} + \sigma_{22} + \sigma_{33} = \lambda_1 + \lambda_2 + \lambda_3 = 8$$

로 식 (8.5)를 확인할 수 있다.

식 (8.6)을 이용하여

$$\begin{aligned}
\mathrm{corr}(x_1, z_1) &= \gamma_{11}\sqrt{\lambda_1}/\sqrt{\sigma_{11}} = 0.383\sqrt{5.83}/\sqrt{1} = 0.924, \\
\mathrm{corr}(x_2, z_1) &= \gamma_{21}\sqrt{\lambda_1}/\sqrt{\sigma_{22}} = 0.924\sqrt{5.83}/\sqrt{5} = 0.997
\end{aligned}$$

로부터 x_1과 x_2는 주성분 z_1에 중요한 역할을 함을 알 수 있다. 마찬가지로 계산하면

$$\mathrm{corr}(x_1, z_2) = \mathrm{corr}(x_2, z_2) = 0, \quad \mathrm{corr}(x_3, z_2) = 1$$

로부터 x_i와 z_j의 상관관계를 알 수 있다.

R에서 공분산행렬이 주어져 있을 때 주성분에 관한 분산 및 기타의 정보를 구할 수 있다. 즉, 위의 $\mathbf{\Sigma}$를 s라 한다면 princomp 함수를 이용하여 주성분의 분산을 구할 수 있다.

```
> s<-matrix(c(1,2,0,2,5,0,0,0,2),3)
> princomp(covmat=s)
Call: princomp(covmat = s)

Standard deviations:
   Comp.1    Comp.2    Comp.3
2.4142136 1.4142136 0.4142136

 3  variables and  NA observations.
```

위의 결과에서 Standard deviations가 표준편차이므로, 이 값들을 제곱하면 각각 5.83, 2, 0.17 로 z_1, z_2, z_3의 분산임을 알 수 있다. 또한 princomp의 결과중에서 loadings는 γ_{ij}를, sdev는 $\sqrt{\lambda_j}$를 나타낸다. 식 (8.6)을 이용하여 각 주성분과 변수 사이의 상관계수는 다음과 같이 구할 수 있다.

```
> rts=princomp(covmat=s)
> diag(1/diag(sqrt(s)))%*%rts$lo%*%diag(rts$sdev)
          [,1] [,2]        [,3]
[1,] 0.9238795    0  0.38268343
[2,] 0.9974842    0 -0.07088902
[3,] 0.0000000    1  0.00000000
```

■

제 8.2 절 차원축약

주성분분석을 실제 자료에 적용하기 위해서 8.1 절의 주성분의 정의에서 필요한 모수를 추정해야 한다. 확률벡터 $\mathbf{x}$의 분포에서 추출한 확률표본을 $\mathbf{x}_1,...,\mathbf{x}_n$이라 하고, 이 표본에서 구한 표본공분산행렬 $\mathbf{S}$의 스펙트럴분해를

$$\mathbf{S} = \mathbf{G}\mathbf{L}\mathbf{G}^T$$

로 하면, $\mathbf{G}$와 $\mathbf{L}$은 각기 직교행렬 $\mathbf{\Gamma}$와 대각행렬 $\mathbf{\Lambda}$의 추정량이 된다. $\mathbf{g}_i$를 $\mathbf{G}$의 i 번째 열벡터로 하고, l_i를 $\mathbf{L}$의 i 번째 대각원소로 하며, 특성치의 크기 순서는 $l_1 \geq \ldots \geq l_p$ 로 가정한다. γ_i와 λ_i는 각기 $\mathbf{g}_i$와 l_i로 추정한다.

$\mathbf{x}_r$의 i 번째 축 $\mathbf{g}_i$에 대한 좌표는

$$z_{ri} = \mathbf{x}_r^T \mathbf{g}_i$$

가 된다. 평균 $\bar{\mathbf{x}}$를 중심으로 위치변환된 자료를 고려하면 z_{ri}는

$$z_{ri} = (\mathbf{x}_r - \bar{\mathbf{x}})^T \mathbf{g}_i \tag{8.7}$$

로 된다. z_{ri}는 주성분값(principal component score)이라 부른다.

$\mathbf{z}_r = (z_{r1}, ..., z_{rp})^T$로 할 때, n개의 자료점 $\mathbf{x}_1,...,\mathbf{x}_n$들의 산포는 $\mathbf{z}_1,..., \mathbf{z}_n$의 산포와 같다. 변환된 자료 $\mathbf{z}_1,...,\mathbf{z}_n$은 축 $\mathbf{g}_1$을 중심으로 제일 많이 퍼져 있다. 다음으로 $\mathbf{g}_2,...,\mathbf{g}_p$의 순서로 퍼져 있다. 따라서 처음 몇 개의 축 $\mathbf{g}_1,...,\mathbf{g}_q$만을 고려하면 본래 자료의 산포는 q 차원의 자료 $z_{r1}, ..., z_{rq}$로 근사화 된다.

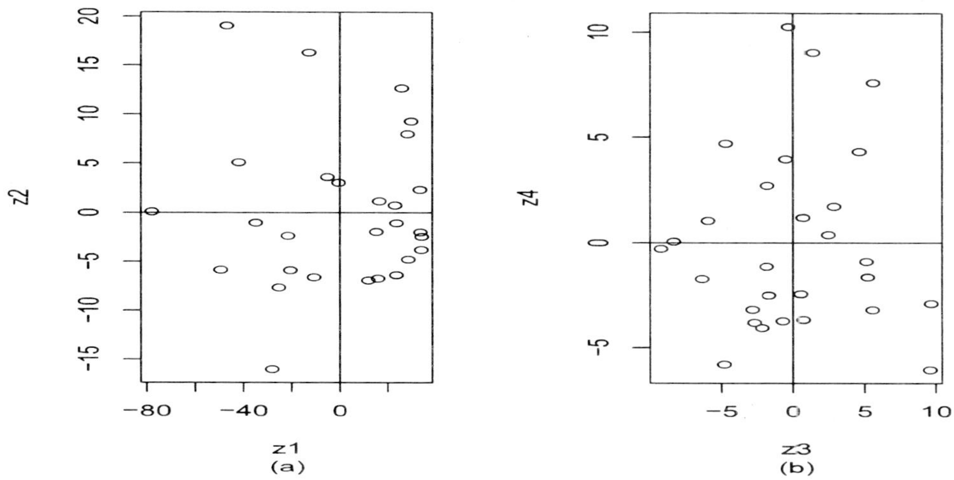

그림 8.2: 코르크자료에 대한 주성분의 산포도 (a) z_1과 z_2의 산포도 (b) z_3와 z_4의 산포도

예제 8.3 표 3.1(52쪽)의 4차원의 코르크자료를 차원축약하여 2차원으로 변환하여 본다.

R에서 princomp의 결과중 scores는 자료에 대한 주성분값이다. 그러나 그 사용은 예제 8.2에서처럼 공분산행렬을 인수로 하지 않고, 자료행렬을 인수로 하는 경우로 제한된다. 이제 코르크자료를 cork.d라 할 때, 변환된 자료를 2차원 평면상에 그리는 함수는 다음과 같다.

```
> z<-princomp(cork.d)$scores
> plot(z[,1],z[,2],xlab="z1",ylab="z2") # 그림(a)
> abline(h=0,v=0) # 좌표축
> plot(z[,3:4],xlab="z3",ylab="z4")
> abline(h=0,v=0)
```

이를 수행하면 그림 8.2 (a)와 같은 결과를 얻는다. 이 그림으로부터 z_1축으로 자료가 넓게 퍼져 있음을 확인할 수 있다.

한편 z_3와 z_4의 산포도인 그림 8.2 (b)에서 각각의 범위를 그림 8.2 (a)와 비교하면 z_3, z_4가 z_1, z_2에 비해 훨씬 좁게 퍼져 있음을 알 수 있다. 즉, z_1, z_2가 본래 자료의 산포를 잘 표현하고 있다고 할 수 있다.■

제 8.3 절 주성분의 선택

각 주성분이 설명하는 변수들의 변이의 양은 그 주성분의 분산이며, 이것은 공분산행렬의 특성치이다. 본래의 변수들 사이에 상관의 정도가 크면, 처음 몇 개의 주성분이 변수들의 변이를 설명할 수 있고, 반면에 끝의 몇 개의 주성분은 변수들의 변이를 별로 설명하지 못한다. 즉, 처음 몇 개의 특성치가 전체변이의 대부분을 차지할 수 있다. 따라서 처음 몇 개의 주성분으로 차원을 축약할 수 있다.

주성분의 선택은 여러 가지 방법이 제시되었으며, 어떠한 방법도 이상적이지 못하다(Ferré, 1995). 그 중 간단한 방법으로, 전체변이에 대한 선택할 주성분들이 설명하는 변이의 비로 정할 수 있다. 즉 q는

$$\frac{\sum_{i=1}^{q} l_i}{\mathrm{tr}(\mathbf{S})} = \frac{\sum_{i=1}^{q} l_i}{\sum_{i=1}^{p} l_i} \tag{8.8}$$

이 크게 되도록 정한다.

이와 같은 결과를 x축에 주성분의 수 k를, y축에 k 번째 주성분의 분산을 그래프로 표현한 것을 스크리 플롯(scree plot)이라 한다(Jolliffe, 1986, p. 96–97). 이 그림은 주성분의 수를 결정하는 데 유용하게 이용될 수 있다.

예제 8.4 예제 8.3에서 사용한 코르크자료에 대하여 몇 개의 주성분을 사용하여야 할 지를 결정하여 본다. 코르크자료의 공분산행렬에 대한 특성치는

$$l_1 = 984.44, \quad l_2 = 59.79, \quad l_3 = 23.91, \quad l_4 = 18.20$$

이다. 그러므로 $q = 1$ 일 때의 식 (8.8)의 값은 $984.44/1086.344 = 0.91$로 상당히 큼을 알 수 있다. 즉, 전체변이의 91% 정도를 z_1이 설명함을 의미한다. 마찬가지로 q를 늘려가면서 계산하면 표 8.1과 같다. 이 표로부터 처음 두 개의 주성분

표 8.1: 코르크자료의 전체변이에 대한 주성분의 누적비

q	1	2	3	4
누적비	0.91	0.96	0.98	1.00

이 전체변이의 96%를 설명하므로 주성분의 수가 두 개면 충분하다고 할 수 있다.

R에서 스크리 플롯은 princomp의 결과를 이용하여 구한다. 즉, 다음의 명령어

```
>plot(princomp(cork.d),type="l")
```

의 결과는 그림 8.3과 같다. 주성분의 수 k에 해당하는 그래프상의 값은 k 번째 특성치까지의 누적 비율을 나타낸다. $k = 2$인 경우에서 $k = 3$인 경우로의 누적비의 증가가 별로 없다. 따라서 주성분의 수가 두 개면 충분한 것으로 예상된

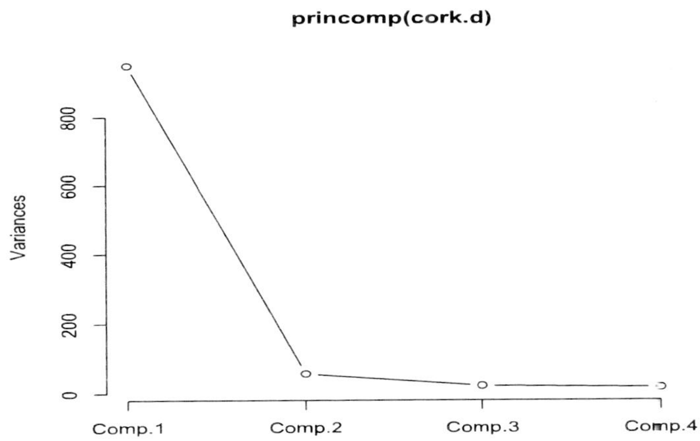

그림 8.3: 코르크자료의 스크리 플롯

다. ■

8.3.1 주성분과 변수의 상관관계

8.1절의 식 (8.6)에서 살펴본 본래의 변수 x_i와 변환된 주성분 z_j와의 상관계수는 다음과 같이 추정할 수 있다.

$$\widehat{\text{corr}(x_i, z_j)} = g_{ij}\sqrt{l_j}/\sqrt{s_{ii}} \ ,$$

여기서 g_{ij}는 $\mathbf{g}_j$의 i 번째 원소이다. 이 상관계수를 첫 번째와 두 번째 주성분 축으로 그림을 그리면 본래의 변수와 주성분 변수와의 관계를 나타내는 그림이 생성된다. 이 그림으로부터 몇 개의 변수가 처음 두 개의 주성분에 크게 영향을 주는지를 알 수 있다.

예제 8.5 코르크자료에 대해 본래의 변수와 주성분과의 상관관계를 계산하면 표 8.2와 같다.

R에서 표 8.2와 같은 결과를 얻기 위하여 예제 8.2에서 설명한 바와 같이 다음과 같은 명령어를 쓰면 충분하다.

표 8.2: 본래 변수와 주성분의 상관계수

		주성분			
		1	2	3	4
본	1	−0.95	0.10	0.19	−0.11
래	2	−0.89	0.39	−0.10	0.11
변	3	−0.95	−0.15	−0.15	−0.09
수	4	−0.92	−0.24	0.09	0.19

```
> s=var(cork.d)
> rts=princomp(cork.d)
> diag(1/diag(sqrt(s)))%*%rts$lo%*%diag(rts$sdev)
           [,1]       [,2]        [,3]        [,4]
[1,] -0.9512636  0.1001007  0.19092588 -0.11362392
[2,] -0.8907345  0.3851444 -0.10363608  0.10863284
[3,] -0.9533465 -0.1536776 -0.15376029 -0.09031654
[4,] -0.9262370 -0.2475678  0.09011658  0.19224953
```

위에서 구해진 corr의 첫 번째 열과 두 번째 열을 그림으로 표현하면 그림 8.4와 같다. 이 그림을 통하여 본래 변수에서 두 번째 변수와 네 번째 변수 (코르크자료에서 동쪽과 서쪽 방향의 코르크 두께)가 처음 두 개의 주성분에 영향을 많이 주고 있음을 알 수 있다. ■

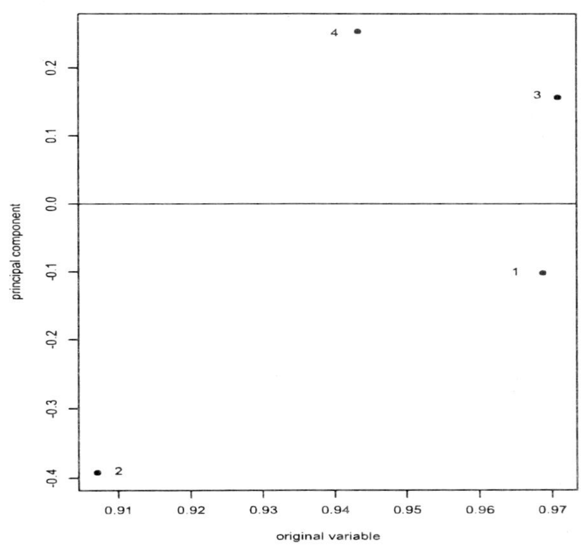

그림 8.4: 코르크자료의 본래 자료와 주성분의 상관관계

8.3.2 상관행렬의 사용

상관행렬은 단위(척도)변환에 불변이다 (예제 2.2 참조). 따라서 변수 사이에 단위의 차이가 큰 경우 상관행렬을 사용하여 주성분분석을 하기도 한다. 상관행렬의 전체변이는 p 이기 때문에, 1 보다 큰 특성치에 해당하는 특성벡터를 선택하여 주성분을 구하는 것이 보통이다. 그러나 이 기준은 너무 적은 수의 주성분을 택할 수 있으므로, 맹목적으로 사용하여서는 안된다(Jolliffe, 1986, p. 95). 일반적으로 공분산행렬을 이용한 분석과 상관행렬을 이용한 분석은 서로 다른 결과를 준다.

제 8.4 절 행렬도

차원이 p인 다변량 관측치 $\mathbf{x}_1, \mathbf{x}_2, \ldots, \mathbf{x}_n$에 대하여, 행렬도(biplot)는 n개의 관측치 사이의 상대적 위치 뿐만 아니라 p개의 변수 사이의 관계를 평면상에 그래프로 표현한 것으로 Gabriel(1971)이 제안하였다.

크기가 $n \times p$인 중심화된 자료행렬(centered data matrix)을 $\tilde{\mathbf{X}} = (\tilde{\mathbf{x}}_1, \ldots, \tilde{\mathbf{x}}_n)^T$ (즉 $\tilde{\mathbf{x}}_i = \mathbf{x}_i - \bar{\mathbf{x}}$ 이다)로 표현하면 (계수는 r이라 가정한다), 다음과 같은 분해를 생각할 수 있다.

$$\tilde{\mathbf{X}} = \mathbf{G}\mathbf{H}^T,$$

여기서 $\mathbf{G}$는 크기가 $n \times r$이고, $\mathbf{H}$는 크기가 $p \times r$이며, 이러한 $\mathbf{G}$와 $\mathbf{H}$의 선택으로 아래의 두 가지를 고려한다.

첫째, $\mathbf{G}$와 $\mathbf{H}$는 $\tilde{\mathbf{X}}$의 비정칙치분해(2.2.2절 참조)를 이용하여 선택할 수 있다. $\tilde{\mathbf{X}} = \mathbf{U}\mathbf{D}\mathbf{V}^T = \sum_{i=1}^r d_i \mathbf{u}_i \mathbf{v}_i^T$로 분해하여 $\mathbf{G} = \mathbf{U}$, $\mathbf{H} = \mathbf{V}\mathbf{D}$로 선택할 수 있다. 단, $d_1 \geq \ldots \geq d_r$ 로 가정한다. $\mathbf{G}$와 $\mathbf{H}$의 i 번째 행을 각각 $\mathbf{g}_i^T$, $\mathbf{h}_i^T$라 하고, $\tilde{\mathbf{x}}_i$의 j 번째 성분을 $\tilde{x}_{ij}$라 할때, 위 관계식으로부터 $\tilde{x}_{ij} = \mathbf{g}_i^T \mathbf{h}_j$를 얻을 수 있으므로, $\tilde{x}_{ij}$는 각각 r차원 벡터 $\mathbf{g}_i$와 $\mathbf{h}_i$로 표현된다. 따라서 중심화된 자료행렬 $\tilde{\mathbf{X}}$는 $n+p$개의 r차원 벡터로 표현된다. 만약 계수 r이 2이면, n개의 2차원 벡터 $\mathbf{g}_i$를 평면 상에 점으로 표시하고, p개의 2차원 벡터 $\mathbf{h}_i$를 원점에서 해당되는 벡터까지의 화살표로 표시할 수 있다. 이 그림을 행렬도라 한다. 이 그림에서 i 번째 자

료 $\tilde{\mathbf{x}}_i$는 $\mathbf{g}_i$에, j 번째 확률변수는 $\mathbf{h}_j$에 대응한다. 벡터 $\mathbf{h}_j$의 길이의 제곱 $\mathbf{h}_j^T\mathbf{h}_j$는 j 번째 확률변수의 분산을 나타내고, $\mathbf{h}_j$와 $\mathbf{h}_k$가 이루는 각의 코사인(cosine) 값은 j 번째 확률변수와 k 번째 확률변수의 상관을 나타낸다. $\mathbf{g}_h$와 $\mathbf{g}_i$ 사이의 유클리디안 거리는 대응되는 자료 $\tilde{\mathbf{x}}_h$와 $\tilde{\mathbf{x}}_i$ 사이의 마하라노비스 거리에 비례한다. 한편 $r > 2$ 인 경우는 r차원 벡터 $\mathbf{g}_i$와 $\mathbf{h}_i$에서 각각 처음 두 개의 원소를 택하여 2차원 벡터 $\tilde{\mathbf{g}}_i$와 $\tilde{\mathbf{h}}_i$를 만들어서, $\tilde{x}_{ij}$를 $\tilde{\mathbf{g}}_i^T\tilde{\mathbf{h}}_j$로 근사화시킨다. 따라서 n개의 2차원 벡터 $\tilde{\mathbf{g}}_i$를 평면 상에 점으로 표시하고, p개의 2차원 벡터 $\tilde{\mathbf{h}}_i$를 원점에서 해당되는 벡터까지의 화살표로 표시할 수 있다.

둘째, $\tilde{\mathbf{X}}$의 비정칙치분해에서 $\mathbf{G} = \mathbf{UD}$, $\mathbf{H} = \mathbf{V}$로 선택하여 위와 같이 $\mathbf{g}_i$ 또는 $\tilde{\mathbf{g}}_i$, $\mathbf{h}_i$ 또는 $\tilde{\mathbf{h}}_i$를 결정할 수 있다. 이렇게 얻어진 n개의 2차원 벡터 $\tilde{\mathbf{g}}_i$의 평면에서의 위치는 n개의 자료 $\tilde{\mathbf{x}}_1, \ldots, \tilde{\mathbf{x}}_n$의 처음 두 개의 주성분값의 산포와 같다. 그러나 여기서 결정한 $\mathbf{h}_i$는 위의 $\mathbf{h}_i$가 가지는 좋은 성질을 갖지 않지만, 처음 방법의 경우처럼 해석할 수 있다.

이외에 $\mathbf{G}$와 $\mathbf{H}$의 선택 방법은 많이 있으며, 자세한 내용은 Jolliffe (1986, pp. 75–80)의 책을 참조 바란다.

예제 8.6 어느 학교에서 학생들의 실력을 조사하기 위하여 다음 5 과목에 대하여 시험을 실시하였다. 시험형태는 open book과 closed book 방법이 있다. 그 결과는 표 8.3에 정리되어 있다. 시험과목은 역학(x_1), 벡터학(x_2), 대수학(x_3), 해석학(x_4), 통계학(x_5) 이고, 처음 두 과목은 open book으로 시험을 치루었으며, 다음 세 과목은 closed book으로 시험을 치루었다(Mardia et al., 1979, pp. 3–4, 표 1.2.1). 이 자료를 `oc.d`라 한다.

R의 내장함수 `biplot`은 `princomp` 함수를 인수로 가지며, 앞에서 설명한 첫 번째의 방법과 비슷한 결과를 준다. 다음 명령어

```
>biplot(princomp(oc.d),expand=0.7)
```

의 결과는 그림 8.5와 같다. 여기서 `expand=0.7`은 그림의 크기 조절을 나타낸다.

표 8.3: 시험자료

번호	x_1	x_2	x_3	x_4	x_5	번호	x_1	x_2	x_3	x_4	x_5
1	77	82	67	67	81	45	46	61	46	38	41
2	63	78	80	70	81	46	40	57	51	52	31
3	75	73	71	66	81	47	49	49	45	48	39
4	55	72	63	70	68	48	22	58	53	56	41
5	63	63	65	70	63	49	35	60	47	54	33
6	53	61	72	64	73	50	48	56	49	42	32
7	51	67	65	65	68	51	31	57	50	54	34
8	59	70	68	62	56	52	17	53	57	43	51
9	62	60	58	62	70	53	49	57	47	39	26
10	64	72	60	62	45	54	59	50	47	15	46
11	52	64	60	63	54	55	37	56	49	28	45
12	55	67	59	62	44	56	40	43	48	21	61
13	50	50	64	55	63	57	35	35	41	51	50
14	65	63	58	56	37	58	38	44	54	47	24
15	31	55	60	57	73	59	43	43	38	34	49
16	60	64	56	54	40	60	39	46	46	32	43
17	44	69	53	53	53	61	62	44	36	22	42
18	42	69	61	55	45	62	48	38	41	44	33
19	62	46	61	57	45	63	34	42	50	47	29
20	31	49	62	63	62	64	18	51	40	56	30
21	44	61	52	62	46	65	35	36	46	48	29
22	49	41	61	49	64	66	59	53	37	22	19
23	12	58	61	63	67	67	41	41	43	30	33
24	49	53	49	62	47	68	31	52	37	27	40
25	54	49	56	47	53	69	17	51	52	35	31
26	54	53	46	59	44	70	34	30	50	47	36
27	44	56	55	61	36	71	46	40	47	29	17
28	18	44	50	57	81	72	10	46	36	47	39
29	46	52	65	50	35	73	46	37	45	15	30
30	32	45	49	57	64	74	30	34	43	46	18
31	30	69	50	52	45	75	13	51	50	25	31
32	46	49	53	59	37	76	49	50	38	23	9
33	40	27	54	61	61	77	18	32	31	45	40
34	31	42	48	54	68	78	8	42	48	26	40
35	36	59	51	45	51	79	23	38	36	48	15
36	56	40	56	54	35	80	30	24	43	33	25
37	46	56	57	49	32	81	3	9	51	47	40
38	45	42	55	56	40	82	7	51	43	17	22
39	42	60	54	49	33	83	15	40	43	23	18
40	40	63	53	54	25	84	15	38	39	28	17
41	23	55	59	53	44	85	5	30	44	36	18
42	48	48	49	51	37	86	12	30	32	35	21
43	41	63	49	46	34	87	5	26	15	20	20
44	46	52	53	41	40	88	0	40	21	9	14

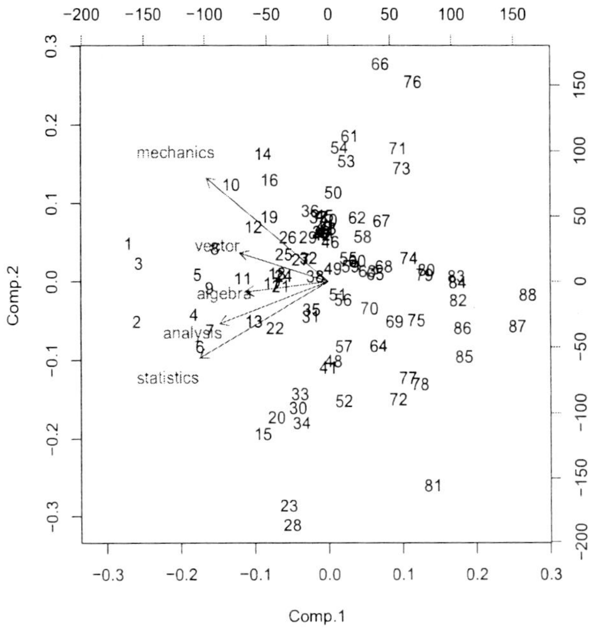

그림 8.5: 시험자료의 행렬도

R의 biplot 함수는 기본값으로 $\mathbf{G} = \mathbf{U}, \mathbf{H} = \mathbf{VD}$ 를 택한다. **UD**는 주성분을 나타내기 때문에, 그림 8.5에서 관측치 번호의 x-좌표는 해당되는 관측치의 첫 번째 주성분값과, 그 y-좌표는 두 번째 주성분값과 밀접한 관련이 있다. **H**를 각 열에 관하여 표준화하면 **V**를 얻으며, 이것은 표본공분산행렬의 특성벡터로 이루어진 행렬과 같다. 따라서 princomp의 결과중 loadings와 같다. **H**의 각 행은 각 변수가 주성분에 미치는 영향의 정도를 설명한다.

그림 8.5를 보면 변수 x_1, x_5(역학, 통계학)이 두 주성분에 가장 영향을 많이 준다. 반면에 x_3(대수학)은 두 주성분, 특히 두 번째 주성분에 주는 영향이 작다. ■

제 8.5 절 주성분을 이용한 이상치 검색

특성치가 큰 것에 해당하는 주성분값을 짝을 이루어 산포도를 그리면, 분산이나 공분산의 값을 크게 하는 이상치를 검색할 수 있다. 본래의 변수의 분산을 크게 하는 이상치는 보통 해당되는 변수에 대해 산포도를 그려 검색할 수 있다. 또한 두 변수의 공분산을 크게 하는 이상치도 보통 해당되는 두 변수에 대해 산포도를 그려 검색할 수 있다. 본래의 변수의 산포도에서 잘 드러나지 않는 이상치는 특성치가 작은 것에 해당하는 주성분을 이용하여 검색할 수 있다(Gnanadesikan과 Kettenring, 1972).

예제 8.7 비용자료(5쪽)를 예제 8.3과 같이 주성분을 구한 후 처음 두 개의 주성분에 대하여 그림을 그리면 그림 8.6과 같다.

이 그림에서 자료 9, 21번이 다른자료와 확연하게 분리되어 이상치인 것으로 판명된다. 그러나 23, 36번 자료는 이상치인 것으로 판명하기 어렵다. 예제

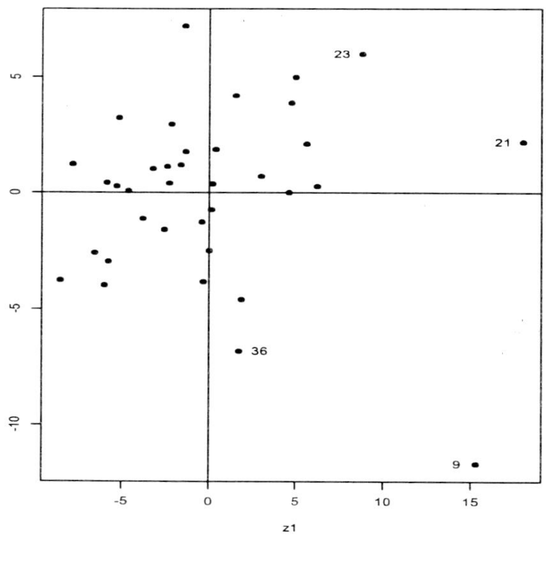

그림 8.6: 비용자료에 대한 주성분을 이용한 이상치 검색

5.3에서 살펴본 바와 같이 로버스트 방법으로는 9, 21, 23번이 이상치인 것으로 판명된다. 한편 국지적 영향 방법에서는 36번 자료도 이상치로 간주한다 (예제 5.2 참조). 그리고 확증적 분석을 통하면 36번 자료도 이상치인 것으로 판명된다(예제 5.4 참조). ■

제 8.6 절 기타

다중회귀모형에서 다중공선성(multicollinearity)이 존재할 때, 주성분분석을 사용할 수 있다. 인자분석모형(factor analysis model)에서 주성분분석을 이용하여 모수를 추정할 수 있다. 판별분석, 정준상관분석, 집락분석 등에서도 주성분분석이 사용된다. 자세한 내용은 Jolliffe(1986)의 책을 참조하기 바란다.

연 습 문 제

1. 5장의 연습문제 1에서 제시된 모의자료에 주성분분석을 적용해서 이상치를 찾아라.

2. 표 8.3의 시험자료에서 처음 몇 개의 주성분으로 차원축약을 할 수 있는가? 또한 스크리플롯을 그려서 확인하라.

3. 표 8.3의 시험자료에 주성분분석을 적용해서 가능성이 있는 이상치를 찾아라.

4. 표 3.1의 코르크자료에 대한 행렬도를 그려 처음 두 주성분에 가장 영향을 많이 주는 변수는 무엇인가를 관찰하라. 예제 8.5의 결과와 비교하라.

5. 세변량 확률벡터 $\mathbf{x} = (x_1, x_2, x_3)^T$가 평균벡터 $(1, 2, 3)^T$ 이고 공분산행렬

$$\begin{bmatrix} 6 & 1 & 2 \\ 1 & 5 & 3 \\ 2 & 3 & 8 \end{bmatrix}$$

인 확률분포를 가진다. a_1, a_2, a_3 가 $a_1^2+a_2^2+a_3^2=1$ 을 만족하는 실수일 때, 선형변환된 변수 $a_1x_1+a_2x_2+a_3x_3$의 분산이 가지는 최대값을 구하라.

제 9 장

인자분석

인자분석(factor analysis)은 p개의 변수 사이의 (상관)관계를 그 보다 적은 수의 잠재인자(latent factor)로 설명하는 방법이다. 여기서 잠재인자의 값은 관측할 수 없는 것으로 가정한다. 전형적인 예로서 다음을 생각할 수 있다. p개의 변수가 변수의 상관정도에 따라 소수의 변수그룹으로 분류되어서, 각 변수그룹내에 있는 변수들 사이의 상관관계는 크고, 서로 다른 변수그룹에 있는 변수들 사이의 상관관계는 작을 때, 각 변수그룹은 하나의 잠재인자를 나타내는 것으로 생각할 수 있다.

$\mathbf{x}$가 평균벡터 $\boldsymbol{\mu}$, 공분산행렬 $\boldsymbol{\Sigma}$를 갖는 p 차원의 확률벡터일 때, $k-$인자분석모형은 다음과 같이 표현할 수 있다.

$$\mathbf{x} = \boldsymbol{\mu} + \boldsymbol{\Lambda}\mathbf{f} + \boldsymbol{\varepsilon}, \tag{9.1}$$

여기서 $\boldsymbol{\Lambda} = (\lambda_{ij})$는 $p \times k$ 행렬로 그 원소는 인자적재값(factor loading)이라 부른다. $\mathbf{f}$는 $k \times 1$ 확률벡터로 그 원소는 관측할 수 없으며, 잠재인자(latent factor) 또는 공통인자(common factor)라 부른다. 오차항 $\boldsymbol{\varepsilon}$은 $p \times 1$ 확률벡터로 그 원소는 유일인자(unique factor) 또는 특정인자(specific factor)라 부르며, 관측할 수 없는 확률오차를 나타낸다.

인자분석모형과 관련하여 보통 쓰이는 가정은 아래와 같다.

A1. $E(\mathbf{f}) = \mathbf{0}, \quad \mathrm{cov}(\mathbf{f}) = \mathbf{I}_k.$

A2. $E(\boldsymbol{\varepsilon}) = \mathbf{0}, \quad \text{cov}(\boldsymbol{\varepsilon}) = \boldsymbol{\Psi} = \text{diag}(\psi_1, ..., \psi_p)$.

A3. $\mathbf{f}$와 $\boldsymbol{\varepsilon}$은 비상관되어 있다.

위의 가정하에 공분산행렬 $\boldsymbol{\Sigma}$는

$$\boldsymbol{\Sigma} = \boldsymbol{\Lambda}\boldsymbol{\Lambda}^T + \boldsymbol{\Psi} \tag{9.2}$$

로 표현할 수 있다. 식 (9.2)에서 양변의 대각원소를 비교하면

$$\sigma_{ii} = \sum_{j=1}^{k} \lambda_{ij}^2 + \psi_i$$

를 얻는다. 따라서 각 변수 x_i의 분산은 두 개의 성분으로 분해되며, 첫 번째 성분 $\sum_{j=1}^{k} \lambda_{ij}^2$를 공통성(communality)이라 부르며, 그것은 변수 x_i가 잠재인자와 공유하는 분산을 나타낸다. 두 번째 성분 ψ_i는 유일분산(unique variance) 또는 특정분산(specific variance)이라 부르며, 변수 x_i의 오차를 나타낸다. 이러한 인자분석모형은 선형구조관계 (linear structural relation, LISREL) 모형의 특수한 경우로 간주할 수 있다(Jöreskog 과 Sörbom, 1989).

인자분석의 절차는 적당한 인자의 수 k에 대해서 먼저 모수를 추정하고, 적합도검정을 시행한 후에 인자를 회전하여 해석이 용이한 인자적재값을 얻는다. 끝으로 잠재인자값을 추정하여 자료분석을 한다.

제 9.1 절 인자적재값의 비유일성

$\boldsymbol{\Gamma}$를 직교행렬이라 할 때, 인자분석모형은 다음과 같이 표현할 수 있다.

$$\mathbf{x} = \boldsymbol{\mu} + \boldsymbol{\Lambda}_* \mathbf{f}_* + \boldsymbol{\varepsilon}, \tag{9.3}$$

여기서 $\boldsymbol{\Lambda}_* = \boldsymbol{\Lambda}\boldsymbol{\Gamma}$이고, $\mathbf{f}_* = \boldsymbol{\Gamma}^T\mathbf{f}$이다. 식 (9.3)의 모형하에서 $\mathbf{x}$의 공분산행렬은

$$\boldsymbol{\Lambda}_*\boldsymbol{\Lambda}_*^T + \boldsymbol{\Psi} = \boldsymbol{\Lambda}\boldsymbol{\Gamma}\boldsymbol{\Gamma}^T\boldsymbol{\Lambda} + \boldsymbol{\Psi} = \boldsymbol{\Lambda}\boldsymbol{\Lambda}^T + \boldsymbol{\Psi}$$

이며 원래의 모형 (9.1)과 같다. 따라서 $\boldsymbol{\Lambda}$는 유일하지 않다.

$\mathbf{\Lambda}$를 유일하게 결정하기 위해 다음의 식별성(identifiability) 조건을 보통 사용한다.

$$\mathbf{\Lambda}^T\mathbf{W}^{-1}\mathbf{\Lambda} = \text{대각행렬}. \tag{9.4}$$

$\mathbf{W}$의 선택에 따라 $\mathbf{W} = \mathbf{\Psi}$, $\mathbf{W} = \mathbf{I}_k$, $\mathbf{W} = \mathbf{\Sigma}$, $\mathbf{W} = \text{diag}(\sigma_{11}, ..., \sigma_{pp})$인 네 가지 경우를 생각할 수 있다.

제 9.2 절 모수의 추정

인자분석에서 추정할 모수는 $\boldsymbol{\mu}$, $\mathbf{\Lambda}$, 그리고 $\mathbf{\Psi}$이다. $\mathbf{x}_1,...,\mathbf{x}_n$을 확률벡터 $\mathbf{x}$의 분포에서 추출한 확률표본으로 하고, 이에 입각한 표본평균벡터 $\bar{\mathbf{x}}$와 표본공분산행렬 $\mathbf{S}$, $\mathbf{S}_n$을 1.2 절에서와 같이 정의한다. 아래에서 고려한 추정 방법의 경우에 $\boldsymbol{\mu}$의 추정량은 모두 $\bar{\mathbf{x}}$가 된다. 나머지 모수의 추정량 $\hat{\mathbf{\Lambda}}$, $\hat{\mathbf{\Psi}}$은 앞 절에서 기술한 식별성 조건 (9.4) 중 하나를 만족하고, 근사적인 관계

$$\mathbf{S}\ (\text{또는 } \mathbf{S}_n)\ \approx\ \hat{\mathbf{\Lambda}}\hat{\mathbf{\Lambda}}^T + \hat{\mathbf{\Psi}} \tag{9.5}$$

를 만족하도록 한다. $\mathbf{S}$의 독립된 원소의 개수는 $p(p+1)/2$이다. $\mathbf{\Lambda}$와 $\mathbf{\Psi}$에서 모수의 수는 $pk+p = p(k+1)$이며, 그 모수에 가해진 제약조건의 수는 $k(k-1)/2$이다. 따라서 $\mathbf{\Lambda}$와 $\mathbf{\Psi}$에서 독립된 모수의 수는 $p(k+1) - k(k-1)/2$이다. $\mathbf{S}$의 독립된 원소의 수와 $\mathbf{\Lambda}$, $\mathbf{\Psi}$에서 독립된 모수의 수의 차이는

$$s = \frac{1}{2}[(p-k)^2 - (p+k)] \tag{9.6}$$

이 된다. 추정량 $\hat{\mathbf{\Lambda}}$, $\hat{\mathbf{\Psi}}$의 형태는 s의 값에 따라 다음의 세 가지로 분류할 수 있다.

① $s < 0$ 인 경우 : 추정해야 하는 모수의 수가 방정식의 수보다 많으므로, (9.5)를 정확히 만족하는 해가 무수히 많이 존재한다. 따라서 인자분석모형은 잘 정의되지 않는다.

② $s = 0$ 인 경우 : 추정해야 하는 모수의 수와 방정식의 수가 같으므로, (9.5)를 정확히 만족하는 유일한 해를 찾을 수 있다. 그러나 변수의 상관관계를 설명하는 데 있어서 $\mathbf{\Sigma}$보다 더 간단히 할 수 없다.

③ $s > 0$ 인 경우 : 인자분석모형을 고려할 수 있는 경우이다. (9.5)를 정확히 만족하는 모수의 추정량은 찾을 수 없으며, 근사적으로 구해야 한다. 이 경우에 인자분석모형은 $\mathbf{\Sigma}$보다 변수의 상관관계를 더 간단히 설명한다.

앞으로는 위에서 설명한 바와 같은 이유로 인자분석은 $s > 0$인 경우로 한정한다. $s > 0$ 일 때, 모수의 추정을 위하여 자주 쓰이는 방법으로 정규분포 가정하에 최우추정법을 이용하는 경우와 분포의 가정없이 주성분분석을 이용하는 경우를 생각할 수 있다.

9.2.1 최우추정법

모수의 추정방법으로 최우추정법을 이용하는 경우에 $\mathbf{x}$는 다변량 정규분포를 따르는 것으로 가정하며, 이를 최우인자분석법(maximum likelihood factor analysis, MLFA) 이라 한다. 또한 (9.4)의 식별성조건으로 '$\mathbf{\Lambda}^T\mathbf{\Psi}^{-1}\mathbf{\Lambda}$ = 대각행렬'을 사용하면, 모수의 최우추정량은

$$\left.\begin{array}{c} \hat{\mathbf{\Psi}}^{-1/2}(\mathbf{S}_n - \hat{\mathbf{\Psi}})\hat{\mathbf{\Psi}}^{-1/2} = \mathbf{GLG}^T \\ \hat{\mathbf{\Lambda}} = \hat{\mathbf{\Psi}}^{1/2}\mathbf{G}_1\mathbf{L}_1^{1/2} \\ \hat{\mathbf{\Psi}} = \mathrm{diag}(\mathbf{S}_n - \hat{\mathbf{\Lambda}}\hat{\mathbf{\Lambda}}^T) \end{array}\right\} \tag{9.7}$$

를 만족한다(Anderson, 1984, pp. 557–561). $\hat{\mathbf{\Psi}}^{-1/2}$의 정의는 식 (2.8)의 아래줄을 참조하라. $\mathbf{L}$의 대각원소는 $l_1 > \ldots > l_p$를 만족하며, $\mathbf{L}_1 = \mathrm{diag}(l_1, \ldots, l_k)$이고, $\mathbf{G}_1$은 $\mathbf{L}_1$에 대응하는 $\mathbf{G}$의 열벡터로 이루어진 $p \times k$ 행렬이다. $|\hat{\mathbf{\Psi}}|$가 0이 되는 경우가 흔히 발생하며, 이러한 현상을 헤이우드 경우(Heywood case)라 부른다. 최우추정량 $\hat{\mathbf{\Psi}}$, $\hat{\mathbf{\Lambda}}$는 단위(척도)변환에 불변이다(Seber, 1984, p. 218). 따라서 $\mathbf{S}_n$ 대신에 상관행렬을 사용하여도 같은 결과를 얻는다.

예제 9.1 표 8.3의 시험자료에 대해 인자의 수가 2 라고 가정할 때, 최우추정법에 의하여 모형 (9.1)의 모수 $\mathbf{\Psi}, \mathbf{\Lambda}, \mathbf{\Sigma}$를 추정하여 본다.

R에서 인자분석을 위한 함수는 다음과 같다.

```
> factanal(x,factors,rotation="varimax")
```

여기서 x는 자료행렬, factors는 인자의 수, rotation은 인자적재값 $\mathbf{\Lambda}$의 회전을 나타낸다. 한편, "varimax"는 각각의 기본값(default) 을 의미한다. 인자의 수에 대한 기본값이 없기때문에 factors의 값을 설정해야만 한다. 인자회전에 대하여는 9.4절에서 다루기로 한다. 본 절에서는 인자적재값이 회전되기 전의 값이므로 rotation="none"으로 설정하면 된다.

이 예제에서는 인자의 수를 2로 가정하고 최우추정법을 사용하여 다음의 결과를 얻는다. 단, 표 8.3의 자료는 oc.d로 R에 미리 저장되어 있다.

```
> factanal(oc.d,factors=2,rotation="none")

Call: factanal(x = oc.d, factors = 2, rotation = "none")

Uniquenesses:
 mechanics      vector     algebra    analysis statistics
     0.466       0.419       0.189       0.352      0.431

Loadings:
            Factor1 Factor2
mechanics    0.628   0.373
vector       0.695   0.312
algebra      0.899
analysis     0.780  -0.201
statistics   0.727  -0.200

                Factor1 Factor2
SS loadings       2.824   0.319
Proportion Var    0.565   0.064
Cumulative Var    0.565   0.629

Test of the hypothesis that 2 factors are sufficient.
The chi square statistic is 0.07 on 1 degree of freedom.
The p-value is 0.785
```

R의 함수 factanal은 표본상관행렬 $\mathbf{R}$을 이용하여 인자모형의 모수를 추정한다.

표 9.1: 시험자료의 최우추정법에 의한 인자모형의 모수 추정치

변수	$k=1$		$k=2$		
	$\hat{\psi}_i$	$\hat{\lambda}_{i1}$	$\hat{\psi}_i$	$\hat{\lambda}_{i1}$	$\hat{\lambda}_{i2}$
x_1	0.64	0.60	0.47	0.63	0.37
x_2	0.55	0.67	0.42	0.70	0.31
x_3	0.16	0.92	0.19	0.90	−0.05
x_4	0.40	0.77	0.35	0.78	−0.20
x_5	0.48	0.72	0.43	0.73	−0.20

여기에서 Component names는 함수 factanal의 결과값을 나타낸다. 이 결과값 중 Loadings, Uniquenesses는 각각 식 (9.7)의 $\hat{\mathbf{\Lambda}}$, $\hat{\mathbf{\Psi}}$를 나타낸다. 결과중 SS loadings는 각 Factor Loadings의 제곱합을 나타낸다. p-value는 $k-$인자모형의 적합도에 관한 검정의 $P-$값을 나타낸다. $k=2$인 경우 p-value가 0.785로 크므로 2−인자모형이 적합하다는 귀무가설을 기각할 수 없다. 즉, 2−인자모형이 적합함을 의미한다(9.3절 참조). 모수의 추정값을 보기 위하여 다음과 같은 명령어를 입력하면 충분하다.

```
>oc.fa<-factanal(oc.d,factors=2,method="mle",rotation="none")
>oc.fa$loadings
  ...
>oc.fa$unique
  ...
```

위의 결과에서 X3의 Factor2 항이 비어 있는 이유는 해당되는 값이 0에 가깝기 때문이다.

한편 인자의 수가 1인 경우도 마찬가지로 구할 수 있다. 두 가지 경우에 대하여 모수의 추정치를 정리하면 표 9.1과 같다.

한편 표본상관행렬 $\mathbf{R}$과 $k-$인자모형에서 추정된 상관행렬 $\mathbf{R}_k = \hat{\mathbf{\Lambda}}\hat{\mathbf{\Lambda}}^T + \hat{\mathbf{\Psi}}$를 구하면 다음과 같다.

$$\mathbf{R} = \begin{pmatrix} 1.00 & 0.55 & 0.55 & 0.41 & 0.39 \\ 0.55 & 1.00 & 0.61 & 0.49 & 0.44 \\ 0.55 & 0.60 & 1.00 & 0.71 & 0.66 \\ 0.41 & 0.49 & 0.71 & 1.00 & 0.61 \\ 0.39 & 0.44 & 0.66 & 0.61 & 1.00 \end{pmatrix},$$

$$\mathbf{R}_1 = \begin{pmatrix} 1.00 & 0.40 & 0.55 & 0.46 & 0.43 \\ 0.40 & 1.00 & 0.61 & 0.52 & 0.48 \\ 0.55 & 0.61 & 1.00 & 0.71 & 0.66 \\ 0.46 & 0.52 & 0.71 & 1.00 & 0.56 \\ 0.43 & 0.48 & 0.66 & 0.56 & 1.00 \end{pmatrix}, \mathbf{R}_2 = \begin{pmatrix} 1.00 & 0.55 & 0.55 & 0.41 & 0.38 \\ 0.55 & 1.00 & 0.61 & 0.48 & 0.44 \\ 0.55 & 0.61 & 1.00 & 0.71 & 0.66 \\ 0.41 & 0.48 & 0.71 & 1.00 & 0.61 \\ 0.38 & 0.44 & 0.66 & 0.61 & 1.00 \end{pmatrix},$$

여기서 $\mathbf{R}_1$은 인자의 수가 1인 경우를 $\mathbf{R}_2$는 인자의 수가 2인 경우에 대한 인자모형의 상관행렬의 추정치이다. $\mathbf{R}$과 $\mathbf{R}_2$를 비교하면 거의 유사함을 알 수 있다. 그러나 $\mathbf{R}$과 $\mathbf{R}_1$은 차이가 있다. 이것은 인자의 수가 2인 인자모형이 상관행렬을 잘 추정하는 것을 의미하며 또한 인자모형의 타당성을 입증한다.

참고로 R에서는 주성분분석의 예제 8.2에서처럼 공분산행렬 또는 상관행렬만 주어진 경우에도 인자분석모형에 대한 모수를 추정할 수 있다. 즉, 시험자료의 공분산행렬이 `oc.s`에 저장되어 있다면,

```
>oc.s<-var(oc.d)
>factanal(covmat=oc.s, factors=2,rotation="none')
```

의 명령문은 `factanal(oc.d,factors=2,rotation="none")` 과 같은 결과를 갖는다. ■

9.2.2 주성분분석법

주성분분석법을 이용하는 경우에 모수는 다음 식에 의해 추정할 수 있으며(Seber, 1984, p. 219), 이를 주성분인자분석법(principal factor analysis; PFA) 이라 부른다.

$$\left.\begin{aligned} \mathbf{S} - \hat{\mathbf{\Psi}} &= \mathbf{GLG}^T \\ \hat{\mathbf{\Lambda}} &= \mathbf{G}_1\mathbf{L}_1^{1/2} \\ \hat{\mathbf{\Psi}} &= \mathrm{diag}(\mathbf{S} - \hat{\mathbf{\Lambda}}\hat{\mathbf{\Lambda}}^T) \end{aligned}\right\} \tag{9.8}$$

여기서 $\mathbf{L}_1$과 $\mathbf{G}_1$은 최우추정법을 이용한 식 (9.7)의 $\mathbf{L}_1$, $\mathbf{G}_1$과 같이 정의된다. 식 (9.8)에서 $\mathbf{S}$ 대신에 $\mathbf{S}_n$을 사용하여도 같은 결과를 얻으며, 변수 사이의 단위변화가 큰 경우에 상관행렬을 사용할 수 있다. $\hat{\mathbf{\Lambda}}^T\hat{\mathbf{\Lambda}}$은 대각행렬이 되므로 식별성조건이 자동적으로 만족된다. R에서는 최우추정법만을 함수로 제공하고 있다.

제 9.3 절 적합도 검정과 인자 수의 결정

앞 절에서 설명한 $k-$인자분석모형에서 인자의 수는 미리 알려져 있지 않다. $k-$인자분석모형이 변수들의 관계를 잘 설명하는가는 다음의 가설

$$H_k : \mathbf{\Sigma} = \mathbf{\Lambda}\mathbf{\Lambda}^T + \mathbf{\Psi} \tag{9.9}$$

로 표현할 수 있다. 최우추정법을 이용한 인자분석에서 인자의 수는 귀무가설 H_k의 적합도검정(goodness-of-fit test)을 통하여 결정할 수 있다. $k = 0$일 때 H_0는 변수의 독립을 검정한다. 그 이유는 $k = 0$ 이면 식 (9.1)은 $\mathbf{x} = \boldsymbol{\mu} + \boldsymbol{\varepsilon}$ 으로 변환되며 $\boldsymbol{\varepsilon}$의 공분산행렬은 가정 A3에 의해 대각행렬이기 때문이다.

인자의 수를 결정하는 절차는 먼저 $k = 1$일 때, $s > 0$ 이면 H_1을 검정한다. 만약 이 검정이 유의하지 않으면 인자의 수는 1로 결정한다. 그러나 이 검정이 유의하면 인자의 수를 하나 더 늘려, $s > 0$ 이면 H_2를 검정하여, 앞에서와 같이 반복한다. 보통 이러한 절차는 적당한 k에 대하여 귀무가설 H_k를 받아들이거나, $s \le 0$ 이 되면 멈춘다.

H_k의 검정은 보통 우도비검정을 이용하여 실시할 수 있다. 우도비검정통계량을 λ라 하면,

$$-2\log\lambda = -n\sum_{i=k+1}^{p}\log(1+l_i) \tag{9.10}$$

이며, 이 값이 충분히 크면 H_k를 기각한다. 여기서 l_i는 식 (9.7)의 첫 번째 식을 만족한다. $-2\log\lambda$는 근사적으로 자유도가 $[(p-k)^2-(p+k)]/2$인 χ^2 분포를 따른다 (Anderson, 1984, p. 563). $-2\log\lambda$의 계산에서 n 대신에 $n-(2p+11)/6-2k/3$을 사용하여 χ^2 분포에 의한 근사화를 개선할 수 있다(Bartlett, 1954).

한편 주성분분석법을 이용한 인자분석은 각 관측치의 확률변수들이 다변량 정규분포를 따른다는 가정이 필요없으므로 주성분분석에서 주성분의 개수를 결정하는 것과 같은 방법을 사용한다(8.3절의 식 (8.8) 참조).

예제 9.2 예제 9.1에서 사용한 시험자료에 대하여 인자분석모형의 인자 수를 결정하여본다.

먼저 시험자료에 대한 표본상관행렬 $\mathbf{R}$은 예제 9.1에서와 같다.

첫 단계로 $k=1$인 경우를 살펴본다. 인자분석모형이 의미가 있으려면 식 (9.6)의 s 가 양수이어야 한다. 이 경우 $p=5, k=1$ 이므로 $s=5$ 이다. $k=1$인 경우 최우추정법에 의한 추정치는 표 9.1로부터

$$\hat{\mathbf{\Psi}} = \mathrm{diag}(0.64, 0.55, 0.16, 0.40, 0.48)$$

이다. 그러므로 식 (9.7)의 처음 식에서 l_i를 구하기 위한 명령어는 다음과 같다.

```
>oc.fa1<-factanal(oc.d,factors=1,rotation="none")
>psi<-oc.fa1$unique
>A<-diag(psi^(-0.5))%*%(cor(oc.d)-diag(psi))%*%diag(psi^(-0.5))
>eigen(A)$val
[1]  9.2527  0.3696 -0.0010 -0.1060 -0.2626
```

이 특성치로부터 식 (9.10)의 우도비검정통계량값을 구하면 $-2\log\lambda = 9.08$이 된다. 만약 유의수준을 0.05라 가정하면 자유도가 5인 χ^2분포의 상위 백분위수가 11.07로 우도비검정통계량값보다 크므로 H_1을 기각할 수 없다. 즉 인자의 수가 1인 인자모형이 타당하다고 볼 수 있다.

두 번째로 $k=2$인 경우 위와 마찬가지로 특성치를 구하면 9.246, 0.752, 0.030, -0.000, -0.030 이 되며, 우도비검정통계량값을 구하면 0.079임을 확인할 수 있다. 유의수준 0.05에서 기각값 $\chi^2_{1;0.05} = 3.84$ 보다 작으므로 H_2를 기각하지 못한다. 즉, 인자의 수가 2인 인자모형도 타당하다고 할 수 있다. 한편 Bartlett의 개선값에 의하여 우도비 검정통계량값을 구하면 0.07인 것을 확인할 수 있는 데, 이 값은 R의 `factanal`함수의 결과(171쪽)에 나타나 있다. 즉, 우도

표 9.2: 시험자료의 전체변이에 대한 주성분의 누적비

q	1	2	3	4	5
	$\frac{3.18}{5} = 0.636$	$\frac{3.92}{5} = 0.784$	$\frac{4.36}{5} = 0.87$	$\frac{4.75}{5} = 0.95$	$\frac{5}{5} = 1$

비검정통계량값을 따로 계산할 필요가 없다. 그리고 $P-$값을 살펴보면 0.785임을 알 수 있다.

다음으로 $k \geq 3$인 경우 $s < 0$ 이므로 타당한 모형이 아니다.

이상에서 시험자료에 대한 인자분석모형에서 인자의 수를 결정하는 절차에 대하여 살펴보았다. 인자의 수가 1 또는 2인 경우 모두 타당하다. 그러나 인자의 수가 1 또는 2에 대하여 $P-$값을 살펴보면 각기 0.124, 0.785이므로 인자의 수가 2인 모형이 더 타당하다고 할 수 있다. ■

예제 9.3 본 예제에서는 인자의 수를 결정하는 방법으로 주성분분석을 이용하는 방법에 대해 살펴보기로 한다.

주성분분석에서 주성분의 수를 결정하는 예제 8.4와 마찬가지로 먼저 표본상관행렬에 대한 특성치를 구하기 위하여 다음의 R 명령어를 사용할 수 있다.

```
>eigen(cor(oc.d))$val
[1] 3.1809801 0.7395718 0.4449651 0.3878924 0.2465905
```

여기서 특성치가 1보다 큰 것의 수가 1이므로 인자의 수를 1로 결정할 수도 있다. 그러나 식 (8.8)을 사용하면 다음과 같은 누적비율을 얻는다. 표 9.2으로부터 인자의 수를 2로 결정하는 것이 더 많은 변이를 설명하고 있음을 알 수 있다. 즉, 비록 특성치가 1 보다 큰 것의 수는 1이지만 주성분의 누적 비를 살펴보면 전체 변이를 설명하는 비가 63.6%에서 78.4%로 급격히 변화하였으므로 인자의 수를 2로 결정하는 것이 타당하다.

8장의 주성분분석에서 주성분의 수를 결정하기 위한 그림으로 스크리 플롯이 있다(그림 8.3 참조). 인자분석에서도 주성분분석법을 이용하여 모수를 추정

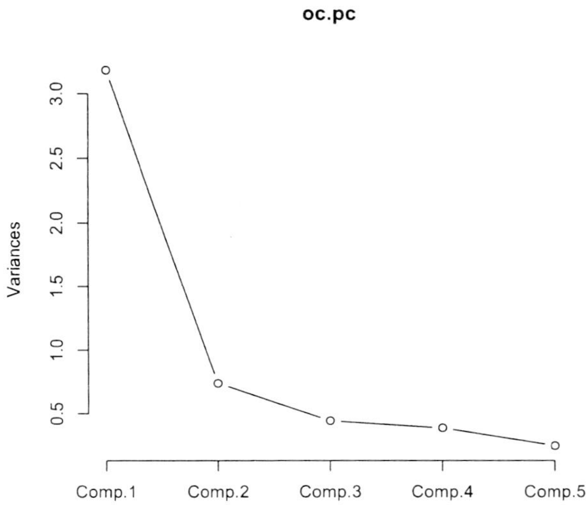

그림 9.1: 시험자료의 주성분 스크리 플롯

하는 경우 인자의 수를 결정하는 데 스크리 플롯이 도움을 준다. 시험자료에 대하여 스크리 플롯을 그리기 위하여

```
>oc.pc<-princomp(oc.d,cor=T)
>plot(oc.pc,type="l")
```

의 명령어를 사용하면 그림 9.1을 얻는다. 여기서 cor=T라고 한 이유는 R에서는 상관행렬을 바탕으로 인자분석의 모수를 추정하기 때문이다. 이 그림으로부터 분산의 누적비가 급격히 떨어지는 점이 2이고 그 이후에는 별 변화가 없으므로 주성분분석법의 인자모형에서 인자의 수를 2로 설정하는 것이 타당하다. ■

제 9.4 절 인자의 회전

인자적재값을 유일하게 추정하기 위해서 일종의 제약조건(식 (9.4))을 사용하였다. 이렇게 얻어진 인자적재값은 해석이 용이하지 않은 경우가 흔히 발생한다. 따라서 인자적재값($\hat{\mathbf{\Lambda}}$) 또는 인자($\mathbf{f}$)를 회전하여 해석을 좀 더 용이하게 한다.

k개의 인자는 각기 하나의 축이 되어 k 차원의 인자공간을 만든다. $\hat{\mathbf{\Lambda}}$의 i 번째 행은 인자공간의 한 점으로 i 번째 확률변수 x_i에 대응한다. 따라서 확률벡터 $\mathbf{x}$와 관련하여 p개의 점이 인자공간에 있다. 인자를 회전하여 얻어진 새로운 인자가 형성하는 축 가까이에 가급적이면 많은 점이 모이도록 인자를 회전한다. 이러한 회전의 결과로서 이상적인 경우는 모든 인자적재값이 0 이나 1에 가깝게 되고, 1에 가까운 인자적재값의 수는 적고, 0에 가까운 인자적재값의 수는 많은 것이다.

인자회전(factor rotation)은 직교행렬을 이용한 방법과 비정칙(nonsingular) 행렬을 이용한 방법(oblique rotation) 등이 있다. 전자의 경우에 새로운 인자들은 서로 비상관된다. 그러나 후자의 경우에는 그렇지 않다. 여기서는 전자만을 고려하고 후자의 경우나 자세한 내용은 Harman(1976)의 책을 참조하기 바란다. $\hat{\mathbf{\Lambda}}$를 $k \times k$ 직교행렬 $\mathbf{G}$로 회전하여 얻어진 새로운 인자적재값은 $\hat{\mathbf{\Lambda}}_* = \hat{\mathbf{\Lambda}}\mathbf{G}$로 표현할 수 있다. $\hat{\mathbf{\Lambda}}_*$의 (i,j) 번째 원소를 $\hat{\lambda}_{*,ij}$라 하면, 직교행렬 $\mathbf{G}$는

$$\sum_{i=1}^{p}\sum_{j=1}^{k}(d_{ij}^2 - \bar{d}_j)^2$$

을 최대로하는 것을 택한다. 여기서 $d_{ij} = \hat{\lambda}_{*,ij}/\sum_{j=1}^{k}\hat{\lambda}_{*,ij}^2$ 이고 $\bar{d}_j = \sum_{i=1}^{p} d_{ij}^2/p$ 이다. 이러한 인자회전을 배리맥스회전(varimax rotation)이라 부른다.

예제 9.4 예제 9.1에서 사용한 시험자료에서 배리맥스회전에 대해 살펴본다.

R에서 인자의 회전에 관한 함수는

```
> varimax(x)
> promax(x)
```

이다. 여기서 `x`는 인자적재값이다. 배리맥스회전법은 `varimax`, 프로맥스회전법은 `promax`를 사용한다.

시험자료에 대한 인자의 배리맥스회전은 다음 명령어와 같다.

```
> oc.fa=factanal(oc.d,factors=2,rotation="none")
> varimax(oc.fa$load)
$loadings

Loadings:
           Factor1 Factor2
mechanics  0.265   0.681
vector     0.356   0.674
algebra    0.740   0.514
analysis   0.738   0.322
statistics 0.696   0.290

               Factor1 Factor2
SS loadings      1.774   1.370
Proportion Var   0.355   0.274
Cumulative Var   0.355   0.629

$rotmat
           [,1]      [,2]
[1,]  0.7880178 0.6156524
[2,] -0.6156524 0.7880178
```

여기서 loadings는 배리맥스회전에 의한 결과값이고, rotmat는 위에서 기술한 직교행렬 **G** 이다. 위의 loadings는 factanal(oc.d,factors=2)$loadings를 이용해 구할 수 있다. 왜냐하면 factanal 함수는 rotation의 기본값이 배리맥스회전이기 때문이다.

이제 회전되기 이전의 적재값(표 9.1참조)과 회전후의 적재값을 그림을 통하여 알아본다. 그림 9.2의 (a)는 회전하기 이전의 적재값을 나타내며, (b)는 회전후의 적재값을 나타낸다. 그림 9.2 (a)에서 적재값을 두 인자에 의해 설명하기가 어렵다. 즉, 변수 x_3는 인자 1에 양의 방향으로 큰 영향을 주고 인자 2에는 거의 영향을 주지 않는다. 그러나 변수 x_1, x_2는 인자 1, 2 모두에 다소의 영향을 주고, 변수 x_4, x_5도 마찬가지이다. 배리맥스회전에서 변환행렬을 그림으로 표현한 것이 그림 9.2 (a)에서 점선으로 표현한 것이다. 이 변환행렬을 좌표축으

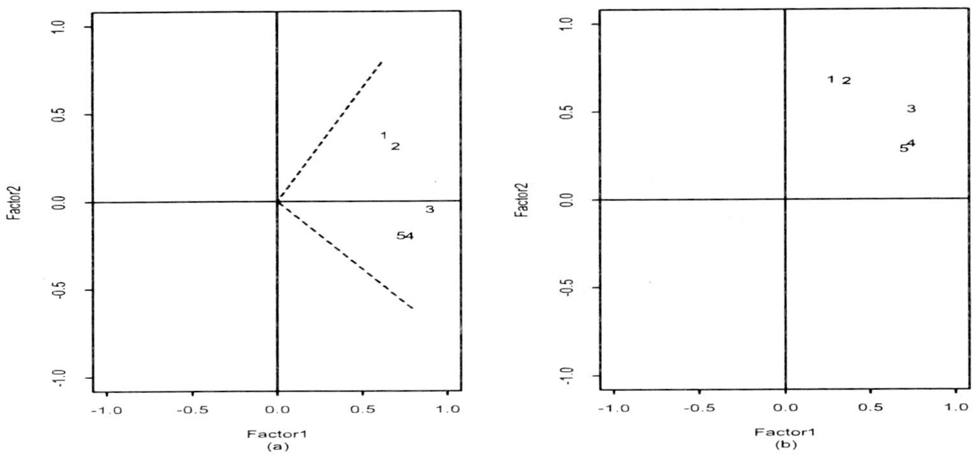

그림 9.2: 시험자료의 배리맥스회전

로 삼으면 새로운 좌표가 형성되며 그 결과가 그림 9.2 (b)이다. 이 그림으로부터 변수 x_1, x_2는 인자 2에 많은 영향을 주며, 변수 x_4, x_5는 인자 1에 영향을 많이 준다. 다만, 변수 x_3만이 두 인자에 복합적인 영향을 준다. 따라서 `Factor1`은 open book 인자를, `Factor2`는 closed book 인자를 나타내는 것으로 해석할 수 있다. ■

제 9.5 절 잠재인자값

잠재인자를 이용하여 각 관측치의 특성을 살피고자 할 때, 잠재인자가 가지는 값의 추정치, 즉 잠재인자값(factor scores)을 구한다. 각 관측치에 대해서 잠재인자값을 구하는 방법으로 회귀분석이 자주 이용된다. $\mathbf{x}-\boldsymbol{\mu}$의 분포가 $N_p(\boldsymbol{\Lambda}\mathbf{f}, \boldsymbol{\Psi})$이므로, $\mathbf{f}$의 일반화된 최소제곱추정량은 $\hat{\mathbf{f}} = (\boldsymbol{\Lambda}^T\boldsymbol{\Psi}^{-1}\boldsymbol{\Lambda})^{-1}\boldsymbol{\Lambda}^T\boldsymbol{\Psi}^{-1}(\mathbf{x}-\boldsymbol{\mu})$이다 (Mardia et al., 1979, p. 274). 여기에 모수의 추정치를 대입하면, 각 관측치 $\mathbf{x}_r$에 대해서 인자의 추정량은

$$\hat{\mathbf{f}}_r = (\hat{\boldsymbol{\Lambda}}^T\hat{\boldsymbol{\Psi}}^{-1}\hat{\boldsymbol{\Lambda}})^{-1}\hat{\boldsymbol{\Lambda}}^T\hat{\boldsymbol{\Psi}}^{-1}(\mathbf{x}_r-\bar{\mathbf{x}}) \tag{9.11}$$

이다. R에서는 잠재인자값을 추정하는 방법으로 회귀분석방법(regression)과 Bartlett 방법을 제공하고 있다. 다른 추정 방법에 대해서 Harman(1976)의 책을 참조하기 바란다.

예제 9.5 시험자료에 대한 인자값을 살펴본다.

R에서 인자값을 구하기 위하여 다음과 같은 명령어를 이용하면 충분하다. 이 값은 배리맥스회전후의 잠재인자값이다.

```
> factanal(oc.d,factors=2,scores="regression")$scores
      Factor1     Factor2
1   1.16743067  1.846968963
2   1.98823350  1.541267975
3   1.42766914  1.570329411
................
```

위의 결과로부터 1번 학생은 Factor1의 능력보다 Factor2에 의한 능력이 뛰어남을 알 수 있다. 즉, open book일 때보다 closed book일 때 더 성적이 뛰어남을 나타내므로 적용능력보다 암기능력이 더 우수하다고 할 수 있다.■

연 습 문 제

1. 시험자료에 대하여 인자의 수를 하나로 가정하고 최우추정법을 이용한 인자분석을 실시하여 잠재인자값을 추정하라.

2. 여섯 과목(아이랜드어, 영어, 역사, 산수, 대수, 기하)에 더한 220명 남학생의

표본상관행렬이 다음과 같다(Lawley와 Maxwell, 1971).

$$\mathbf{R} = \begin{pmatrix} 1.000 & .439 & .410 & .288 & .329 & .248 \\ .439 & 1.000 & .351 & .354 & .320 & .329 \\ .410 & .351 & 1.000 & .164 & .190 & .181 \\ .288 & .354 & .164 & 1.000 & .595 & .470 \\ .329 & .320 & .190 & .595 & 1.000 & .464 \\ .248 & .329 & .181 & .470 & .464 & 1.000 \end{pmatrix}$$

(1) 최우추정법에 의해 인자의 수를 결정하고 모수를 추정하라.

(2) 최우추정법에 의한 결과를 이용하여 인자적재값을 배리맥스 회전하여 구하고, 얻어진 인자적재값에 따라 적당한 잠재인자의 이름을 명명하고 잠재인자를 해석하라.

(3) 어느 학생의 시험성적 $(80, 82, 78, 55, 56, 60)$에 대한 잠재인자값을 추정하고 이 학생의 능력을 판단하라.

제 10 장

판별분석

판별분석(discriminant analysis)은 어떠한 객체가 가지는 특성을 바탕으로, 미리 정의된 그룹중의 하나에 그 객체를 분류하는 것이다. 어떠한 관심있는 모집단이 K개의 서로 다른 그룹 $G_1,...,G_K$로 나누어지고, 이 모집단에서 각 그룹 G_i의 구성비율은 π_i로 가정한다. 여기서 $\pi_i \geq 0$ $(i = 1, ..., K)$이고 $\sum_{i=1}^{K} \pi_i = 1$이다. π_i는 객체가 그룹 G_i에서 나올 확률을 나타낸다. 이 모집단에서 추출된 객체는 단지 하나의 그룹에 속하는 것으로 가정한다. 객체가 가지는 p개의 특성은 p 차원의 확률벡터 $\mathbf{x}$로 나타낸다. 보통 각 그룹은 확률벡터 $\mathbf{x}$가 가지는 분포를 규정함으로써 정의되고, 그 분포의 차이로 그룹은 구별된다. 그룹 $\mathbf{G}_i$와 관련된 확률밀도함수를 $f_i(\mathbf{x})$로 표시한다. 예를 들어 다변량 정규분포의 경우에는 평균벡터와 공분산행렬의 차이에 의해 그룹은 구별된다.

객체를 분류하는 함수는 분포가정의 유·무와 변수의 형태(이산, 연속)에 따라서 달라지며, 최적화하는 목적함수(오분류확률, 오분류가 초래하는 비용 등)의 선택에 따라 달라진다. 분류하고자 하는 객체의 특성이 확률벡터 $\mathbf{z}$로 표현되었을 때, 다음의 판별함수(discriminant function)를 고려한다. 만약

$$\pi_i f_i(\mathbf{z}) > \pi_k f_k(\mathbf{z}) \quad (\text{모든 } k(\neq i)\text{에 대해서}) \tag{10.1}$$

이면, 객체 $\mathbf{z}$를 그룹 G_i에 분류한다. 본 장에서는 이러한 분류원리를 확률벡터 $\mathbf{x}$의 분포가 다변량 정규분포인 경우에 적용한다. 먼저 두 개의 그룹의 경우

를 살펴보고 여러 그룹의 경우로 확장한다. 비용을 고려한 분류 원리에 대해서는 Anderson (1984)의 책 6장을 참조하기 바란다. 여기서 다루지 않은 로지스틱판별 등을 포함한 포괄적인 내용은 Seber(1984), Lachenbruch(1975), McLachlan(1992)의 책 등에서 살펴볼 수 있다.

제 10.1 절 두 그룹의 판별

한 객체를 두 개의 그룹 중의 하나에 분류하는 문제에서, 첫 번째 그룹 G_1의 관측치는 $N_p(\boldsymbol{\mu}_1, \boldsymbol{\Sigma}_1)$, 두 번째 그룹 G_2의 관측치는 $N_p(\boldsymbol{\mu}_2, \boldsymbol{\Sigma}_2)$를 따른 것으로 가정한다. 그리고 $N_p(\boldsymbol{\mu}_i, \boldsymbol{\Sigma}_i)$ $(i = 1, 2)$의 확률밀도함수를 $f_i(\mathbf{x})$로 표시한다. 첫 번째 그룹에서 추출한 n_1개의 확률표본에 입각한 $\boldsymbol{\mu}_1$과 $\boldsymbol{\Sigma}_1$의 최우추정량을 $\bar{\mathbf{x}}_1$와 $\mathbf{S}_1$으로 나타낸다. 마찬가지로, 두 번째 그룹에서 추출한 n_2개의 확률표본을 이용한 $\boldsymbol{\mu}_2$와 $\boldsymbol{\Sigma}_2$의 최우추정량을 $\bar{\mathbf{x}}_2$와 $\mathbf{S}_2$로 나타낸다. 위에서 표본값을 구하는 데 사용한, 소속 그룹이 알려진 표본을 예비표본(training samples)이라 부른다. 이러한 상황 하에서 객체 $\mathbf{z}$를 분류하는 데 사용될 판별함수는 $\boldsymbol{\Sigma}_1$과 $\boldsymbol{\Sigma}_2$가 같은 경우와 틀린 경우에 따라 달라진다.

10.1.1 선형판별함수

먼저 $\boldsymbol{\Sigma}_1 = \boldsymbol{\Sigma}_2$ $(= \boldsymbol{\Sigma})$인 경우를 생각한다. 식 (10.1)은 두 그룹의 경우에 다음과 같이 표현할 수 있다. 만약

$$\frac{f_1(\mathbf{z})}{f_2(\mathbf{z})} > \frac{\pi_2}{\pi_1} \tag{10.2}$$

이면, 객체 $\mathbf{z}$를 그룹 G_1에서 나온것으로 분류한다. 그렇지 않으면 그룹 G_2로 분류한다. 식 (10.2)의 우도함수의 비를 계산하여 로그를 취하고 정리하여

$$L(\mathbf{z}) = (\boldsymbol{\mu}_1 - \boldsymbol{\mu}_2)^T \boldsymbol{\Sigma}^{-1} \{\mathbf{z} - \frac{1}{2}(\boldsymbol{\mu}_1 + \boldsymbol{\mu}_2)\} \tag{10.3}$$

이라 한다. 만약

$$L(\mathbf{z}) > \log(\pi_2/\pi_1)$$

이면, $\mathbf{z}$는 그룹 G_1으로 분류하며, 그렇지 않으면 그룹 G_2로 분류한다. $L(\mathbf{z})$는 비모수적으로 구한 Fisher의 선형판별함수(linear discriminant function, LDF)와 같다(Rencher, 1995, pp. 327-330).

$L(\mathbf{z})$는 미지의 모수를 포함하므로 대응하는 추정량을 이용하여

$$\hat{L}(\mathbf{z}) = (\bar{\mathbf{x}}_1 - \bar{\mathbf{x}}_2)^T \mathbf{S}_p^{-1} \{\mathbf{z} - \frac{1}{2}(\bar{\mathbf{x}}_1 + \bar{\mathbf{x}}_2)\} \tag{10.4}$$

를 얻는다. 각 그룹의 비 π_i는 사전 정보가 없다면 $r_i = n_i/(n_1 + n_2)$로 추정할 수 있다. 여기서 $\mathbf{S}_p = r_1\mathbf{S}_1 + r_2\mathbf{S}_2$이다. $L(\mathbf{z})$의 표본값은 모수의 불편추정량을 이용하여 구할 수도 있다. 표본에 대하여 선형판별분석방법은 만약

$$\hat{L}(\mathbf{z}) - \log(r_2/r_1) > 0 \tag{10.5}$$

이면 $\mathbf{z}$는 그룹 G_1으로 분류하며, 그렇지 않으면 그룹 G_2로 분류한다.

그룹 G_1(또는 G_2)에서 나온 객체를 그룹 G_2(또는 G_1)로 오분류할 수 있다. LDF는 이러한 오분류확률(misclassification probability)을 최소로한다. $\pi_1 = \pi_2$인 경우, Fisher의 LDF가 객체를 오분류할 확률은 $\Phi(-\Delta/2)$로 주어진다(Seber, 1984, pp. 282–283). 여기서 $\Phi(\cdot)$는 단변량 표준정규분포의 누적분포함수를 의미하며, $\Delta^2 = (\boldsymbol{\mu}_1 - \boldsymbol{\mu}_2)^T \boldsymbol{\Sigma}^{-1} (\boldsymbol{\mu}_1 - \boldsymbol{\mu}_2)$이다. 두 그룹이 멀리 떨어질수록 오분류확률은 작아지며, 반면에 $\boldsymbol{\mu}_1 = \boldsymbol{\mu}_2$이면 LDF는 판별력을 상실한다. 따라서 LDF를 적용하기전에 가설 $\boldsymbol{\mu}_1 = \boldsymbol{\mu}_2$의 검정(4.2.1절 참조)이 필요하다.

다변량 자료의 판별분석을 위해서는 먼저 가설 $\boldsymbol{\Sigma}_1 = \boldsymbol{\Sigma}_2$의 검정(4.2.2절 참조)을 실시하여, 이 가설이 기각되면 10.1.2절의 이차판별함수를 사용한다. 그렇지 않으면, 가설 $\boldsymbol{\mu}_1 = \boldsymbol{\mu}_2$의 검정을 실시하여 이 가설이 기각되면 LDF를 사용한다.

예제 10.1 표 10.1은 두 종류의 벼룩(flea beetle)의 신체구조에 관한 네 변수의 측정값이다(Lubischew, 1962). 첫 번째 그룹의 관측치(`flea1.d`라 한다)의 수는 19이고, 두 번째 그룹의 관측치(`flea2.d`라 한다)의 수는 20이다.

먼저 두 그룹의 공분산행렬의 동질성에 관한 가설

$$H_0 : \boldsymbol{\Sigma}_1 = \boldsymbol{\Sigma}_2$$

표 10.1: 벼룩자료

x_1	x_2	x_3	x_4	x_1	x_2	x_3	x_4
189	245	137	163	181	305	184	209
192	260	132	217	158	237	133	188
217	276	141	192	184	300	166	231
221	299	142	213	171	273	162	213
171	239	128	158	181	297	163	224
192	262	147	173	181	308	160	223
213	278	136	201	177	301	166	221
192	255	128	185	198	308	141	197
170	244	128	192	180	286	146	214
201	276	146	186	177	299	171	192
195	242	128	192	176	317	166	213
205	263	147	192	192	312	166	209
180	252	121	167	176	285	141	200
192	283	138	183	169	287	162	214
200	294	138	188	164	265	147	192
192	277	150	177	181	308	157	204
200	287	136	173	192	276	154	209
181	255	146	183	181	278	149	235
192	287	141	198	175	271	140	192
				197	303	170	205

을 검정한다. 각 그룹에 대한 표본평균과 표본공분산행렬은 다음과 같다.

$$\bar{\mathbf{x}}_1 = (194.5, 267.1, 137.4, 185.9)^T, \quad \bar{\mathbf{x}}_2 = (179.6, 290.8, 157.2, 209.3)^T,$$

$$\mathbf{S}_1 = \begin{pmatrix} 177.7 & 167.6 & 45.8 & 107.6 \\ 167.6 & 327.2 & 72.0 & 112.5 \\ 45.8 & 72.0 & 62.9 & 15.4 \\ 107.6 & 112.5 & 15.4 & 227.3 \end{pmatrix}, \mathbf{S}_2 = \begin{pmatrix} 96.7 & 121.7 & 35.1 & 31.0 \\ 121.7 & 369.6 & 157.1 & 89.7 \\ 35.1 & 157.1 & 159.1 & 63.2 \\ 31.0 & 89.7 & 63.2 & 169.0 \end{pmatrix}.$$

이로부터 표 4.5(94쪽)에서 $-2\log\lambda_{14}$의 검정통계량 값을 구하면 10.43 이다. 한편 자유도가 10인 χ^2 분포의 유의수준 0.05에서의 기각값(critical value)은 18.3이다. 검정통계량값 10.43이 기각값 18.3보다 작으므로 유의수준 0.05에서 가설 H_0를 기각하지 못한다. 즉, $\mathbf{\Sigma}_1 = \mathbf{\Sigma}_2$ 를 채택한다.

또한 $\mathbf{\Sigma}_1 = \mathbf{\Sigma}_2$ 가정하에서 다음 가설

$$H_0 : \boldsymbol{\mu}_1 = \boldsymbol{\mu}_2$$

에 대한 우도비검정통계량 T_0^2(식 (4.29) 참조, 84쪽)를 계산하면 133.49로 충분히 크다. 두 그룹의 모평균이 같다는 위의 귀무가설 H_0를 기각하게 된다. 즉, $\boldsymbol{\mu}_1 \neq \boldsymbol{\mu}_2$ 라고 할 수 있다. 그러므로 선형판별분석을 이용한 두 그룹의 판별이 유용하다. 이제 선형판별분석을 벼룩자료에 적용하여 본다.

R에서 선형판별분석에 관한 함수는 다음과 같이 작성할 수 있다.

```
ldf.f<-function(x1,x2){
    x1<-as.matrix(x1); x2<-as.matrix(x2)
    n1<-nrow(x1); n2<-nrow(x2) ; n<-n1+n2
    r1<-n1/n; r2<-1-r1
    A1<-cov.wt(x1,method="ML"); A2<-cov.wt(x2,method="ML")
    m1<-A1$center; m2<-A2$center
    S1<-A1$cov; S2<-A2$cov
    sp<-r1*S1+r2*S2; sp.i<-solve(sp)
    c1<-t(m1-m2)%*%sp.i
    c2<--0.5*t(m1-m2)%*%sp.i%*%(m1+m2)-log(r2/r1)
    mp<-t(m1-m2)%*%sp.i%*%(m1-m2)
    mp<-pnorm(-sqrt(mp)/2)

    out1<-c1%*%t(x1)+rep(c2,n1);out2<-c1%*%t(x2)+rep(c2,n2)

    class<-c(out1,out2)
    class<-as.numeric(class<0)+1 #>0 : 1 and <0 : 2

    list(c1=c1,c2=c2,out1=out1,out2=out2,mp=mp,class=class)
}
```

여기서 c1값은 식 (10.4), (10.5)에서 $(\bar{\mathbf{x}}_1 - \bar{\mathbf{x}}_2)^T\mathbf{S}_p^{-1}$ 의 벡터 값이고, c2는

$$-\frac{1}{2}(\bar{\mathbf{x}}_1 - \bar{\mathbf{x}}_2)^T\mathbf{S}_p^{-1}(\bar{\mathbf{x}}_1 + \bar{\mathbf{x}}_2) - \log(r_2/r_1)$$

이다. out1, out2에는 두 그룹의 각 관측치에 대한 식 (10.5)의 값이다. 만약

out1의 값이 양수이면 그룹 1에 속한 관측치를 그룹 1로 판별한 경우이고, 음수이면 그룹 2로 판별한 경우이므로 오분류한 경우이다. 반대로 out2의 경우는 음수값이 나오면 잘 분류한 것이고 양수값이 나오면 그 관측치는 잘못 분류한 경우이다. mp는 오분류확률로 $\Phi(-\hat{\Delta}/2)$를 뜻한다. 여기서 $\hat{\Delta} = (\bar{\mathbf{x}}_1 - \bar{\mathbf{x}}_2)^T \mathbf{S}_p^{-1} (\bar{\mathbf{x}}_1 - \bar{\mathbf{x}}_2)$이다. 결과 class는 각 관측치에 대한 판별결과이다.

두 그룹의 벼룩자료에 대해 선형판별분석의 결과는 다음과 같다.

```
> ldf.f(flea1.d, flea2.d)
$c1
        x1     x2     x3     x4
[1,] 0.364 -0.137 -0.112 -0.151

$c2
     [,1]
[1,] 16.6

$out1
 [1] 11.72  3.15 12.81  7.82  7.76  7.84 10.29
 [8]  9.12  1.57  7.34 10.94  9.56  8.67  4.45
 [15] 5.10  4.84  8.55  3.40  1.30

$out2
 [1] -11.664  -1.794 -11.190  -9.042 -10.475 -11.500  -12.364
 [8]   0.747  -5.909  -8.268 -13.718  -6.604  -4.551  -11.845
 [15] -5.634  -8.292  -0.310  -7.956  -1.670  -3.392

$mp
       [,1]
[1,] 0.0287

$class
 [1] 1 1 1 1 1 1 1 1 1 1 1 1 1 1 1 1 1 1 1 2 2 2 2 2
[25] 2 2 1 2 2 2 2 2 2 2 2 2 2 2 2
```

위의 결과로부터 또한 식 (10.5)는 다음과 같이 표현할 수 있다.

$$(0.36, -0.14, -0.11, -0.15)^T \mathbf{z} + 16.61.$$

즉, 어떤 관측치의 값이 $\mathbf{z}$라면 윗식에 대입한 결과가 양수이면 그룹 1로, 음수이면 그룹 2로 판별하는 방법이 선형판별분석이다. 여기서 첫 번째 그룹에 관한 값은 out1에, 두 번째 그룹에 관한 값은 out2에 저장되어 있다. out1은 모두 양수이므로 첫 번째 그룹은 모두 잘 분류되었고 두 번째 그룹은 8번 관측치만 제외하고 모두 음수이므로 8번 관측치만 잘못 분류되었고 나머지는 잘 분류되었다. class는 판별 결과를 각 그룹을 하나로 합친 후 구한 것이다.

오분류확률의 추정치는 mp로 0.029이고, 실제 자료의 오분류확률 $1/39 = 0.0256$ 과 거의 일치한다. 오분류표는 R에서 쉽게 구할 수 있다.

```
> flea.gr<-factor(c(rep("A",19),rep("B",20)))
> flea.ldf<-ldf.f(flea1.d,flea2.d)
> table(flea.gr,flea.ldf$class)

flea.gr  1  2
      A 19  0
      B  1 19
>  table(flea.gr,flea.ldf$class)/length(flea.gr)

flea.gr      1      2
      A 0.4872 0.0000
      B 0.0256 0.4872
```

참고로 R은 선형판별분석을 위하여 lda.f 함수를 제공한다(패키지 MASS 필요하다). 그런데 이 함수는 그룹에 대한 정보를 요구하므로 다음과 같은 명령어를 입력하면

```
> flea.d<-rbind(flea1.d,flea2.d)
> flea.gr<-factor(c(rep("A",19),rep("B",20)))
> flea.lda<-lda.f(flea.d,flea.gr)
```

다음의 결과를 얻는다.

```
>flea.lda
Call: lda(flea.fac ~ ., data = flea.df)

Prior probabilities of groups:
        A         B
0.4871795 0.5128205

Group means:
 ......

Coefficients of linear discriminants:
 ......
```

여기서 `Prior probabilities`는 사전확률로 각각 19/39, 20/39를 나타낸다. 또한 `Group means`는 각 그룹에서 각 변수의 표본평균을 나타내고, `Coefficients of linear discriminant`는 판별함수의 계수를 나타낸다.

한편, 함수 `lda`는 `predict`를 이용하여 각 관측치를 판별하면

```
> predict(flea.lda)
$class
 [1] A A A A A A A A A A A A A A A A A A A B B B B
 [25] B B A B B B B B B B B B B B B
Levels: A B

$posterior
             A            B
1   9.999851e-01 1.491517e-05
2   9.518523e-01 4.814767e-02
......
```

의 결과를 얻는다. `class`는 판별된 그룹을 나타내며, `posterior`는 McLachlan(1992)에 의한 $\pi_i f_i(\mathbf{z}) / \sum_{j=1}^{K} \pi_j f_j(\mathbf{z})$의 값이다. 이는 어떤 그룹에 속할 확률을

의미한다. 예를 들어, 두 번째 관측치를 살펴보면 A그룹에 속할 확률은 0.952이고, B그룹에 속할 확률은 0.048이므로 A그룹으로 판별하게 된다. 그러나 91번째 관측치(두 번째 그룹에서 8번 관측치)는 B그룹의 자료이므로 오분류된 관측치이다.

오분류표를 작성하는 것은 다음과 같은 명령어를 이용하면 편리하다.

```
> flea.pred<-predict(flea.lda)
> table(flea.gr,flea.pred$class)
flea.gr  A  B
      A 19  0
      B  1 19
```

이 결과로 부터 오분류 데이터의 수가 1개 임을 알 수 있다. 이 한 개는 관측치가 B그룹으로 추출되었는데, A그룹으로 판별한 경우이다.

오분류율을 좀 더 정확하게 계산하기 위하여 일반적으로 사용하는 방법으로 한 개의 관측치를 제외한 나머지 $n_1 + n_2 - 1$개의 관측치를 이용하여 표본값을 계산하고, LDF를 구하여 제외된 관측치를 분류한다. 전체 표본에서 모든 관측치를 대상으로 위의 과정을 반복한다. 이와 같이 하여 각 그룹의 표본에서 오분류된 관측치의 비를 계산하여 합하면 오분류확률의 추정치가 된다. 이를 교차타당성(cross-validation) 방법이라 하는 데, R에서는 판별함수 lda의 매개변수 중 CV를 TRUE로 설정함으로서 판별결과를 구할 수 있다.

```
> flea.lda.cv<-lda(flea.d,flea.gr,CV=T)
> table(flea.gr,flea.lda.cv$class)

flea.gr  A  B
      A 19  0
      B  3 17
```

교차타당성 검증에서는 오분류 데이터의 개수가 3개이다. 이는 교차타당성 검증이 일반적인 타당성 검증보다 훈련자료에 영향을 덜 받고 판별함수의 일반화 능력을 정확하게 측정하는 것을 나타낸다. ■

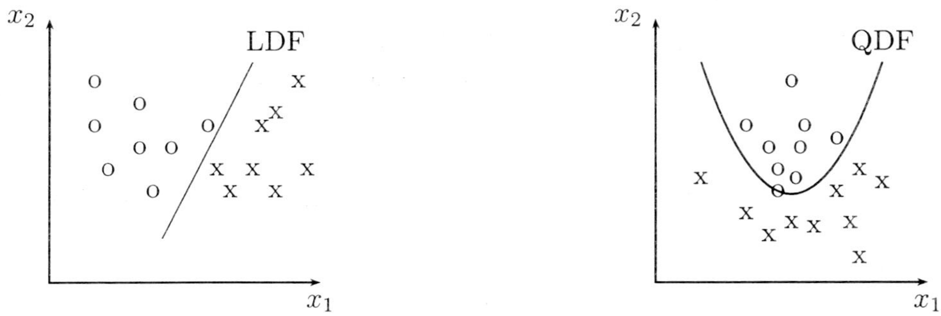

(a) 선형판별분석 (b) 이차판별분석

그림 10.1: 두 개의 그룹에 관한 판별분석

10.1.2 이차판별함수

두 개의 그룹이 서로 다른 공분산행렬을 갖는 경우를 고려한다. LDF와 같은 방식으로, 식 (10.2)에서 두 그룹의 우도함수의 비를 계산하여 로그를 취하여 정리하면 다음과 같다.

$$\begin{aligned} Q(\mathbf{z}) &= \frac{1}{2}\log(|\,\boldsymbol{\Sigma}_2\,|\,/\,|\,\boldsymbol{\Sigma}_1\,|) - \frac{1}{2}\boldsymbol{\mu}_1^T\boldsymbol{\Sigma}_1^{-1}\boldsymbol{\mu}_1 + \frac{1}{2}\boldsymbol{\mu}_2^T\boldsymbol{\Sigma}_2^{-1}\boldsymbol{\mu}_2 \\ & -\frac{1}{2}\{\mathbf{z}^T(\boldsymbol{\Sigma}_1^{-1} - \boldsymbol{\Sigma}_2^{-1})\mathbf{z} - 2\mathbf{z}^T(\boldsymbol{\Sigma}_1^{-1}\boldsymbol{\mu}_1 - \boldsymbol{\Sigma}_2^{-1}\boldsymbol{\mu}_2)\}. \end{aligned} \tag{10.6}$$

만약

$$Q(\mathbf{z}) > \log(\pi_2/\pi_1)$$

이면, $\mathbf{z}$는 그룹 G_1으로 분류하며, 그렇지 않으면 그룹 G_2로 분류한다. $Q(\mathbf{z})$는 이차판별함수(quadratic discriminant function, QDF)라 부른다. $Q(\mathbf{z})$도 미지의 모수를 포함하므로, 대응하는 추정량을 사용하여 실제 자료에 적용한다. 즉, 식 (10.6)에서 $\boldsymbol{\mu}_1, \boldsymbol{\mu}_2$ 대신에 $\bar{\mathbf{x}}_1, \bar{\mathbf{x}}_2$를, $\boldsymbol{\Sigma}_1, \boldsymbol{\Sigma}_2$ 대신에 $\mathbf{S}_1, \mathbf{S}_2$를 각기 대입하여 $Q(\mathbf{z})$의 추정량을 구할 수 있다. 그림 10.1은 선형판별분석과 이차판별분석을 그래프로 표현한 것이다.

QDF를 사용했을 때 발생하는 오분류확률에 대한 식은 알려져 있지 않다. 이 오분류확률은 Lachenbruch와 Mickey(1968)의 교차타당성 방법을 사용하여 수치적으로 구할 수 있다. 선형판별함수와 마찬가지로 QDF의 경우에도 교차타당성 방법을 적용할 수 있다. 다른 방법에 대해서 Kshirsagar(1972)의 책(pp. 218–225)을 참조하기 바란다.

예제 10.2 표 10.2는 변수의 수가 6이고 각 그룹의 관측치의 수가 27인 두 종류의 밀에 관한 자료이다(Giri, 1977, p. 272, 표 9.1). 첫 번째 그룹의 자료를 `wheat1.d`, 두 번째 그룹의 자료를 `wheat2.d`라 한다.

예제 10.1에서와 마찬가지로 표 10.2의 자료에 대하여 두 모집단의 공분산행렬이 같다는 가설에 대한 우도비검정통계량의 값은 표 4.5로부터 51.15이고 유의수준 0.05에서 기각값은 32.67이다. 그러므로 $\mathbf{\Sigma}_1 = \mathbf{\Sigma}_2$의 가설을 기각하므로, 이차판별분석을 사용한다.

R에서 이차판별분석에 관한 함수를 다음과 같이 작성할 수 있다.

```
qdf.f<-function(x1, x2) {
    x1<-as.matrix(x1);x2<-as.matrix(x2)
    n1<-nrow(x1); n2<-nrow(x2); n<-n1+n2
    r1<-n1/(n1+n2); r2<-1-r1

    A1<-cov.wt(x1,method="ML");A2<-cov.wt(x2,method="ML")
    m1<-A1$center; m2<-A2$center
    s1<-A1$cov; s2<-A2$cov
    s1.i<-solve(s1); s2.i<-solve(s2)

    c1<--0.5*(s1.i-s2.i)
    c2<-s1.i%*%m1-s2.i%*%m2
    c3<-0.5*(log(det(s2)/det(s1))-t(m1)%*%s1.i%*%m1
         +t(m2)%*%s2.i%*%m2 ) - log(r2/r1)

    out1<-t(diag(x1%*%c1%*%t(x1))+x1%*%c2+rep(c3,n1))
    out2<-t(diag(x2%*%c1%*%t(x2))+x2%*%c2+rep(c3,n2))

    class<-c(out1,out2)
    class<-as.numeric(class<0)+1 # > 0 :1 and <0 :2

    list(c1=c1,c2=c2,c3=c3,out1=out1,out2=out2,class=class)
}
```

표 10.2: 밀자료

x_1	x_2	x_3	x_4	x_5	x_6	x_1	x_2	x_3	x_4	x_5	x_6
77.60	136	9.65	12.6	322	14.7	65.55	166	9.29	11.3	323	13.1
83.45	177	9.76	13.1	321	14.5	67.10	132	9.52	11.7	319	13.6
76.20	164	10.52	13.9	384	17.1	66.25	173	9.88	12.1	319	13.6
80.30	185	9.76	12.5	259	15.4	80.45	155	11.19	13.8	394	17.6
82.30	187	9.77	13.4	314	14.4	78.30	202	10.78	13.3	376	16.7
86.00	171	9.25	13.0	278	13.0	77.80	155	10.86	14.0	401	18.2
90.50	211	9.75	12.9	308	13.6	79.20	161	10.68	14.3	417	17.8
81.50	158	10.38	13.6	258	14.8	82.65	158	10.64	12.2	382	17.4
79.75	176	9.31	12.0	307	13.2	79.85	156	10.83	13.7	366	16.1
86.85	175	10.23	14.2	330	14.6	67.30	157	9.78	11.8	354	14.0
72.90	139	10.29	12.9	346	15.5	70.65	173	9.97	12.2	310	12.5
73.50	124	9.68	12.0	308	14.1	67.15	159	9.99	12.3	325	11.9
86.85	149	10.33	13.5	337	15.1	80.85	160	10.47	12.7	358	15.5
89.15	224	9.70	13.0	317	14.7	81.80	162	10.87	13.9	403	18.3
78.05	149	9.63	12.6	285	12.4	81.15	178	11.07	13.8	401	16.2
81.95	200	9.28	12.8	272	12.5	82.95	177	11.04	13.5	366	16.6
81.70	187	9.46	12.6	276	12.3	81.20	172	11.14	14.1	412	19.3
89.65	200	9.58	11.1	285	12.5	83.85	192	11.24	14.1	372	17.2
79.90	152	9.49	13.2	275	11.7	67.60	164	10.07	11.9	305	11.8
71.15	144	9.55	12.0	292	11.9	64.35	170	9.34	11.0	303	11.6
83.05	147	10.30	13.3	326	14.2	66.40	158	9.71	11.9	326	12.9
87.25	231	10.32	13.1	332	14.7	79.10	162	10.49	12.9	395	17.0
78.65	183	9.90	14.1	324	14.6	81.65	171	11.31	14.1	403	17.2
79.95	165	9.34	12.5	290	12.1	79.35	162	10.43	12.6	390	15.9
86.65	198	10.07	12.7	293	12.3	78.90	166	11.14	14.0	432	18.4
92.05	212	9.81	13.1	304	13.9	80.45	172	11.32	14.3	306	18.7
76.80	193	9.80	13.1	288	13.4	83.75	202	10.38	13.4	343	13.8

이 함수에서 c1,c2,c3는 식 (10.6)에서 2차 계수, 1차 계수, 상수항을 나타낸다. 위의 함수는 선형판별분석과 마찬가지로 out1의 값이 양수이면 그룹 1로 판별하고 음수이면 그룹 2로 판별한다. out2의 경우는 반대로 판별한다. 판별의 결과는 class에 저장된다. 표 10.2의 밀자료를 qdf.f를 적용하면 다음과 같은 결

과를 얻는다.

```
>qdf.f(wheat1.d,wheat2.d)
$c1
          x1        x2      x3       x4        x5       x6
x1  2.7e-02 -8.4e-05 -0.344  0.0672 -0.00180 -0.0596
......

$out1
[1]   12.16 18.64 -2.36 14.83 20.35 46.69 32.24 12.10 15.36
[10]  21.31 -0.82  7.13 13.85 33.49 16.70 32.93 23.67 26.05
[19]  32.11  3.04 10.82 12.66 18.52 22.98 14.02 36.05  9.92

$out2
[1]   -8.7  -2.0  -8.4  -7.2  -4.5  -5.9  -4.0  -4.7  -3.2
[10]  -8.6  -7.4 -10.0  -2.1  -6.8  -8.4  -6.1  -9.0  -7.3
[19]  -11.0 -12.9 -8.3  -6.2  -9.0  -5.7  -9.3  -7.9   3.2

$class
[1]  1 1 2 1 1 1 1 1 1 1 2 1 1 1 1 1 1 1 1 1 1 1 1 1 1 1 1
[28] 2 2 2 2 2 2 2 2 2 2 2 2 2 2 2 2 2 2 2 2 2 2 2 2 2 2 1
```

그러므로 첫 번째 그룹에서 3, 11번 자료, 두 번째 그룹에서 27번 자료가 오분류되었음을 확인할 수 있다. 또한 예비표본이외의 자료에 대하여 이차판별분석을 이용하여 분류할 경우에는 새로운 자료를 x라 하고, 다음을 계산하여

```
> y<-qdf.f(wheat1.d,wheat2.d)
> qdf<-t(x)%*%y$c1%*%x + t(x)%*%y$c2 + y$c3
```

qdf의 값이 양수이면 그룹 1로, 음수이면 그룹 2로 분류한다.

한편 이차판별분석에서 교차타당성 방법을 이용하여 계산한 오분류확률은 0.111 이며, 실제 오분류확률은 $3/54 = 0.056$이다.

표 10.3: 밀자료에 대한 이차판별함수의 값

번호	이차판별함수		교차타당성 판별함수		번호	이차판별함수		교차타당성 판별함수	
	그룹1	그룹2	그룹1	그룹 2		그룹1	그룹2	그룹1	그룹2
1	12.16	-8.65	11.38	-7.41	15	16.70	-8.42	16.43	-7.90
2	18.64	-1.95	18.45	0.36	16	32.93	-6.13	32.40	-5.84
3	-2.36	-8.36	-5.69	-7.78	17	23.67	-9.03	23.45	-8.53
4	14.83	-7.20	6.54	-6.71	18	26.05	-7.32	20.68	-6.85
5	20.35	-4.49	20.15	-1.83	19	32.11	-11.01	30.98	-9.56
6	46.69	-5.87	45.38	-5.39	20	3.04	-12.88	1.17	-12.16
7	32.24	-3.99	31.92	-0.93	21	10.82	-8.26	10.14	-8.00
8	12.10	-4.72	2.19	1.99	22	12.66	-6.16	10.38	-5.88
9	15.36	-3.21	14.83	-2.71	23	18.52	-8.95	17.50	-8.43
10	21.31	-8.57	20.49	-8.20	24	22.98	-5.70	22.68	-5.31
11	-0.82	-7.36	-1.90	-7.06	25	14.02	-9.31	12.41	-8.33
12	7.13	-9.99	6.00	-8.79	26	36.05	-7.87	35.61	24.80
13	13.85	-2.13	12.32	-1.50	27	9.92	3.19	8.99	18.90
14	33.49	-6.77	31.71	-6.46					

```
> wheat.qdf<-qdf.f(wheat1.d,wheat2.d)
> wheat.gr<-factor(c(rep("A",27),rep("B",27)))
> table(wheat.gr,wheat.qdf$class)

wheat.gr  1  2
       A 25  2
       B  1 26
> table(wheat.gr,wheat.qdf$class)/54

wheat.gr          1          2
       A 0.46296296 0.03703704
       B 0.01851852 0.48148148
```

이상의 결과를 정리하면 표 10.3이다.

R에서 이차판별함수는 qda을 이용할 수 있다 (MASS 패키지). 그 사용방법은 lda함수와 유사하다.

```
> wheat.d<-rbind(wheat1.d,wheat2.d)
> wheat.qda<-qda(wheat.d,wheat.gr)
> table(wheat.gr, predict(wheat.qda)$class)

wheat.gr  A  B
       A 25  2
       B  1 26
> wheat.qda.cv<-qda(wheat.d,wheat.gr,CV=T)
> table(wheat.gr,wheat.qda.cv$class)

wheat.gr  A  B
       A 25  2
       B  4 23
```

이 결과는 표 10.3와 일치함을 확인할 수 있다. ■

10.1.3 선형판별함수와 이차판별함수의 비교

$\mathbf{\Sigma}_1$과 $\mathbf{\Sigma}_2$의 차이가 작을 때($\mathbf{\Sigma}_1 \approx \mathbf{\Sigma}_2$), LDF는 만족스러운 결과를 준다. $\mathbf{\Sigma}_1$과 $\mathbf{\Sigma}_2$의 차이가 작고, p가 적당히 크며($p > 6$), 표본의 수가 작으면($n_1, n_2 < 25$), QDF는 LDF보다 비효율적이다. 그러나 $\mathbf{\Sigma}_1$과 $\mathbf{\Sigma}_2$의 차이가 크면, QDF의 사용이 효과적이다(Seber, 1984, pp. 297–300).

예제 10.3 예제 10.2에서 사용한 밀자료에 대하여 선형판별분석과 이차판별분석을 비교하기로 한다.

먼저 오분류율을 비교하면 선형판별분석의 결과는 다음의 명령어로부터 3/54임을 알 수 있다.

```
> wheat.lda<-lda(wheat.d,wheat.gr)
> table(wheat.gr, predict(wheat.lda)$class)

wheat.gr  A  B
       A 24  3
       B  0 27
```

이차판별분석의 오분류율은 197쪽에서 3/54 이다. 따라서 오분류율 측면에서 선형판별분석과 이차판별분석의 성능은 같다.

교차타당성에 의한 오분류율을 비교하면 선형판별분석은 4/54 이고, 이차판별분석은 197쪽에서 본 바와 같이 6/54이다.

```
> wheat.lda.cv<-lda(wheat.d,wheat.gr,CV=T)
> table(wheat.gr,wheat.lda.cv$class)

wheat.gr  A  B
       A 24  3
       B  1 26
```

그러므로 본 예제의 자료에 대하여 오분류확률 측면에서는 선형판별분석이 이차판별분석보다 우수하다고 할 수 있다. 이는 변수의 차원이 6이고 표본의 수가 27로 그다지 크지 않기 때문이다. ■

제 10.2 절 여러 그룹의 선형판별

그룹의 수가 K인 경우 각 그룹의 공분산행렬이 모두 같다는 조건 $\mathbf{\Sigma}_1 = \mathbf{\Sigma}_2 = \cdots = \mathbf{\Sigma}_K$ 하에서 그룹 G_i가 $N_p(\boldsymbol{\mu}_i, \mathbf{\Sigma})$로 정의될 때, 분류원리 (10.1)을 다음과 같이 적용한다. 먼저, 각 그룹 G_i에서 추출한 크기가 n_i인 확률표본에 입각한 평균벡터와 공분산행렬의 최우추정량을 $\bar{\mathbf{x}}_i$와 $\mathbf{S}_i$로 나타낸다. 그리고 $r_i = n_i / \sum_{j=1}^{K} n_j$로 한다. 모든 그룹에 공통인 공분산행렬 $\mathbf{\Sigma}$의 추정량은 합동분산추정량인 $\mathbf{S}_p = \sum_{i=1}^{K} r_i \mathbf{S}_i$로 한다. $\log[\pi_i f_i(\mathbf{z})]$는 그 모수에 표본값 $\bar{\mathbf{x}}_i$와 $\mathbf{S}_p$를 대입

하고, 모든 $\log[\pi_i f_i(\mathbf{z})]$에 공통인 항을 제외하면

$$L_i(\mathbf{z}) = \log \pi_i + \bar{\mathbf{x}}_i^T \mathbf{S}_p^{-1}(\mathbf{z} - \frac{1}{2}\bar{\mathbf{x}}_i)$$

로 된다. π_i는 사전 정보가 없다면 r_i로 추정할 수 있다. 객체 $\mathbf{z}$는 $L_i(\mathbf{z})$의 값이 최대로 되는 그룹에 분류한다. 여기서도 모수의 불편추정량을 사용하여 $L_i(\mathbf{z})$를 구할 수 있다.

예제 10.4 미국 경영대학원에서는 석사과정에 지원하는 학생들에 대한 주요 평가자료로 학부 평균성적(x_1)과 경영대학원 입학시험성적(x_2)을 사용하고 있다. 표 10.4는 85명의 학생에 대한 입학성적자료이다. 입학 대상 학생에 대하여 합격, 불합격, 보류 세 그룹으로 분류하였다. 경영대학원 자료에서 세 그룹으로 분류하는 판별분석을 살펴본다. 단, 각 그룹의 공분산행렬이 모두 같다고 가정한다(Johnson과 Wichern, 1992, p. 567, 표 11.6). 표 10.4의 자료를 `mba.d`라 하자.

R에서 여러 그룹의 판별분석 방법을 다음과 같이 함수로 작성할 수 있다.

```
mdf.f<-function(x,gr) {
    x<-as.matrix(x)
    n<-nrow(x); p<-ncol(x)

    n.gr<-length(levels(gr))
    r<-rep(0,n.gr) # r_i
    s.p<-matrix(0,p,p)
    a<-by(x,gr,cov.wt,method="ML")
    for(i in 1:n.gr) {
        r[i]<-a[[i]]$n.obs/n
        s.p<-s.p+r[i]*a[[i]]$cov
    }
    s.p.i<-solve(s.p)
    lf<-rep(0,n.gr) # likelihood ftn
    out<-rep(0,n) # allocation index                (계속)
```

표 10.4: 미국 경영대학원 입학 성적 자료

합격			불합격			보류		
번호	x_1	x_2	번호	x_1	x_2	번호	x_1	x_2
1	2.96	596	32	2.54	446	60	2.86	494
2	3.14	473	33	2.43	425	61	2.85	496
3	3.22	482	34	2.20	474	62	3.14	419
4	3.29	527	35	2.36	531	63	3.28	371
5	3.69	505	36	2.57	542	64	2.89	447
6	3.46	693	37	2.35	406	65	3.15	313
7	3.03	626	38	2.51	412	66	3.50	402
8	3.19	663	39	2.51	458	67	2.89	485
9	3.63	447	40	2.36	399	68	2.80	444
10	3.59	588	41	2.36	482	69	3.13	416
11	3.30	563	42	2.66	420	70	3.01	471
12	3.40	553	43	2.68	414	71	2.79	490
13	3.50	572	44	2.48	533	72	2.89	431
14	3.78	591	45	2.46	509	73	2.91	446
15	3.44	692	46	2.63	504	74	2.75	546
16	3.48	528	47	2.44	336	75	2.73	467
17	3.47	552	48	2.13	408	76	3.12	463
18	3.35	520	49	2.41	469	77	3.08	440
19	3.39	543	50	2.55	538	78	3.03	419
20	3.28	523	51	2.31	505	79	3.00	509
21	3.21	530	52	2.41	489	80	3.03	438
22	3.58	564	53	2.19	411	81	3.05	399
23	3.33	565	54	2.35	321	82	2.85	483
24	3.40	431	55	2.60	394	83	3.01	453
25	3.38	605	56	2.55	528	84	3.03	414
26	3.26	664	57	2.72	399	85	3.04	446
27	3.60	609	58	2.85	381			
28	3.37	559	59	2.90	384			
29	3.80	521						
30	3.76	646						
31	3.24	467						

```
    for(i in 1:n){
        for(j in 1:n.gr) {
            m<-a[[j]]$center
            lf[j]<-log(r[j])+t(m)%*%s.p.i%*%(x[i,]-0.5*m)
        }
        out[i]<-order(lf,decreasing=T)[1]
    }
    list(class=out)
}
```

여기서 함수의 인수 x는 모든 자료를 합하여 놓은 것으로 각 그룹의 관측치는 연속으로 저장되어 있다. 즉 첫 번째 그룹이 n_1개 저장된 후 두 번째 그룹이 n_2개 저장되는 형식이다. 또한 gr도 해당 관측치의 소속 그룹을 나타내며 그 길이도 전체 자료의 크기와 같다. 함수의 결과인 변수 class는 각 관측치가 속하는 그룹의 번호를 의미한다. 만약 표 10.4의 자료 mba.d에 mdf.f를 적용하려면 다음과 같은 명령어를 수행한다.

```
> mba.gr<-factor(c(rep("A",31),rep("B",28),rep("C",26)))
> mdf.f(mba.d,mba.gr)
$class
 [1] 1 3 3 1 1 1 1 1 1 1 1 1 1 1 1 1 1 1 1 1 1 1 1 1
[25] 1 1 1 1 1 1 3 2 2 2 2 2 2 2 2 2 2 2 2 2 2 2 2 2
[49] 2 2 2 2 2 2 2 2 2 3 3 3 3 3 3 3 3 1 3 3 3 3 3 3
[73] 3 3 2 3 3 3 3 3 3 3 3 3 3
```

오분류 관측치는 2, 3, 31, 58, 59, 66, 75 이고, 오분류확률은 7/85이다. 이를 다음과 같은 절차를 통하여 쉽게 확인할 수 있다.

```
> mba.mdf<-mdf.f(mba.d,mba.gr)
> table(mba.gr,mba.mdf$class)

mba.gr  1  2  3
     A 28  0  3
     B  0 26  2
     C  1  1 24
```

■

제 10.3 절 변수의 선택

선형판별함수를 사용할 때, 처음 k개의 성분변수만 사용한 판별 결과와 모든 p개의 성분변수를 사용한 판별 결과가 같게 되는지의 검정을 생각한다. 즉, 나머지 $p-k$개의 성분변수가 판별력이 없는지를 검정한다.

$\boldsymbol{\delta} = \boldsymbol{\mu}_1 - \boldsymbol{\mu}_2$로 할 때, 두 모집단 사이의 마하라노비스 거리는 $\Delta_p^2 = \boldsymbol{\delta}^T\boldsymbol{\Sigma}^{-1}\boldsymbol{\delta}$로 정의된다. $\boldsymbol{\alpha} = \boldsymbol{\Sigma}^{-1}\boldsymbol{\delta}$로 하고, $\boldsymbol{\alpha}$, $\boldsymbol{\delta}$, $\boldsymbol{\Sigma}$를 다음과 같이 분해하여

$$\boldsymbol{\alpha} = \begin{bmatrix} \boldsymbol{\alpha}_1 \\ \boldsymbol{\alpha}_2 \end{bmatrix}, \quad \boldsymbol{\delta} = \begin{bmatrix} \boldsymbol{\delta}_1 \\ \boldsymbol{\delta}_2 \end{bmatrix}, \quad \boldsymbol{\Sigma} = \begin{bmatrix} \boldsymbol{\Sigma}_{11} & \boldsymbol{\Sigma}_{12} \\ \boldsymbol{\Sigma}_{21} & \boldsymbol{\Sigma}_{22} \end{bmatrix},$$

$\boldsymbol{\alpha}_1$과 $\boldsymbol{\delta}_1$이 k개의 성분을 가지도록 하며, 앞의 분해에 맞추어서 $\boldsymbol{\Sigma}$를 분해한다. 그리고 $\Delta_k^2 = \boldsymbol{\delta}_1^T\boldsymbol{\Sigma}_{11}^{-1}\boldsymbol{\delta}_1$와 $\boldsymbol{\delta}_{2.1} = \boldsymbol{\delta}_2 - \boldsymbol{\Sigma}_{21}\boldsymbol{\Sigma}_{11}^{-1}\boldsymbol{\delta}_1$로 한다. 선형판별함수의 식 (10.3)을 보면, 가설 $\boldsymbol{\alpha}_2 = \mathbf{0}$ 이 처음 k개를 제외한 나머지 $p-k$개의 성분변수가 판별력이 없음을 의미함을 알 수 있다. 이 가설은 $\boldsymbol{\delta}_{2.1} = \mathbf{0}$과 같으며, 또한 다음의 가설과 같다.

$$H_0 : \Delta_p^2 = \Delta_k^2.$$

Rao의 추가정보에 대한 검정(test for additional information)을 이용하여 이러한 가설 검정을 수행할 수 있다(Rao, 1973, p. 568).

이와 관련된 검정통계량은

$$F = \frac{n_1+n_2-p-1}{p-k}\left(\frac{D_p^2 - D_k^2}{m + D_k^2}\right) \tag{10.7}$$

로 주어진다. 여기서 $m = (n_1 + n_2)(n_1 + n_2 - 2)/n_1n_2$이며, $\mathbf{S}_+ = (n_1\mathbf{S}_1 + n_2\mathbf{S}_2)/(n_1+n_2-2)$로 할 때, $D_p^2 = (\bar{\mathbf{x}}_1 - \bar{\mathbf{x}}_2)^T\mathbf{S}_+^{-1}(\bar{\mathbf{x}}_1 - \bar{\mathbf{x}}_2)$ 이다. 여기서 $\mathbf{S}_1, \mathbf{S}_2$는 각각 $\boldsymbol{\Sigma}_1, \boldsymbol{\Sigma}_2$의 불편추정량이다. D_k^2도 처음 k개의 변수를 이용하여 D_p^2와 같이 정의한다. 이 통계량의 값이 크면 H_0를 기각한다. H_0가 성립할 때, 이 검정통계량은 분자의 자유도가 $p-k$ 이고, 분모의 자유도가 n_1+n_2-p-1 인 F 분포를 따른다. 자세한 내용은 Mardia et al.(1979), Rao(1973)의 책을 참조하기 바란다.

예제 10.5 예제 10.1에 있는 표 10.1의 벼룩자료에 대하여 판별분석에 유용한 변수를 선택하여 본다.

R에서 변수선택을 위한 함수는 다음과 같이 작성할 수 있다.

```
varsel.f<-function(x1, x2, var.vec, alpha=0.05){
    p<-ncol(x1)
    k<-length(var.vec)

    n1<-nrow(x1); n2<-nrow(x2); n<-n1+n2
    m<-(n*(n-2))/(n1*n2)

    #D^2_p
    m1<-mean(x1); m2<-mean(x2)
    sp<-(n1*var(x1)+n2*var(x2))/(n-2)
    sp.i<-solve(sp)
    D2.p<-t(m1-m2)%*%sp.i%*%(m1-m2)

    #D^2_k
    x3<-x1[,var.vec]; x4<-x2[,var.vec]
    m3<-mean(x3); m4<-mean(x4)
    sp.k<-(n1*var(x3)+n2*var(x4))/(n-2)
    sp.k.i<-solve(sp.k)
    D2.k<-t(m3-m4)%*%sp.k.i%*%(m3-m4)

    #F
    F.stat<-((n-p-1)*(D2.p-D2.k))/((p-k)*(m+D2.k))
    p.val<-1-pf(F.stat,p-k,n-p-1)
    cat("F-Statistic is ",F.stat," and P-value is ",p.val,"\n")
    if(p.val < alpha)
        cat("Reject the null hypothesis.\n")
    else
        cat("Don't reject the null hypothesis.\n")
}
```

이 함수의 인수 x1, x2는 각 그룹의 자료를, var.vec는 선택된 변수의 번호를, alpha 는 유의수준을 의미한다. varsel.f 함수에서 D2.p, D2.k는 각각 D_p^2, D_k^2을 의미하며 F.stat는 식 (10.7)의 통계량 F를 뜻한다.

만약 벼룩자료의 첫 번째 변수 x_1이 판별분석에 유용한 변수인가를 검정하려면

```
> varsel.f(flea1.d,flea2.d,c(1))
F-Statistic is  24.804  and P-value is  1.0956e-08
Reject the null hypothesis.
```

의 결과에서 $P-$값이 작아 H_0를 기각하므로 첫 번째 변수만을 이용한 판별분석이 모든 변수를 이용한 판별분석에 비해 유용하지 못하다. 변수 x_1, x_2, x_4를 이용한 판별분석에서

```
> varsel.f(flea1.d,flea2.d,c(1,2,4))
F-Statistic is  1.7595  and P-value is  0.19353
Don't reject the null hypothesis.
```

의 결과를 얻으므로, 변수 x_1, x_2, x_4의 사용은 판별에 유용하다. 변수를 선택할 수 있는 모든 경우를 정리한 것이 표 10.5이다.

표 10.5으로부터 변수 x_1, x_2, x_4를 이용한 판별분석이 모든 변수를 이용한

표 10.5: 벼룩자료의 판별분석에서 변수 선택

변수	$P-$값	변수	$P-$값	변수	$P-$값
1	1.10×10^{-8}	1, 2	5.90×10^{-3}	1, 2, 3	7.30×10^{-3}
2	1.04×10^{-8}	1, 3	3.68×10^{-4}	1, 2, 4	0.194
3	1.14×10^{-6}	1, 4	3.38×10^{-4}	1, 3, 4	0.022
4	2.04×10^{-7}	2, 3	3.41×10^{-7}	2, 3, 4	1.08×10^{-6}
		2, 4	1.62×10^{-7}		
		3, 4	5.62×10^{-6}		

판별분석과 차이가 없음을 알 수 있다. 예제 10.1에서 변수 x_1, x_2, x_4를 사용한 ldf.f의 적용결과는 다음과 같다.

```
>flea.va<-ldf.f(flea1.d[,c(1,2,4)],flea2.d[,c(1,2,4)])
>flea.va
...
$out1
 [1] 12.19  2.14 12.66  6.76  7.26  8.72  9.37  8.08
 [9]  0.64  7.57 10.42 10.45  6.92  3.40  3.67  5.42
[17]  7.28  4.24  0.33

$out2
 [1]  -8.76  -2.01 -10.20  -7.46  -9.70 -11.50
 [7] -11.44  -0.99  -6.54  -6.52 -13.41  -5.86
[13]  -5.66 -10.86  -5.36  -8.50   0.55  -8.04
[19]  -2.29  -1.74

$mp
      [,1]
[1,] 0.033

$class
 [1] 1 1 1 1 1 1 1 1 1 1 1 1 1 1 1 1 1 1 2 2 2 2 2 2
 [26] 2 2 2 2 2 2 2 2 2 2 1 2 2 2
```

이 결과로부터 예제 10.1 에서 모든 변수를 이용하였을 때 두 번째 그룹의 8 번째 관측치가 오분류되었는데, 변수 x_1, x_2, x_4를 이용할 때는 두 번째 그룹의 17 번째 관측치가 오분류된다. 두 경우 모두 오분류확률은 1/39 이다. 추정된 오분류확률 $mp는 0.033으로 모든 변수를 사용하였을 때 추정된 오분류확률 0.029 보다 약간 높아졌다. 그러나 그 차이는 0.004로 미미한 것으로 생각된다. 즉, 변수 x_1, x_2, x_4 만을 사용하여 판별분석을 실시하여도 충분하다고 할 수 있다. 이는 변수선택이 차원축소의 한 방법으로 사용될 수 있음을 시사한다. ■

연 습 문 제

1. 표 10.1의 벼룩자료에서 교차타당 방법을 이용하여 선형판별분석 방법의 오분류확률을 계산하라.

2. 표 1.1의 가솔린 트럭의 비용자료와 표 4.4의 디젤 트럭의 비용자료에 대하여 다음 물음에 답하라.

(1) 선형판별분석을 수행하라.

(2) 이차판별분석을 수행하라.

(3) 두 집단의 공분산행렬이 같은지를 검정하라. 그리고 (1), (2)의 판별결과와 비교하여 어떤 판별분석방법을 사용하는 것이 타당한가?

3. 표 4.2의 얼룩거북이자료에서 암컷과 수컷의 두 그룹에 대하여 선형판별분석을 수행하라. 또한 판별분석에 유용한 변수를 선택하라.

제 11 장

정준상관분석

정준상관분석(canonical correlation analysis)은 두 개의 변수그룹 사이의 관계를 조사하는데 주안점을 둔다. 이러한 관계는 각 변수 그룹에 있는 변수의 선형결합들 사이의 최대 상관계수로 측정한다.

제 11.1 절 정준상관

첫 번째 변수그룹은 p_1 차원의 확률벡터 $\mathbf{x}$로, 그리고 두 번째 변수그룹은 p_2 차원의 확률벡터 $\mathbf{y}$로 나타낸다. 두 개의 확률벡터를 다음과 같이 하나로 묶어 $p(= p_1 + p_2)$ 차원의 확률벡터 $\mathbf{z}$로 표시한다.

$$\mathbf{z} = \begin{pmatrix} \mathbf{x} \\ \mathbf{y} \end{pmatrix}.$$

두 개의 변수그룹 $\mathbf{x}$와 $\mathbf{y}$의 확률적 성질은 $\mathbf{z}$를 통해 반영된다. $\mathbf{z}$의 공분산행렬을 $\mathbf{x}$와 $\mathbf{y}$의 크기에 따라 나누어

$$\boldsymbol{\Sigma} = \begin{pmatrix} \boldsymbol{\Sigma}_{11} & \boldsymbol{\Sigma}_{12} \\ \boldsymbol{\Sigma}_{21} & \boldsymbol{\Sigma}_{22} \end{pmatrix}$$

와 같이 표시하고, $\mathbf{a}$와 $\mathbf{b}$를 각기 p_1, p_2 차원의 상수벡터라 하면, 두 개의 변수그룹의 선형결합 $\mathbf{a}^T\mathbf{x}$와 $\mathbf{b}^T\mathbf{y}$의 상관계수는

$$\rho(\mathbf{a}, \mathbf{b}) = \frac{\mathbf{a}^T\boldsymbol{\Sigma}_{12}\mathbf{b}}{\sqrt{\mathbf{a}^T\boldsymbol{\Sigma}_{11}\mathbf{a}}\sqrt{\mathbf{b}^T\boldsymbol{\Sigma}_{22}\mathbf{b}}}$$

로 표시할 수 있다. 위의 상관계수를 최대로 하는 $\mathbf{a}$와 $\mathbf{b}$를 구하고, 그에 대응하는 상관계수의 값을 찾는다. $\rho(\mathbf{a}, \mathbf{b})$는 $\mathbf{a}$와 $\mathbf{b}$의 단위변화에 불변하다. 따라서 $\mathbf{a}$와 $\mathbf{b}$는

$$\mathbf{a}^T\mathbf{\Sigma}_{11}\mathbf{a} = \mathbf{b}^T\mathbf{\Sigma}_{22}\mathbf{b} = 1$$

을 만족하는 것으로 찾을 수 있다. 행렬 $\mathbf{Q}$를

$$\mathbf{Q} = \mathbf{\Sigma}_{11}^{-1/2}\mathbf{\Sigma}_{12}\mathbf{\Sigma}_{22}^{-1/2}$$

라 한다. 행렬 $\mathbf{Q}$의 계수를 k라 하면, 보통 $k = \min\{p_1, p_2\}$가 된다. $\mathbf{Q}$의 비정칙치분해(singular value decomposition, 2.2.2절 참조)는

$$\mathbf{Q} = (\boldsymbol{\alpha}_1, ..., \boldsymbol{\alpha}_k)\ \mathbf{D}\ (\boldsymbol{\beta}_1, ..., \boldsymbol{\beta}_k)^T$$

와 같이 표현할 수 있다. 여기서 $\mathbf{D} = \text{diag}(\lambda_1^{1/2}, ..., \lambda_k^{1/2})$이며, λ_i는 $\mathbf{Q}\mathbf{Q}^T$ 또는 $\mathbf{Q}^T\mathbf{Q}$의 특성치가 된다. 또한 $\boldsymbol{\alpha}_i$는 크기가 1이며 특성치 λ_i에 대응하는 $\mathbf{Q}\mathbf{Q}^T$의 특성벡터이고, $\boldsymbol{\beta}_i$는 크기가 1이고 특성치 λ_i에 대응하는 $\mathbf{Q}^T\mathbf{Q}$의 특성벡터이다. $\lambda_1 > \ldots > \lambda_k > 0$ 을 가정하면 $\boldsymbol{\alpha}_i$와 $\boldsymbol{\beta}_i$는 유일하게(부호의 변화를 제외하고) 결정된다.

- $\mathbf{a}_i = \mathbf{\Sigma}_{11}^{-1/2}\boldsymbol{\alpha}_i$와 $\mathbf{b}_i = \mathbf{\Sigma}_{22}^{-1/2}\boldsymbol{\beta}_i$는 (각기 $\mathbf{x}$와 $\mathbf{y}$에 대한) i 번째 정준상관벡터(canonical correlation vector)라 부른다.
- $\mathbf{a}_i^T\mathbf{x}$ $(= u_i)$와 $\mathbf{b}_i^T\mathbf{y}$ $(= v_i)$는 (각기 $\mathbf{x}$와 $\mathbf{y}$에 대한) i 번째 정준상관변수(canoni-cal correlation variate)라 부른다.
- $\lambda_i^{1/2}$는 i 번째 정준상관계수(canonical correlation coefficient)라 부른다.

정준상관계수는 다중상관계수(1.3.2절 참조, 12 쪽)의 일반화로 볼 수 있다. 정준상관변수들의 공분산 관계는 $\text{cov}(u_i, u_j) = 0$ $(i \neq j)$이고, $\text{var}(u_i) = 1$이다. 즉, u_i는 서로 비상관되어 있다. 정준상관변수 v_i도 u_i와 같은 성질을 가진다.

위에서 정의한 정준상관변수나 정준상관계수의 표본값은 $\mathbf{\Sigma}$대신에 표본공분산행렬을 사용하여 구한다. 이러한 결과는 공분산행렬대신에 상관행렬을 사용하여 얻은 결과와 같다.

예제 11.1 표 8.3의 시험자료에 대해 두 변수그룹 $\mathbf{x} = (x_1, x_2)^T$(open book 시험)과 $\mathbf{y} = (x_3, x_4, x_5)^T$(closed book 시험)의 정준상관분석을 시행하여 본다.

먼저 시험자료(oc.d에 저장)에 대하여 정준상관분석을 시행하는 R의 함수 cancor를 이용한다. 함수 cancor의 결과중 xcoef, ycoef가 정준상관벡터 $\mathbf{a}_i, \mathbf{b}_i$에 해당한다. 그러나 이 값들은 정규화되어 있지 않다. 따라서 $\mathbf{a}_i^T \mathbf{\Sigma}_{11} \mathbf{a}_i = 1, \mathbf{b}_i^T \mathbf{\Sigma}_{22} \mathbf{b}_i = 1$을 만족하도록 정규화과정을 수행한다.

```
> oc.cca<-cancor(oc.d[,1:2],oc.d[,3:5])
> a<-oc.cca$xcoef
> a1<-t(a)%*%var(oc.d[,1:2])%*%a
> a%*%diag(1/sqrt(diag(a1)))
                [,1]        [,2]
mechanics 0.02583319  0.06361496
vector    0.05145928 -0.07544314
> b<-oc.cca$ycoef
> b1<-t(b)%*%var(oc.d[,3:5])%*%b
> b%*%diag(1/sqrt(diag(b1)))
                  [,1]        [,2]         [,3]
algebra    0.081909496  0.09035660  0.082485608
analysis   0.008020362 -0.09840149  0.008307399
statistics 0.003454856  0.01433057 -0.078886731
```

위의 결과 oc.cca에서 cor은 정준상관계수를 나타낸다. 정준상관변수를 다시 표현하면 그룹 1에 대하여는

$$
\begin{aligned}
u_1 &= 0.026x_1 + 0.051x_2, \\
u_2 &= 0.064x_1 - 0.075x_2
\end{aligned}
$$

이고, 그룹 2에 대하여는

$$
\begin{aligned}
v_1 &= 0.082x_3 + 0.008x_4 + 0.035x_5, \\
v_2 &= 0.090x_3 - 0.098x_4 + 0.014x_5, \\
v_3 &= 0.082x_3 + 0.008x_4 - 0.079x_5
\end{aligned}
$$

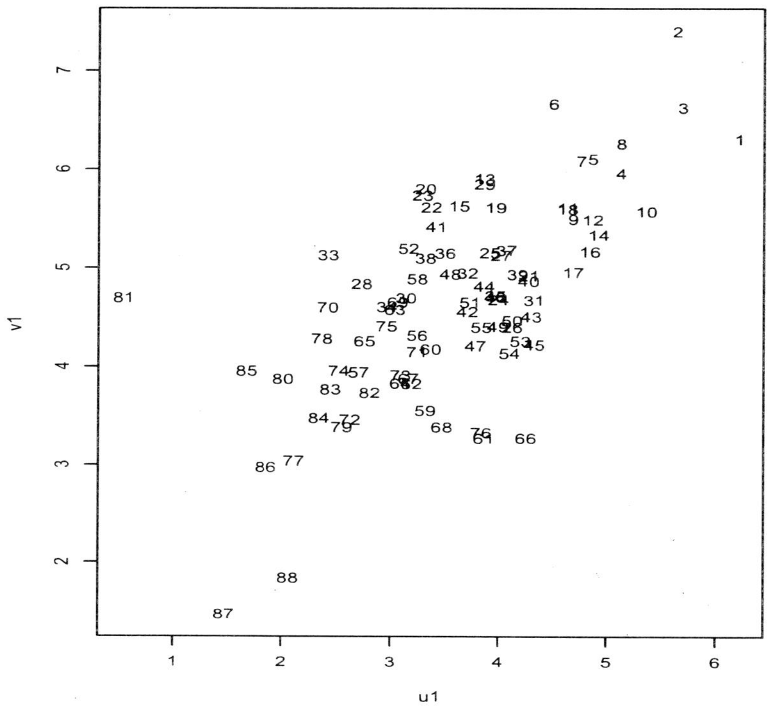

그림 11.1: 시험자료에 대한 정준상관분석 그림

이다. 그러므로 그룹 1의 정준상관변수 u_1에 가장 크게 영향을 미치는 변수는 x_2(벡터학 시험성적)이고, 그룹 2의 정준상관변수 v_1은 x_3(대수학 시험성적)에 의해 가장 큰 영향을 받는다.

한편, u_1과 v_1의 그림을 살펴봄으로써 자료에 대한 그룹화 등의 정보를 찾을 수 있다. 그림 11.1은 시험자료에 대한 u_1과 v_1의 그림이다. 81번 자료가 다른 자료와 분리되어 있으며, 이러한 자료는 이상치의 가능성이 있다. ■

제 11.2 절 정준상관분석의 해석

정준상관변수는 원래 변수들의 선형결합으로 만들어진 것이기 때문에 특정한 의미를 부여하기가 쉽지 않다. 정준상관계수에 대한 해석은 계수의 크기와 부호에 따라 그 의미를 부여하며, 계수의 크기는 원래 변수가 정준상관변수에 미치는 공헌도를 의미하게 된다. 그러나 어느 정준상관변수가 $a_1x_1 + a_2x_2$로 주어졌을 때 a_1은 양의 큰 값이지만 그 정준상관변수와 x_1의 상관은 음의 값을 가지는 경우가 발생할 수 있다. x_1과 다른 변수들간의 높은 상관관계가 존재해서 이러한 모순이 발생할 수 있다. 따라서 정준상관계수이외에 정준적재(canonical loadings)와 정준교차적재(canonical cross loadings)를 계산하여 의미를 부여한다(Dillon과 Goldstein, 1984, pp. 344–350).

정준적재는 변수그룹의 정준상관변수(u_i 또는 v_i)와 그룹내의 각 변수 사이의 상관계수를 나타내며, 정준교차적재는 정준상관변수와 다른 그룹의 변수와의 상관계수를 의미하며 다음과 같이 표현할 수 있다.

$$
\begin{aligned}
\mathrm{corr}(u_i, x_j) &= \mathbf{a}_i^T \mathbf{V}_{11}^{1/2} \boldsymbol{\psi}_{11,j}, \quad \mathrm{corr}(v_i, y_j) = \mathbf{b}_i^T \mathbf{V}_{22}^{1/2} \boldsymbol{\psi}_{22,j}, \\
\mathrm{corr}(u_i, y_j) &= \mathbf{a}_i^T \mathbf{V}_{11}^{1/2} \boldsymbol{\psi}_{12,j}, \quad \mathrm{corr}(v_i, x_j) = \mathbf{b}_i^T \mathbf{V}_{22}^{1/2} \boldsymbol{\psi}_{21,j},
\end{aligned}
$$

여기서 $V_{kk}^{1/2} = \mathrm{diag}(\sigma_{kk,11}^{1/2}, \ldots, \sigma_{kk,ll}^{1/2})$이고, l은 $\boldsymbol{\Sigma}_{kk}$의 크기이며, $\sigma_{kk,ii}$는 $\boldsymbol{\Sigma}_{kk}$의 i 번째 대각원소이다. 또한, 상관행렬 $\boldsymbol{\Psi}$는

$$
\boldsymbol{\Psi} = \begin{pmatrix} \boldsymbol{\Psi}_{11} & \boldsymbol{\Psi}_{12} \\ \boldsymbol{\Psi}_{21} & \boldsymbol{\Psi}_{22} \end{pmatrix}
$$

로 분해되고, $\boldsymbol{\psi}_{kl,j}$는 행렬 $\boldsymbol{\Psi}_{kl}$의 j 번째 열벡터이다. 위의 식에서 처음 줄은 정준적재를 나타내며, 두 번째 줄은 정준교차적재를 나타낸다. 윗 식을 행렬로 정리하면

$$
\begin{aligned}
\mathbf{L}_{xx} &= \mathbf{A}^T \mathbf{V}_{11}^{1/2} \boldsymbol{\Psi}_{11}, \quad \mathbf{L}_{yy} = \mathbf{B}^T \mathbf{V}_{22}^{1/2} \boldsymbol{\Psi}_{22}, \\
\mathbf{L}_{xy} &= \mathbf{A}^T \mathbf{V}_{11}^{1/2} \boldsymbol{\Psi}_{12}, \quad \mathbf{L}_{yx} = \mathbf{B}^T \mathbf{V}_{22}^{1/2} \boldsymbol{\Psi}_{21}
\end{aligned}
$$

이다. 여기서 $\mathbf{A} = (\mathbf{a}_1, .., \mathbf{a}_k)$, $\mathbf{B} = (\mathbf{b}_1, .., \mathbf{b}_k)$이며, $\mathbf{L}_{kl}$은 변수그룹 k의 정준상관변수와 변수그룹 l의 변수와의 상관행렬을 의미한다.

예제 11.2 예제 11.1에서 정준상관분석을 실시한 시험자료에 대하여 정준적재와 정준교차적재를 구하여 본다.

정준적재와 정준교차적재를 구하기 위한 R 함수는 예제 11.1에서 작성한 함수 cancor을 이용하여 다음과 같이 작성할 수 있다.

```
ccaload.f<-function(x,y){
    x<-as.matrix(x);y<-as.matrix(y)
    cca<-cancor(x,y)
    u<-x%*%cca$xcoef; v<-y%*%cca$ycoef
    cor(cbind(x,y), cbind(u,v))
}
```

여기서 인자 x, y는 두 자료행렬이고 결과에서 블록별로 상관계수를 구하면 된다. 시험자료에 대하여 정준적재와 정준교차적재를 구하려면 다음과 같은 명령어를 사용하면 된다.

```
> ccaload.f(oc.d[,1:2],oc.d[,3:5])
            [,1]       [,2]  [,3]     [,4]      [,5]
mechanics  0.826  0.563492 0.548  0.02307 -1.73e-16
vector     0.927 -0.376247 0.614 -0.01541 -1.57e-16
algebra    0.659  0.003524 0.995  0.08606  5.92e-02
analysis   0.513 -0.025725 0.774 -0.62826 -8.02e-02
statistics 0.471 -0.000062 0.710 -0.00151 -7.04e-01
```

위의 결과를 변수명을 포함한 표로 정리하면 표 11.1과 같다.

표 11.1: 시험자료의 정준적재와 정준교차적재

	u_1	u_2	v_1	v_2
x_1	0.826	0.563	0.548	−0.023
x_2	<u>0.927</u>	−0.376	0.614	0.015
x_3	0.659	0.004	<u>0.995</u>	−0.086
x_4	0.513	−0.026	0.774	0.628
x_5	0.471	−0.000	0.710	0.002

표 11.1로부터 정준상관변수 u_1에 가장 크게 영향을 미치는 변수는 x_2이고 (상

관계수의 절대치를 비교하면 알 수 있다), 마찬가지로 v_1에 가장 크게 영향을 미치는 변수는 x_3임을 알 수 있다. 그리고 정준상관변수 u_2, v_2에 대한 정준적재의 절대치를 각각 u_1, v_1과 비교하면 상대적으로 작다. 따라서 정준상관분석에 충분한 정준상관변수의 수는 1이다. ■

제 11.3 절 정준상관계수의 유의검정

$\mathbf{z}$가 다변량 정규분포를 따르고, 이 분포에서 크기가 n인 확률표본을 얻어서 구한 λ_i의 표본값을 r_i로 한다. 처음 m개의 정준상관계수는 0이 아니고 나머지 정준상관계수는 0인 가설

$$H_m : \lambda_{m+1} = \ldots \lambda_k = 0$$

은 다음의 우도비검정통계량

$$-[n - \frac{1}{2}(p+3)] \sum_{i=m+1}^{k} \log(1 - r_i)$$

을 이용하여 검정할 수 있다. 이 통계량은 근사적으로 자유도가 $(p_1 - m)(p_2 - m)$인 χ^2 분포를 따르며, 이 값이 충분히 클 때 H_m을 기각한다(Mardia et al., 1979, p. 289).

두 변수 그룹 $\mathbf{x}$ 와 $\mathbf{y}$ 사이의 관계에 대한 정보는 $\mathbf{\Sigma}_{12}$(또는 $\mathbf{\Sigma}_{21}$)에 포함되어 있다. $\mathbf{\Sigma}_{12} = \mathbf{0}$ 이면 $\mathbf{x}$와 $\mathbf{y}$는 비상관되어, 정준상관분석은 의미를 상실한다. 따라서 정준상관분석을 고려하기 전에 먼저 가설 $\mathbf{\Sigma}_{12} = \mathbf{0}$의 검정이 필요하다. 이것은 가설 $H_0 : \lambda_1 = \ldots = \lambda_k = 0$와 같다. H_0의 검정은 위의 H_m의 검정에서 $m = 0$를 대입하여 실시한다. H_0가 기각되면 제일 큰 λ_1 다음으로 몇 개가 0 이 아닌지 알 수 없다. 따라서 H_1, H_2,...의 순서로 검정을 실시하여, 적당한 m에 대하여 H_m이 유의하지 않을 때 즉, H_m이 기각되지 않을 때 검정의 절차를 멈춘다. 결국 $\mathbf{x}$와 $\mathbf{y}$ 사이의 관계는 처음 m개의 정준상관변수로 요약할 수 있다.

예제 11.3 예제 11.1, 11.2에서 다룬 시험자료에 대하여 몇 개의 정준상관변수를 이용하여 두 그룹간의 관계를 분석하는 것이 타당한지에 대하여 살펴본다.

먼저 두 종류의 시험(open book 시험과 closed book 시험)들이 서로 비상관되어 있는지의 가설은 $k = \min(2,3) = 2$ 이므로 다음과 같이 설정할 수 있다.

$$H_0 : \lambda_1 = \lambda_2 = 0.$$

우도비검정통계량의 값은 다음과 같이 계산할 수 있다. 여기서 oc.cca는 시험자료에 대한 cancor 함수의 결과값이다.

```
> -(88-0.5*(5+3))*sum(log(1-(oc.cca$cor[1:2])^2))
[1] 48.79144
```

위의 명령어중에서 88은 시험자료의 관측치의 수, 5는 두 변수그룹의 변수의 수의 합(=2+3)이고 oc.cca$cor 다음의 1은 $m+1$이고 2는 k이다. 검정통계량값이 48.79로 충분히 크므로 가설 H_0를 기각한다. 즉, 두 종류의 시험이 비상관되어 정준상관분석이 의미가 있다.

두 번째로 정준상관변수의 수가 1일 때 두 변수 그룹의 상관관계를 요약할 수 있는지의 가설은 다음과 같다.

$$H_1 : \lambda_2 = 0.$$

이 가설에 대한 검정통계량은 위에서 기술한 바와 같이

```
> -(88-0.5*(5+3))*sum(log(1-(oc.cca$cor[2:2])^2)
[1] 0.14095
> qchisq(0.95,2)
[1] 5.991465
```

이다. 한편 자유도가 $(p_1 - m)(p_2 - m) = (2-1)(3-1) = 2$인 유의수준 0.05에서의 기각값은 qchisq(0.95,2)의 값 5.99 이다. 우도비검정통계량 값 0.14 가 기각값 5.99 보다 작으므로 H_1을 기각할 수 없다. 즉, 정준상관변수의 수가 1이면 open book 그룹과 closed book 그룹의 정준상관분석에 충분하다. 이 결과는 예제 11.2에서 예상한 바와 같다. ■

연 습 문 제

1. 다음의 표는 나비의 환경변수 ($x_1,\ldots,x_4$)와 생물학적 변수 ($y_1,\ldots,y_4$) 에 대한 16개의 자료를 나타낸다. 관련된 내용은 Manly(1994)의 책 pp. 152–157 을 참조하기 바란다.

x_1	x_2	x_3	x_4	y_1	y_2	y_3	y_4
500	43	98	17	3	22	57	17
800	20	92	32	16	20	38	13
570	28	98	26	6	28	46	17
550	28	98	26	4	19	47	27
550	28	98	26	1	8	50	35
380	15	99	28	2	19	44	32
930	21	99	28	0	15	50	27
650	10	101	27	31	40	25	4
600	10	101	27	40	32	28	0
1500	19	99	23	1	6	80	12
1750	22	101	27	5	34	33	22
2000	58	100	18	7	14	66	13
2500	34	102	16	9	15	47	21
2000	21	105	20	10	17	32	27
7850	42	84	5	5	7	84	4
10500	50	81	-12	3	1	92	4

(1) 정준상관계수, 정준상관벡터, 정준상관변수를 구하라.

(2) 정준적재와 정준교차적재를 구하라. 정준상관변수와 원래 변수와의 관계를 설명하라.

(3) 정준상관분석을 위하여 정준상관변수는 몇 개면 충분한가 ?

제 12 장

집락분석

집락분석(cluster analysis)은 일단의 객체들을 여러 개의 그룹으로 분류하여 서로 유사한 것은 같은 그룹으로 모이도록 하는데 사용된다. 분류의 대상인 각 객체는 여러 변수에 대한 측정치로 표현된다. 객체들을 분류하여 얻어지는 그룹은 판별분석과는 달리 미리 정의되어 있지 않다. 또한 그룹의 수도 알려져 있지 않다. 여기서 사용한 '그룹'이란 용어는 집락(cluster), 계급(class), 형태(type) 등과 함께 혼용된다. 집락분석은 생태학, 고고학, 언어학, 심리학, 패턴인식 등의 많은 분야에서 사용된다.

제 12.1 절 유사성의 측도

집락분석은 객체 사이의 비유사성(dissimilarity) 또는 거리를 나타내는 측도를 이용하여 객체를 분류한다. 여기서 비유사성 또는 거리는 각기 유사성(similarity) 또는 가까운 정도(closeness)의 상반된 개념이다. 두 객체 사이의 거리가 멀면, 비유사성은 크게 된다. 반대로, 거리가 가까우면 비유사성은 작아지고 유사성은 커진다. 두 개의 객체 $\mathbf{x} = (x_1, ..., x_p)^T$와 $\mathbf{y} = (y_1, ..., y_p)^T$ 사이의 거리를 측정하는 측도로 사용되는 것은 다음과 같다.

두 객체 사이의 유클리디안 거리(Euclidean distance)는

$$\{(\mathbf{x}-\mathbf{y})^T(\mathbf{x}-\mathbf{y})\}^{1/2} = \{\sum_{i=1}^{p}(x_i - y_i)^2\}^{1/2}$$

으로 정의된다. 모든 객체들에 입각한 표본공분산행렬을 **S**로 할 때, 두 객체 사이의 마하라노비스 거리

$$\{(\mathbf{x}-\mathbf{y})^T\mathbf{S}^{-1}(\mathbf{x}-\mathbf{y})\}^{1/2}$$

도 사용된다. 이외에

$$\{\sum_{i=1}^{p}|x_i - y_i|^m\}^{1/m}$$

로 정의된 민코우스키 거리(Minkowski distance)가 있다. 변수 사이의 단위차이가 클 때 사용되는 것으로

$$\{\sum_{i=1}^{p}\frac{(x_i - y_i)^2}{s_i^2}\}^{1/2}$$

로 정의된 칼 피어슨 거리(Karl Pearson distance)가 있다. 여기서 s_i^2은 모든 객체들에 입각한 i 번째 변수의 표본분산이 된다. Karl Pearson의 거리는 표준화된 변수의 유클리디안 거리임을 알 수 있다. 자세한 내용은 Mardia et al.(1979), Krzanowski와 Marriott(1995)의 책을 참조하기 바란다.

제 12.2 절 계층분류법

계층분류법(hierarchical classification method)은 점진적으로 객체를 분류하는 방법으로 자주 사용된다. 계층분류법은 주로 집합(agglomerative)계층분류법과 분할 (divisive) 계층분류법으로 구분된다. 이 방법은 각 단계마다 객체들 사이의 거리를 계산하여, 객체들을 집합하거나 분할하여 그룹을 형성한다. 이러한 분류과정을 나타낸 그림을 덴드로그램(dendrogram) 또는 수목도(tree diagram)라고 부른다.

집합계층분류법에서 그룹의 분류는 각 객체를 하나의 그룹으로 간주하며 시작한다. 각 단계마다 가까이 있는 그룹들은 합하여 하나의 그룹으로 만들어서,

표 12.1: 인공거리자료

	1	2	3	4	5
1	-				
2	1	-			
3	5	4	-		
4	9	8	3	-	
5	8	7	4	2	-

끝으로 한 개의 그룹만 남을 때 멈춘다. 따라서 각 단계마다 그룹의 수는 하나씩 감소한다.

그룹들이 가까이 있는 정도를 측정하는 방법은 많이 있으나, 여기서는 최단결합(nearest neighbour linkage 또는 single linkage), 최장결합(farthest neighbour linkage 또는 complete linkage), 군평균결합(group average linkage)을 이용한 집합계층분류법을 예를 들어 설명한다. 이 외에 중심(centroid)법과 중앙치(median)법을 간단히 살펴본다. 다른 방법에 대해서는 Seber(1984), Gordon(1981)의 책을 참조하기 바란다.

표 12.1의 행렬은 다섯 개의 객체들 사이의 거리 d_{ij}를 나타낸다.

12.2.1 최단결합법

최단결합법에서는 두 거의 그룹 A, B 사이의 거리를

$$\min_{i \in A, j \in B} d_{ij}$$

로 정의하며, 각 분류단계마다 두 그룹 사이의 거리를 계산하여 가장 작은 값을 갖는 두 개의 그룹을 합하여 하나의 그룹으로 만든다.

첫 번째 단계에서 각 객체는 하나의 그룹을 형성하여 최단결합법에 의한 그룹사이의 거리는 표 12.1과 같으므로, d_{12}의 값이 최소가 된다. 따라서 첫 번째 단계에서 그룹 (1)과 (2)를 합하여 하나의 그룹 (1,2)로 만들어서, 다섯 개의 객체는 네 개의 그룹으로 된다. 이때, 그룹 (1,2)와 나머지 그룹, 예를 들어 (3)사

표 12.2: 인공거리자료의 최단결합법 1 단계

	(1,2)	3	4	5
(1,2)	-			
3	4	-		
4	8	3	-	
5	7	4	2	-

표 12.3: 인공거리자료의 최단결합법 2 단계

	(1,2)	3	(4,5)
(1,2)	-		
3	4	-	
(4,5)	7	3	-

이의 거리는 d_{13}와 d_{23}의 최소값이 된다. 따라서 네 개의 그룹 (1,2), (3), (4), (5) 사이의 거리를 나타내는 표 12.2와 같은 새로운 거리행렬을 얻는다.

표 12.2의 거리행렬에서 d_{45}의 값이 최소가 되므로, 두 번째 단계에서 그룹 (4)와 (5)를 합하여 하나의 그룹 (4,5)로 만들어서, 전체 그룹은 (1,2), (3), (4,5)로 된다. 앞에서와 마찬가지로, 그룹사이의 거리를 계산할 수 있다. 그룹 (1,2)와 (4,5)사이의 거리는 d_{14}, d_{15}, d_{24}, d_{25}의 최소값이 된다. 따라서 세 개의 그룹 (1,2), (3), (4,5)사이의 거리는 표 12.3과 같다.

표 12.3의 거리행렬에서 두 그룹 (3)과 (4,5) 사이의 거리가 가장 작으므로, 세 번째 단계에서 그룹 (3)과 (4,5)를 합하여 하나의 그룹 (3,4,5)로 만든다. 이 결과 두 개의 그룹 (1,2)와 (3,4,5)를 얻으며, 이 두 그룹사이의 거리는 4가 된다. 끝으로, 위의 두 개의 그룹을 합하여 다섯 개의 객체를 모두 포함하는 하나의 그룹을 만든다.

그림 12.1의 덴드로그램은 이러한 분류과정을 보여 준다. 그룹 사이에 이 그룹을 연결할 수 있는 중간 객체가 존재하면 최단결합법은 만족스러운 결과를 주지 못한다. 이러한 것을 체인효과(chaining effect)라 부른다.

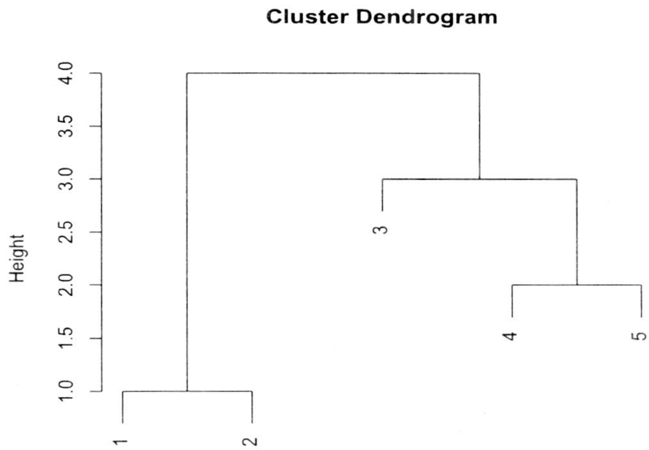

그림 12.1: 인공거리자료의 최단결합법에 의한 덴드로그램

예제 12.1 표 12.4의 자료는 1994년 유럽연합에 가입한 나라의 GNP에 대한 농업의존도와 GNP를 나타낸다. 이 자료는 Euro.d라는 텍스트 파일에 저장되어 있다.

Euro.d는 첫번째열이 나라명이므로 이를 행이름으로 변환하면 편리하다.

```
> a<-read.table("Euro.d",header=T)
> Euro.d<-a[,2:3]
> rownames(Euro.d)<-a[,1]
```

먼저, 유로 자료에 대해 유클리디안 거리행렬을 구하여본다. 유클리디안 거리행렬은 R에서 제공하는 dist 함수를 통하여 구할 수 있다. dist의 기본형은

```
dist(x,method="euclidean",diag=FALSE,upper=FALSE,p=2)
```

이다. 여기서 x는 행렬 또는 dist 객체이며, method은 거리측도로 "euclidean", "manhattan", "minkowski", "binary" 등이 있다. "euclidean"은 유클리디안 거리, "manhattan"은 12.1절에서 기술한 $m = 1$일 때의 민코우스키 거리를,

표 12.4: 유로 자료

나라	농업의존도	GNP
B(Belgium)	2.7	16.8
DK(Denmark)	5.7	21.3
D(Germany)	3.5	18.7
GR(Greece)	22.2	5.9
E(Spain)	10.9	11.4
F(France)	6.0	17.8
IRL(Ireland)	14.0	10.9
I(Italy)	8.5	16.6
L(Luxembourg)	3.5	21.0
NL(Netherlands)	4.3	16.4
P(Portugal)	17.4	7.8
UK(United Kingdom)	2.3	14.0

"minkowski"는 민코우스키거리를 의미한다. 유로 자료에 대한 나라사이의 유클리디안거리 결과는

```
> dist(Euro.d)
       B   DK    D   GR    E    F  IRL    I    L   NL    P
DK   5.4
D    2.1  3.4
GR  22.3 22.6 22.7
E   18.0 17.3 18.0  6.0
F    3.4  3.5  2.7 20.1 15.3
IRL 12.7 13.3 13.1  9.6  5.9 10.6
I    5.8  5.5  5.4 17.4 12.5  2.8  7.9
L    4.3  2.2  2.3 24.0 19.0  4.1 14.6  6.7
NL   1.6  5.1  2.4 20.8 16.4  2.2 11.2  4.2  4.7
P   17.2 17.9 17.7  5.2  4.4 15.2  4.6 12.5 19.2 15.7
UK   2.8  8.1  4.9 21.5 17.8  5.3 12.1  6.7  7.1  3.1 16.3
```

이다. 여기서 각 값들은 자료들간의 유클리디안 거리를 의미한다.

R에서 계층분류법은 hclust함수를 이용한다. 함수 hclust의 기본형은

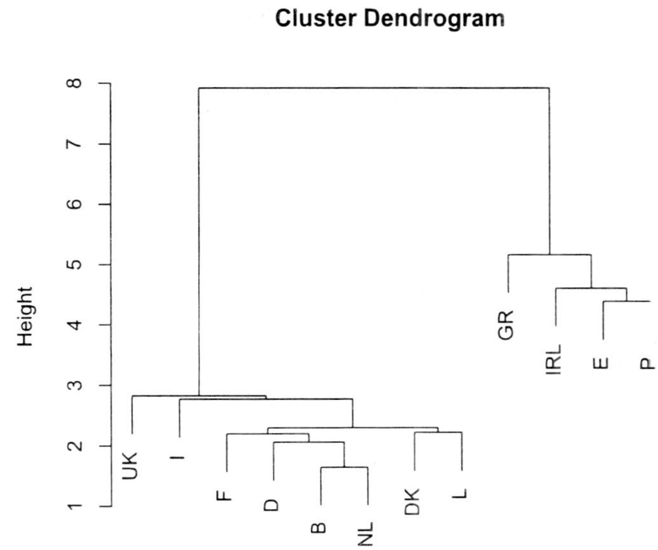

그림 12.2: 유로 자료의 최단결합법에 의한 덴드로그램

```
hclust(x, method="complete")
```

이다. 여기서 x는 dist 함수에서 생성된 객체를 나타내며, method는 ward (ward linkage), single (single linkage), "complete" (complete linkage), average (group average linkage), median (median method), centroid (centroid method) 등이 있으며, 기본값으로 "complete"를 사용한다. 유로 자료에 대하여 최단결합법을 적용하려면

```
> hclust(dist(Euro.d),method="single")
```

의 명령어를 입력하면 충분하다.

집락분석의 결과를 덴드로그램으로 보기 위한

```
> plot(hclust(dist(Euro.d),method="single"))
```

표 12.5: 인공거리자료의 최장결합법 1 단계

	(1,2)	3	4	5
(1,2)	-			
3	5	-		
4	9	3	-	
5	8	4	2	-

의 명령어는 그림 12.2를 생성한다. 이 그림에서 유럽연합의 유로 자료는 두 개의 그룹으로 분류될 수 있음을 알 수 있다. 하나의 그룹은 GNP가 크고 농업의존도가 낮으며, 또 하나의 그룹은 GNP가 작고 농업의존도가 높음을 알 수 있다. ■

12.2.2 최장결합법

최장결합법에서 두 개의 그룹 A, B 사이의 거리는

$$\max_{i \in A, j \in B} d_{ij}$$

로 정의되며, 각 분류 단계마다 두 그룹 사이의 거리를 계산하여 가장 작은 값을 갖는 두 개의 그룹을 합하여 하나의 그룹으로 만든다. 이 방법은 최단결합법과 분류기준만 다를 뿐 분류과정은 같다.

첫 번째 단계에서 각 객체는 하나의 그룹을 형성하여 최장결합법에 의한 그룹사이의 거리는 표 12.1과 같으므로, 그룹 (1)과 (2)가 합하여 하나의 그룹이 되어서 다섯 개의 객체는 네 개의 그룹으로 된다. 그룹 (1,2)와 나머지 그룹, 예를 들어 (3)사이의 거리는 d_{13}와 d_{23}의 최대값이 된다. 이와 같이 거리를 계산하여, 네 개의 그룹 (1,2), (3), (4), (5)사이의 거리를 나타내는 표 12.5와 같은 새로운 거리행렬을 얻는다.

표 12.5의 거리행렬에서 그룹 (4)와 (5)사이의 거리가 가장 작으므로, 두 번째 단계에서는 그룹 (4)와 (5)를 합하여 새로운 그룹 (4,5)를 만든다. 이 결과 그룹은 (1,2), (3), (4,5)가 되며, 이 세 그룹사이의 거리행렬은 표 12.6과 같이 된다.

표 12.6: 인공거리자료의 최장결합법 2 단계

	(1,2)	3	(4,5)
(1,2)	-		
3	5	-	
(4,5)	9	4	-

표 12.6의 거리행렬에서 그룹 (3)과 (4,5)사이의 거리가 가장 작으므로, 이 두 그룹을 합하여 새로운 그룹 (3,4,5)를 만든다. 이 결과 얻어진 두 그룹 (1,2)와 (3,4,5)사이의 거리는 9가 된다. 끝으로, 이 두 그룹을 합하여 다섯 개의 객체를 모두 포함하는 하나의 그룹을 만든다. 최장결합법에 의한 분류과정이 그림 12.3의 덴드로그램에 나타나 있다.

예제 12.2 표 12.4의 유로 자료에 대하여 최장결합법을 수행한다. R에서 다음의 `hclust`를 이용하면

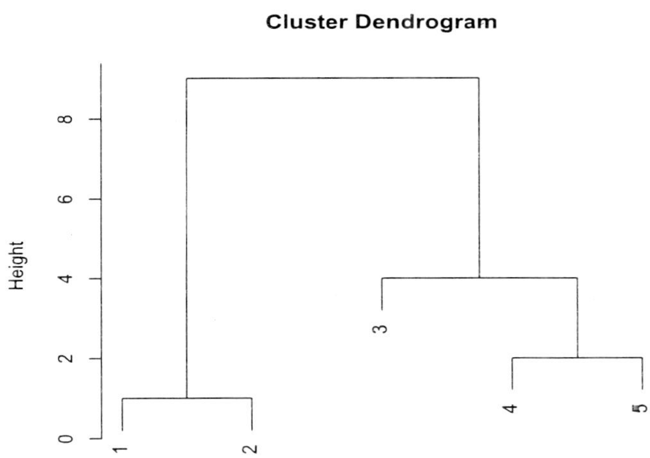

그림 12.3: 인공거리자료의 최장결합법에 의한 덴드로그램

```
> plot(hclust(dist(Euro.d),method="complete"))
```

그림 12.4를 얻는다.

그림 12.4로부터 유로 자료를 두 그룹으로 나눌 때 최단결합법의 결과인 그림 12.2와 같음을 알 수 있다. 만약 그룹을 세 개로 나누는 경우 농업의존도가 높고 GNP가 작은 그룹 (GR, P, E, IRL)을 최단결합법은 (GR), (P, E, IRL)로 나누는 반면, 최장결합법은 (GR, P), (E, IRL)로 나눈다. ■

12.2.3 군평균결합법

군평균결합법에서 두 개의 그룹 A, B 사이의 거리는

$$\frac{1}{n_A n_B} \sum_{i \in A, j \in B} d_{ij}$$

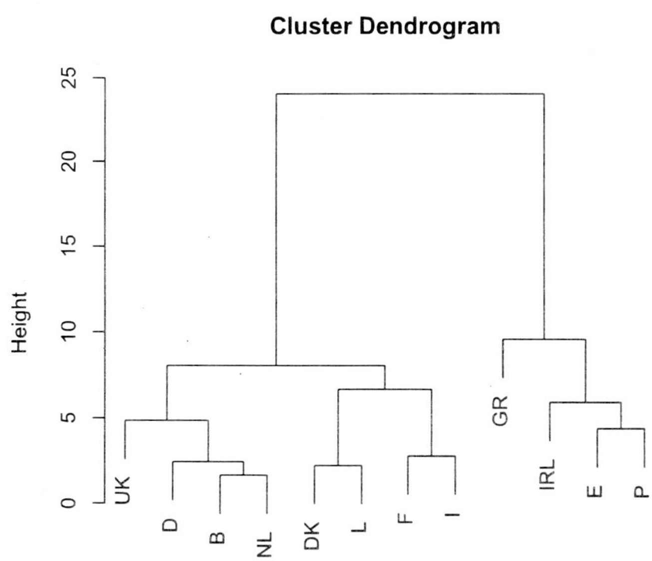

그림 12.4: 유로 자료의 최장결합법에 의한 덴드로그램

로 정의된다. 여기서 n_A와 n_B는 각각 그룹 A와 B의 객체의 수이다. 이 방법은 최단결합법, 최장결합법과 마찬가지로, 각 분류 단계마다 앞에서 정의한 두 그룹 사이의 거리를 구하여 가장 작은 값을 갖는 두 개의 그룹을 하나의 그룹으로 만든다.

첫 번째 단계에서 각 객체는 하나의 그룹을 형성하여 군평균결합법에 의한 그룹 사이의 거리는 표 12.1과 같으므로, 앞의 두 방법과 마찬가리로 그룹 (1)과 (2)가 합하여 하나의 그룹 (1,2)를 형성한다. 네 개의 그룹 (1,2), (3), (4), (5)사이의 거리는 표 12.7과 같다.

표 12.7의 거리행렬에서 그룹 (4)와 (5)사이의 거리가 가장 작으므로, 두번째 단계에서 이 두 그룹을 합하여 하나의 그룹 (4,5)를 만든다. 이렇게 얻어진 그룹 (1,2), (3), (4,5)사이의 거리행렬은 표 12.8과 같다.

표 12.8의 거리행렬에서 그룹 (3)과 (4,5) 사이의 거리가 가장 작으므로, 세 번째 단계에서 이 두 그룹을 합하여 새로운 그룹 (3,4,5)를 만든다. 이 결과 얻어진 두 그룹 (1,2)와 (3,4,5) 사이의 거리는 6.8이 된다. 끝으로, 이 두 그룹을 합하여 다섯 개의 객체를 모두 포함하는 하나의 그룹을 만든다. 그림 12.5의 덴드로그램은 군평균결합법에 의한 분류과정을 보여준다.

예제 12.3 표 12.4의 GNP 자료에 대하여 군평균결합법을 수행한다. R에서 다음의 hclust를 이용하면

```
> plot(hclust(dist(Euro.d),method="average"))
```

표 12.7: 인공거리자료의 군평균결합법 1 단계

	(1,2)	3	4	5
(1,2)	-			
3	4.5	-		
4	8.5	3	-	
5	7.5	4	2	-

표 12.8: 인공거리자료의 군평균결합법 2 단계

	(1,2)	3	(4,5)
(1,2)	-		
3	4.5	-	
(4,5)	8.0	3.5	-

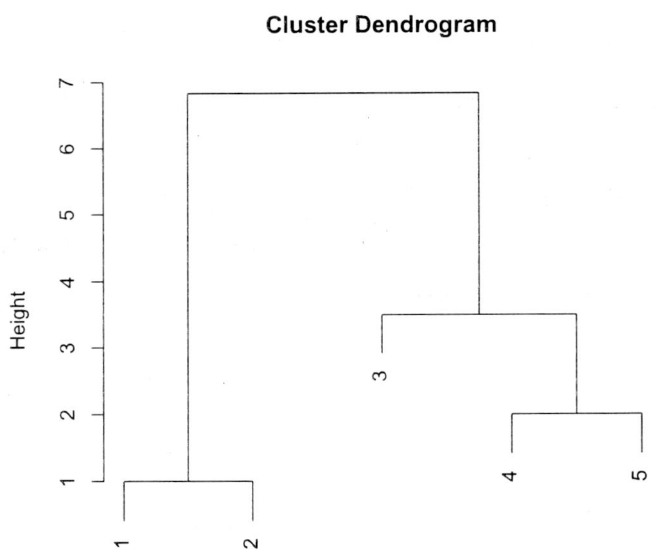

그림 12.5: 인공거리자료의 군평균결합법에 의한 덴드로그램

그림 12.6을 얻는다. 이 그림으로부터 유로 자료를 두 그룹으로 나눌 때 최단결합법, 최장결합법의 결과인 그림 12.2, 그림 12.4와 같음을 알 수 있다. ■

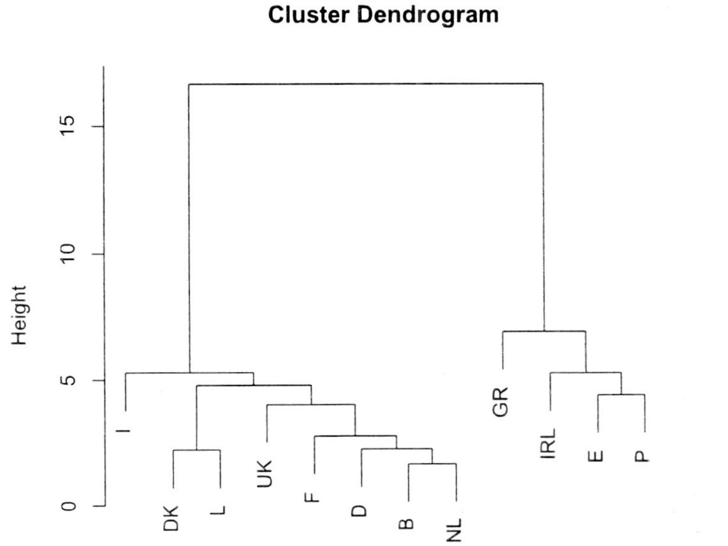

그림 12.6: 유로자료의 군평균결합법에 의한 덴드로그램

12.2.4 중심법과 중앙치법

r 번째 객체의 자료가 p 차원의 벡터 $\mathbf{x}_r$로 표현될 때, 각 그룹, 예를 들어 그룹 A의 중심은

$$\bar{\mathbf{x}}_A = \frac{1}{n_A}\sum_{r \in A} \mathbf{x}_r$$

로 정의된다. 마찬가지로 정의된 그룹 B의 중심을 $\bar{\mathbf{x}}_B$로 한다. $\bar{\mathbf{x}}_A$와 $\bar{\mathbf{x}}_B$의 i 번째 성분 변수를 각각 $\bar{x}_{Ai}$, $\bar{x}_{Bi}$로 하고, 각 그룹에서 이러한 변수들의 평균을 $\bar{x}_{A+} = (1/p)\sum_{i=1}^{p} \bar{x}_{Ai}$, $\bar{x}_{B+} = (1/p)\sum_{i=1}^{p} \bar{x}_{Bi}$ 로 나타낸다.

중심법에서 두 그룹 사이의 거리의 측도로 사용되는 것 중의 하나가 다음과 같이 정의된 상관계수이다.

$$cc_{AB} = \frac{\sum_{i=1}^{p}(\bar{x}_{Ai} - \bar{x}_{A+})(\bar{x}_{Bi} - \bar{x}_{B+})}{\{\sum_{i=1}^{p}(\bar{x}_{Ai} - \bar{x}_{A+})^2 \sum_{i=1}^{p}(\bar{x}_{Bi} - \bar{x}_{B+})^2\}^{1/2}}.$$

다른 측도로, 제곱한 유클리디안거리

$$\sum_{i=1}^{p}(\bar{x}_{Ai} - \bar{x}_{Bi})^2$$

를 사용하기도 한다.

중심법은 이와 같은 두 그룹 사이의 거리의 측도를 사용하여 앞에서 설명한 방법처럼 객체를 분류한다. 두 그룹 A와 B가 합하여 만들어진 그룹 $A \cup B$의 중심은 가중평균 $(n_A\bar{x}_{A+} + n_B\bar{x}_{B+})/(n_A + n_B)$로 주어진다. 규모가 작은 그룹과 큰 그룹이 합하면 새로운 그룹의 중심은 보통 합치기 전의 규모가 큰 그룹에 포함된다.

중앙치법은 중심법과 같으나, 두 그룹 A와 B가 합하여 만들어진 그룹 $A \cup B$의 중심이 단순평균 $(\bar{x}_{A+} + \bar{x}_{B+})/2$로 주어진다.

참고 12.1 분할계층분류법은 먼저 n개의 객체를 두 그룹으로 분할한다. 이렇게 분할할 수 있는 경우의 수는 $2^{n-1} - 1$ 이다. 따라서 객체의 수가 많으면 이 방법을 적용하는 것은 비실용적이다. 이 방법은 집합계층분류법보다 덜 사용된다. 자세한 내용은 Seber(1984), Dillon과 Goldstein(1984)의 책을 참조하기 바란다.

12.2.5 적합도

객체를 분류하여 얻어진 덴드로그램이 원래의 거리행렬을 얼마나 잘 적합시켰는가를 측정하는 측도로 코페네틱 상관계수(cophenetic correlation coefficient)가 있다. n개의 객체 중에서 객체 r과 s의 거리를 d_{rs}로 나타낸다. 덴드로그램에서 객체 r과 s가 포함된 그룹이 합하여 이 두 객체가 처음으로 같은 그룹으로 분류될 때의 분류수준을 δ_{rs}로 한다. 이렇게 얻어진 $\binom{n}{2}$개의 d_{rs}와 δ_{rs} 사이의 상관계수를 코페네틱 상관계수(cophenetic coefficient)라 부른다. 이 값이 1에 가까우면, 계층분류법에의한 덴드로그램의 적합이 좋은 것을 의미한다.

표 12.1의 거리행렬에 최단결합법을 적용하였을 때, 코페네틱 상관계수의 계산에 필요한 d_{rs}와 δ_{rs}가 표 12.9에 실려 있다. 예를 들어 최단결합법을 적용할 때 (1,2)가 한 그룹이 되는 분류수준은 그림 12.1로부터 1이므로 $\delta_{12} = 1$이다. 한편, (1,3)은 한 그룹이 되는 분류수준이 4이므로 $\delta_{13} = 4$이다.

표 12.9: 인공거리자료의 최단결합법에서 코페네틱 상관계수

(r,s)	(1,2)	(1,3)	(1,4)	(1,5)	(2,3)	(2,4)	(2,5)	(3,4)	(3,5)	(4,5)
d_{rs}	1	5	9	8	4	8	7	3	4	2
δ_{rs}	1	4	4	4	4	4	4	3	3	2

따라서 코페네틱 상관계수의 값은 0.82가 된다.

R에서는 δ_{rs}를 구하는 함수가 cophenetic으로 제공되고 있고, d_{rs}는 dist로 제공된다. 이 함수를 이용하여 유로 자료의 최장결합법 및 최단결합법에 의한 집락분석의 코페네틱 상관계수를 구하면 다음과 같다.

```
> Euro.dist<-dist(Euro.d)
> cop1<-cophenetic(hclust(Euro.dist))
> cor(Euro.dist,cop1)
[1] 0.9
> cop2<-cophenetic(hclust(Euro.dist,method="single"))
> cor(Euro.dist,cop2)
[1] 0.9
```

또 다른 집락분석에서의 적합도 계수는 Rousseeuw(1986)가 제안한 결합계수(agglomerative coefficient)가 있다. $d(i)$를 i 번째 관측치가 처음으로 그룹을 형성할 때의 거리를 최종적으로 하나의 그룹이 될 때의 거리로 나눈 값이라 하면, $1-d(i)$들의 평균을 결합계수라 한다. 이 결합계수가 크면 결합방법이 적합한 것을 의미한다.

표 12.1의 거리행렬에 최단결합법을 적용하였을 때, $d(1)$을 구하면 관측치 1이 처음 그룹을 형성할 때의 거리는 1이고, 최종적으로 그룹 (1,2)와 그룹 (3,4,5)가 하나의 그룹을 이루었을 때의 거리는 4 이므로 $d(1) = 1/4$ 이다. 마찬가지로 $d(2) = 1/4$ 이며, 관측치 4, 5는 각각 그룹을 형성할 때의 최소값이 2이므로 $d(4) = d(5) = 2/4$이다. 마지막으로 $d(3)$은 표 12.3에서 3/4 임을 알 수 있다.

따라서 결합계수는

$$\sum_{i=1}^{t}(1-d(i))/5 = 0.55$$

이다.

이 외에 적합도의 측정으로 Goodman과 Kruskal(1954)의 순위상관계수를 이용한 γ 통계량이 있다.

예제 12.4 표 12.4의 유로 자료에 대한 결합계수를 구하여 본다. R에서는 함수 agnes로 구현되어 있다 (cluster 패키지가 필요하다). 함수 agnes의 결과값중 ac가 바로 결합계수이다. 따라서 최단결합법, 최장결합법, 군평균결합법의 결합계수는 각각 다음과 같다.

```
> agnes(Euro.d,method="single")$ac
[1] 0.62
> agnes(Euro.d,method="complete")$ac
[1] 0.84
> agnes(Euro.d,method="average")$ac
[1] 0.78
```

위의 결과로부터 유로 자료의 경우에는 최장결합법이 가장 우수한 성능을 가진다고 할 수 있다. ■

12.2.6 그룹의 수

집락분석에서 그룹의 수는 미리 알려져 있지 않고, 자료를 가장 잘 적합시키는 그룹을 찾아야 한다. 집합계층분류법에서 일반적으로 사용되는 방법으로, 인접한 두 개의 분류단계의 덴드로그램 수준의 차이가 크게 될 때, 이 두 단계 중의 첫 단계까지 얻어진 그룹을 택한다. 표 12.1의 자료에 대해 집합계층분류법에서 군평균결합법에 의한 덴드로그램인 그림 12.5는 두 개의 그룹 (1,2)와 (3,4,5)를 제시한다. 그러나 이러한 방법은 주관적이 될 수 있다(Everitt, 1993). 다른 방법으로 Mojena(1977)가 제안한 좀더 객관적인 방법이 있다.

제 12.3 절 비계층분류법

본 절은 비계층분류법중에서 자주 사용되는 K-평균법(K-means algorithm)에 대한 방법론을 기술한다(MacQueen, 1967). K-평균법의 첫 번째 단계로 n개의 객체를 임의로 K개의 그룹으로 나누어서, 각 그룹의 평균을 계산한다. 두 번째 단계로 각 객체와 모든 그룹 사이의 거리(보통 유클리디안 또는 Karl Pearson 거리)를 계산하여, 가장 거리가 짧은 그룹에 그 객체를 재분류한다. 이와 같은 두 단계를 더 이상의 재분류가 필요없을 때까지 반복한다. K에 대한 정보는 계층분류법을 이용하여 얻을 수 있다.

네 개의 객체에 대한 자료가 표 12.10에 있다. 이 자료에 K-평균법을 적용하여, 네 개의 객체를 $K = 2$개의 그룹으로 분류한다.

첫 번째 단계에서 객체 1과 2를 그룹 I로, 객체 3과 4를 그룹 II로 분류한다. 그룹 I의 평균은 (2,0), 그룹 II의 평균은 (2,1)이 된다. 각 객체와 그룹 평균사이의 거리의 제곱을 계산하면 표 12.11을 얻는다.

두 번째 단계로 객체 2와 4를 그룹 I로, 객체 1과 3을 그룹 II로 재분류한다. 그룹 I의 평균은 $(-1, -0.5)$, 그룹 II의 평균은 $(5, 1.5)$가 된다. 객체와 새로운 그룹 평균 사이의 거리의 제곱을 계산하면 표 12.12와 같다.

더 이상의 재분류가 필요없으므로, 객체 1과 3을 하나의 그룹으로, 객체 2와 4를 다른 하나의 그룹으로 분류한다.

예제 12.5 표 12.4의 유로 자료에 대해 K-평균법을 적용하여 본다.

`R`에서 K-평균법은 `kmeans`를 이용한다. 즉,

표 12.10: 인공자료

객체	x_1	x_2
1	5	1
2	−1	−1
3	5	2
4	−1	0

표 12.11: 인공자료의 K-평균법 1 단계

객체	I	II
1	10	9
2	10	13
3	13	10
4	9	10

표 12.12: 인공자료의 K-평균법 2 단계

객체	I	II
1	38.25	0.25
2	0.25	42.25
3	42.25	0.25
4	0.25	38.25

```
> kmeans(Euro.d,2)
K-means clustering with 2 clusters of sizes 8, 4

Cluster means:
  farm GNP
1  4.6  18
2 18.4   9

Clustering vector:
  B  DK   D  GR   E   F IRL   I   L  NL   P  UK
  1   1   1   2   2   1   2   1   1   1   2   1

......
```

의 결과를 얻는다. 여기서 kmeans함수의 인수 2는 분류할 집락의 수이다. 그 결과인 Cluster means는 각 그룹의 중심점, Clustering vector은 각 객체가 분류된 그룹의 번호를 의미한다. 따라서 GNP 자료는 K-평균법에 의해 객체 B,

DK, D, F, I, L, NL, UK과 객체 GR, E, IRL, P로 나뉜다. ■

연 습 문 제

1. 다음은 5개의 객체 사이의 거리를 나타내는 행렬이다. 집합계층분류법의 최단결합법, 최장결합법, 군평균결합법을 적용하여 객체를 분류하고 결과를 비교하라.

	1	2	3	4	5
1	-				
2	6	-			
3	1	5	-		
4	9	3	7	-	
5	8	6	8	3	-

2. 4개의 변수에 대한 6개의 자료가 아래의 표에 있다.

	x_1	x_2	x_3	x_4
1	8	9	7	6
2	7	8	6	6
3	4	4	5	6
4	2	3	3	2
5	4	3	2	3
6	2	4	5	1

위의 자료에서 유클리디안 거리 행렬을 구하여 집합계층분류법의 최단결합법을 적용하여 객체를 분류하라.

부록 A

R 사용법

다양한 자료의 통계분석을 위한 통계패키지 프로그램으로 R의 주요 기능은 정보의 저장 및 회수, 자료의 수정, 자료 분석, 그래프의 표현 등이 있다. 이러한 R의 시스템의 기능을 본 부록에서 살펴본다. R에 관한 구체적인 사항은 R 소개글(Venables, et al., 2006)을 참고하기 바란다.

R 프로젝트의 공식 사이트는 `http://www.r-project.org/` 이다. 이 사이트의 `Download` 메뉴를 선택하면 여러 곳의 공유사이트가 있다. 이 가운데 한 군데를 선택하여 처음 화면에서 `Windows` 상의 `base` 실행파일 `R-2.4.1-win32.exe`를 다운로드하여 실행시키면 R 프로그램 아이콘이 바탕화면에 설치된다.

제 A.1 절 R의 시작과 종료

R은 윈도우상에서 R의 아이콘을 두 번 클릭하면 R의 명령어 창이 활성화된다. 프롬프트(prompt) ">" 다음에 명령문을 입력하고 엔터키(Enter key)를 누르면 해당 명령어가 수행된다. R의 종료는 명령어창에서

```
> q()
```

를 수행하거나 메뉴의 닫기 버튼을 수행하면 R이 종료된다. 이 때 R 시스템의

시작에서 종료까지 사용되었던 변수나 함수를 저장할 것인가를 물어보는 대화창이 활성화된다. 저장할 필요가 있으면 "예"를 클릭한다.

제 A.2 절 R에서 자료의 입력 및 조작

R에서는 하나의 변수 이름으로 여러 가지 형태를 저장할 수 있는 데, 이를 자료 객체(data objects)라 한다.

자료객체의 종류는 벡터(vector), 행렬(matrix), 배열(array), 자료틀(data frame), 시계열(time series), 범주형(factor) 등이 있다. 또한 방식(mode)에는 숫자(numeric), 문자(character), 논리자(logical), 복소수(complex) 등이 있다.

A.2.1 자료 입력

변수에 정보를 지정할 때 "<-" 또는 "="를 사용한다. 여기서는 "<-"를 사용한다. 자료를 입력하는 방법으로는 다음과 같은 두 가지 방법을 고려할 수 있다.

첫 번째로 자료를 직접 입력하는 방법이다.

```
> x<-3
> y<-"A"
> v<-c(1,0,3)
> v2<-c(T,F,T)
> m1<-matrix(c(1,2,3,4,5,6,7,8,9),nrow=3,ncol=3)
```

위에서 x는 스칼라로 3이 지정되고, y에는 문자 A가 지정된다. v1, v2는 벡터로 v1은 1,0,3의 숫자의 벡터이고 v2는 논리자의 벡터이다. m1은 다변량분석 방법에서 가장 많이 쓰이는 행렬형태로 R은 열우선방식을 따른다. 즉, m1에는

$$\mathbf{m}_1 = \begin{pmatrix} 1 & 4 & 7 \\ 2 & 5 & 8 \\ 3 & 6 & 9 \end{pmatrix}$$

의 행렬이 저장된다. matrix 명령어의 처음 인자는 자료를 나타내고, 다음의 nrow, ncol중 하나의 인자가 설정되어야 한다. 자료의 수가 첫 번째 인자에서

결정되었으므로, 행의 차원(또는 열의 차원)이 결정되면 열의 차원(또는 행의 차원)은 자동적으로 결정된다.

두 번째 방법은 아스키 파일로 저장되어 있는 자료를 R로 저장하는 방법이다. 즉, 만약 현재 디렉토리의 "a.dat"에 1 2 3 4 5 6 7 8 9가 저장되어 있다고 가정한다. 이 자료를 벡터와 행렬로 읽어들이려면 다음과 같이 하면 된다.

```
> v1<-scan("a.dat")
> m1<-matrix(scan("a.dat"),3,3)
> m2<-read.table("b.dat")
```

여기서 v1은 길이가 9인 벡터가 되고, m1은 크기가 3×3인 행렬이 된다. 처음 3은 행의 크기, 나중 3은 열의 크기를 나타낸다. 또한, "b.dat"에 행렬 $\mathbf{m}_1$처럼 3×3 행렬이면, R에서 그대로 읽어드린다.

자료의 크기가 큰 경우 직접 입력하는 방법으로 잘못 입력될 가능성이 크므로 미리 아스키 파일로 저장한 후 scan을 이용하는 두 번째 방법이 더 유용하다. 그런데 대부분의 다변량 자료는 행렬 m1과 같이 행이 관측치를 나타내므로 행중심으로 읽는 것이 편리하다. 즉, 파일의 형태가 m1처럼 저장되어 있다면 가로로 읽어들일 필요가 있다. 이러한 경우에는 matrix 함수에서는 옵션으로 byrow=T를 사용하면 충분하다. 여기서 T는 true를 의미하고, 또 다른 논리값인 F는 false를 의미한다.

```
> matrix(scan("a.dat"),3,3,byrow=T)
     [,1] [,2] [,3]
[1,]    1    2    3
[2,]    4    5    6
[3,]    7    8    9
```

A.2.2 객체의 삭제

R에서 어떤 객체(변수, 벡터, 행렬, 함수 등)는 지정된 디렉토리에서 읽어들인다.

현재의 지정된 변수의 선택 순서를 확인하려면 search를 사용한다.

```
> search()
[1] ".GlobalEnv" "package:stats"  "package:graphics"
......
```

위의 결과로부터 객체의 참조순서를 알 수 있다. 만일 lentils라는 자료틀을 attach 하면 다음과 같은 결과를 얻을 수 있다.

```
> attach(lentils)
> search()
[1] ".GlobalEnv"   "lentils"   "package:stats"
"package:graphics"
......
```

예를 들어 lentils라는 자료틀에 x라는 변수가 있고, package:stats에 x라는 변수가 있을 때 명령어 창에서 x를 입력하면 어떤 x를 참조할까? 당연히 자료틀 lentils의 x를 참조한다. 만약 lentils를 변수 참조순서에서 제거하려면 detach(lentils) 명령어를 사용한다.

만약 저장장소에 어떤 객체들이 있는가를 확인하려면 objects(pos=-1)을 사용한다. pos 다음에 나오는 숫자는 search로부터 나온 저장장소의 번호이다. pos=-1을 생략하면 처음 저장장소의 변수들이 나온다. 만약 위에서 lentils의 객체를 확인하려면 objects(pos=2)를 이용한다.

```
> objects()
[1] ".Last.value" "last.dump"   "m1"    "m2"      "v1"
> objects(pos=2)
[1] "x1" "x2" "x3" "x4" "x5" "x6"
```

만약 저장장소의 지정을 해제하려면 detach를 사용한다. 함수 objects()대신 ls()를 사용하여도 된다.

객체를 삭제하려면 rm(x)를 사용한다. 만약 한꺼번에 많은 것을 삭제하려면 rm(list=ls(patt="^ m")) 등을 사용한다. 이 명령어는 현재 저장장소에서 m으로 시작되는 객체를 모두 삭제하는 것을 뜻한다.

이와같이 같은 변수명이라도 저장장소는 여러 곳이 있을 수 있다. 일반적으로 프로젝트마다 다른 디렉토리를 사용하여 데이터를 처리한다. 다른 디렉토리마다 .Rdata 아이콘이 생성되는데, 이를 **작업공간**(workspace) 이라고 부른다. 이제 **작업공간**을 생성하는 방법에 대하여 설명한다. 여기서 편의상 디렉토리 c:\user\rmva를 **작업공간**으로 지정하려고 한다. 첫 번째로 R 아이콘의 오른쪽 마우스버튼에서 속성을 클릭하여 시작위치를 c:\user\rmva로 변경한 후 R 아이콘을 실행하면 **작업공간**이 생성된다. 두 번째로 R 프로그램의 주메뉴 [**파일-디렉토리변경**]에서 디렉토리를 변경하면 새로운 **작업공간**이 생성된다. 그리고 다른 **작업공간**을 로드하려면 메뉴 [**파일-Workspace의 로드**]에서 R 아이콘을 선택하면 된다. 세 번째로는 위의 절차에서 c:\user\rmva에 생성된 R 아이콘을 클릭하면 R 프로그램의 **작업공간**은 해당 디렉토리가 된다. 바탕화면에 아이콘을 복사하여 사용하면 작업공간을 서로 다르게 사용하는데 매우 편리하다.

A.2.3 자료의 조작

본 절에서 자료의 조작(manipulation)이란 자료를 손쉽게 입력하거나 부분적으로 추출하는 방법 등을 말한다.

A.2.3.1 벡터

벡터 형태의 자료를 수정하려면 "[]"를 사용한다. 예를 들어 v1에 1, 2, 3이 저장되어있을 때 2를 4로 수정하려면 v1[2]<-4를 수행하면 된다. 즉 이는 v1의 두 번째 원소를 4로 지정하라는 명령어이다.

```
>v1<-c(1,2,3)
>v1[2]<-4
>v1
[1] 1 4 3
```

벡터에 연속하여 수를 추가하려면 다음과 같이 하면 충분하다. 여기서 v1은 위의 벡터라 가정한다.

```
>v1<-c(v1,c(5,6,7))
>v1
[1] 1 4 3 5 6 7
```

즉, v1에 연속하여 5, 6, 7을 추가하였다.

만약 벡터에서 어떤 원소를 삭제하려면 "-" 기호를 사용한다. 위의 v1에서 두 번째 원소를 삭제하려면

```
>v1[-2]
[1] 1 3 5 6 7
```

처럼 실행하고, 만약 3, 5번째 원소를 삭제하려면 c 함수를 사용하면 된다. 여기서 c함수는 연속된 벡터 형태를 나타낸다. 즉, 다음과 같은 명령어를 사용한다.

```
> v1[-c(3,5)]
[1] 1 4 5 7
```

위와 같은 결과는 위에서 두 번째 원소를 삭제하고 v1으로 지정하지 않았기때문에 이 명령어를 사용하기 전의 v1은 1, 4, 3, 5, 6, 7 이다. 그리고 v1의 세 번째와 다섯 번째 원소인 3과 6을 삭제하므로 v1은 1, 4, 5, 7만 남는다.

크기가 100이고 각 원소의 값이 모두 1인 변수 v1을 만들 때, 1을 100번 반복 입력하는 일은 무척 곤혹스럽다. R에서는 rep함수를 사용하여 다음과 같이 손쉽게 자료를 지정할 수 있다.

```
>v1<-rep(1,100)
>v2<-rep(c(1,2,3),2)
```

여기서 rep는 replicate를 의미한다. 위에서 v2는 1, 2, 3이 두 번 반복된 것으로 1, 2, 3, 1, 2, 3 이 된다.

1부터 100까지를 변수 v3에 저장하려면 :을 사용하면 충분하다. 즉,

```
> v3<-c(1:100)
```

:은 :의 앞에서부터 :의 뒤까지 1씩 증가 또는 감소를 나타낸다.

```
> c(1:5)
[1] 1 2 3 4 5
> c(5:1)
[1] 5 4 3 2 1
```

위에서 살펴본 :은 증가량(또는 감소량)이 1 인 수열을 생성한다. 이것을 일반적으로 확장하여 seq(from,to,by,length)를 사용한다. 여기서 from은 시작값, to는 끝값, by는 증가량, length는 생성된 수열의 길이를 나타낸다.

```
> seq(from=1,to=100,by=20)
[1]  1 21 41 61 81
> seq(from=1,by=10,length=5)
[1]  1 11 21 31 41
> seq(from=41,to=1,length=5)
[1] 41 31 21 11  1
```

A.2.3.2 행렬

행렬에서 원소의 수정은 벡터와 마찬가지로 2차원 첨자를 사용한다. 예를 들어 다음의 경우를 살펴보자.

```
> m1<-matrix(rep(1,9),3)
> m1
     [,1] [,2] [,3]
[1,]    1    1    1
[2,]    1    1    1
[3,]    1    1    1
> m1[2,3]<-5
> m1
     [,1] [,2] [,3]
[1,]    1    1    1
[2,]    1    1    5
[3,]    1    1    1
```

m1[2,3]<-5는 m1에서 행이 2, 열이 3인 원소를 5로 지정한다는 의미이다.

행렬에서 어떤 행이나 열을 삭제하는 일은 빈번하게 일어난다. 이 경우 벡터와 마찬가지로 "-" 를 사용한다. 위의 예에서 m1에서 두 번째 열을 삭제, 세 번째 행을 삭제하는 명령어는 다음과 같다.

```
>m1[,-2]
     [,1] [,2]
[1,]    1    1
[2,]    1    5
[3,]    1    1
> m1[-3,]
     [,1] [,2] [,3]
[1,]    1    1    1
[2,]    1    1    5
> m1[-3,-2]
     [,1] [,2]
[1,]    1    1
[2,]    1    5
```

여러 개의 벡터나 행렬들을 하나의 행렬로 결합시킬 경우가 있다. 이 경우에는 cbind나 rbind를 사용한다. cbind는 행(column) 결합을 rbind는 열(row)

결합을 의미한다.

```
> rbind( c(1, 2, 3), c(4,5,6))
     [,1] [,2] [,3]
[1,]    1    2    3
[2,]    4    5    6
> cbind(c(1,2,3),c(4,5,6))
     [,1] [,2]
[1,]    1    4
[2,]    2    5
[3,]    3    6
```

행렬의 곱은 다변량분석 방법에서 가장 빈번하게 나오는 연산이다. 행렬의 합은 "+"를 곱은 "%*%"를 사용한다. 예를 들어보자.

```
> m1<-matrix(c(1:9),3)
> m2<-matrix(c(9:1),3)
> m1
     [,1] [,2] [,3]
[1,]    1    4    7
[2,]    2    5    8
[3,]    3    6    9
> m2
     [,1] [,2] [,3]
[1,]    9    6    3
[2,]    8    5    2
[3,]    7    4    1
> m1+m2
     [,1] [,2] [,3]
[1,]   10   10   10
[2,]   10   10   10
[3,]   10   10   10
> m1%*%m2
     [,1] [,2] [,3]
[1,]   90   54   18
[2,]  114   69   24
[3,]  138   84   30
```

어떤 정칙행렬의 역행렬을 구하려면 solve 함수를 사용한다.

```
> m1<-diag(c(1,2,3))
> m1
     [,1] [,2] [,3]
[1,]    1    0    0
[2,]    0    2    0
[3,]    0    0    3
> solve(m1)
     [,1] [,2]      [,3]
[1,]    1  0.0 0.0000000
[2,]    0  0.5 0.0000000
[3,]    0  0.0 0.3333333
```

위에서 diag 함수는 인자 c(1,2,3)을 대각원소로 갖는 대각행렬을 나타낸다. 대각행렬의 역행렬은 대각원소의 역수임을 위의 명령어를 통하여 확인할 수 있다. 만약 diag 함수의 인자가 벡터가 아니라 행렬이라면 그 결과는 해당 행렬의 대각원소를 취하는 벡터가 된다. 위의 행렬 m2의 대각원소 9, 5, 1을 구하려면

```
> diag(m2)
[1] 9 5 1
```

와 같이 실행한다. 그렇다면 어떤 행렬의 대각원소만 갖는 대각행렬은 어떻게 구할까? 어떤 행렬에 diag를 취하면 대각원소만 가지는 벡터가 나오고, 그 벡터를 다시 diag를 취하면 대각행렬이 나온다. 다음의 예를 살펴보자.

```
> diag(diag(m2))
     [,1] [,2] [,3]
[1,]    9    0    0
[2,]    0    5    0
[3,]    0    0    1
```

전치행렬은 t함수를 사용한다. 위의 m2 행렬의 전치행렬은 다음과 같이 구할 수 있다.

```
> t(m2)
     [,1] [,2] [,3]
[1,]    9    8    7
[2,]    6    5    4
[3,]    3    2    1
```

제 A.3 절 R 함수의 작성

계산에 자주 사용하는 함수로서, 예를 들어 mcc.f라는 이름의 R 함수는

```
>fix(mcc.f)
```

와 같이 fix라는 R 명령어를 사용하여 작성할 수 있으며, 이 함수는 R 아이콘에서 시작디렉토리의 _Data에 저장된다. 위에서와 같이 fix(mcc.f)를 치면 새로운 창이 뜨고, 필요한 내용의 함수를 작성한 후에 저장하고 나온다. 만약 에러 메세지가 뜨면, fix()를 쳐서 수정한다.

위의 함수의 아스키 화일 mcc.f가 드라이브 a:의 디렉토리 sfile에 저장되어 있다면,

```
>source("a:/sfile/mcc.f")
```

를 입력하여, 이 함수를 활성 디렉토리의 _Data에 저장시켜 사용할 수 있다.

대부분의 경우 윈도우 환경에서 에디터를 사용하여 R 함수를 텍스트 파일로 저장하고, R의 명령어 창에서 source 명령어를 사용하는 것이 편리하다.

제 A.4 절 그래프

이 절에서는 R에서 그래프를 그리기 위해 알아야 할 사항들을 기술한다.

A.4.1 그래프 창

R에서 그래프를 생성하기 위하여 명령어 창과 다른 창이 필요하다(plot함수 등에 의해서 자동적으로 생성된다). 그 창을 생성하기 위하여 win.graph라는 함수를 선언하면 충분하다. 여러 개의 그래프 화면을 생성할 수 있다. 예를 들어 그래프 창을 3개 생성하려면 win.graph 함수를 3번 호출한다.

```
> win.graph()
> win.graph()
> win.graph()
> dev.list()
 windows windows windows
       2       3       4
> dev.cur()
 windows
       4
> dev.set(which=2)
 windows
       2
> dev.off() # 현재 그래픽창 닫음
 windows
       3
> graphics.off() # 모든 그래픽창 닫음
> dev.list()
NULL
```

현재 생성된 그래프 창에 대한 정보는 함수 dev.list를 통하여 알 수 있다. 지금 그래프를 그리면 어느 그래프 창에 그래프가 그려지는 가는 dev.cur이 알려준다. 만약 원하는 그래프 창이 현재 창과 다르다면 dev.set(which=2)의 명령어가 windows 2 그래프 창으로 바꾼다. dev.off은 현재 그래프 창을 지우는 역할을 한다. 위에서 현재 창이 windows 2이므로 dev.off을 하면 2의 그래프 창을 지우고 windows 3, 4 창이 남게 된다. 이 때 현재 창은 3의 창이 된다. 만약 생성된 모든 창을 지우고 싶으면 graphics.off 함수를 사용하면 된다. 따라서 그래프 창이 하나가 생성되었을 때 dev.off 또는 graphics.off 중 어느 것을 사용하여도 상관없다.

A.4.2 그래프 함수

그래프 함수는 다음의 세 가지 그룹으로 나눌 수 있다.

1. 고급 그래프 함수는 새로운 기본 그래프를 생성한다. 이 그림에는 축, 축이름, 제목 등이 손쉽게 포함된다.
2. 저급 그래프 함수는 위의 기본 그래프에 새로운 점, 선, 문자열 등을 추가할 수 있는 함수를 뜻한다.
3. 대화형 그래프 함수는 이미 존재하는 그래프에서 마우스(mouse)를 통하여 위치 정보 등을 알 수 있는 함수를 뜻한다.

A.4.2.1 고급 그래프 함수

R에서 그래프을 그리기 위한 고급 그래프 함수로 다음과 같은 함수가 있다.

함수	설명
plot(x,y)	평면상에서 x, y의 값에 점을 찍는 기본 그림이다.
plot(x)	가로축은 첨자가 세로축은 x의 값에 점을 그린다.
pairs(X)	만약 X가 행렬이라면 X의 열들 사이의 조합에 대하여 산점도가 그려진다.
tsplot(x1,x2,...)	시계열 자료 x1, x2에 대한 그래프를 그린다.
hist(x)	벡터 x에 대한 히스토그램을 그린다.
dotchart(x)	점도표를 그린다.
pie(slices,names)	자료는 slices에 따라서 각 그룹의 이름은 names에 따라 원도표를 그린다.

예를 들어 비용자료(5쪽) cost.d의 연료비와 수리비를 plot 함수로 그려본다. 단, 가로축의 축이름은 fuel이고 세로축의 축이름은 repair라고 한다. 다음의 명령어를 수행하면 그림 A.1이 생성된다.

```
>plot(cost.d[,1],cost.d[,2],xlab="fuel",ylab="repair")
```

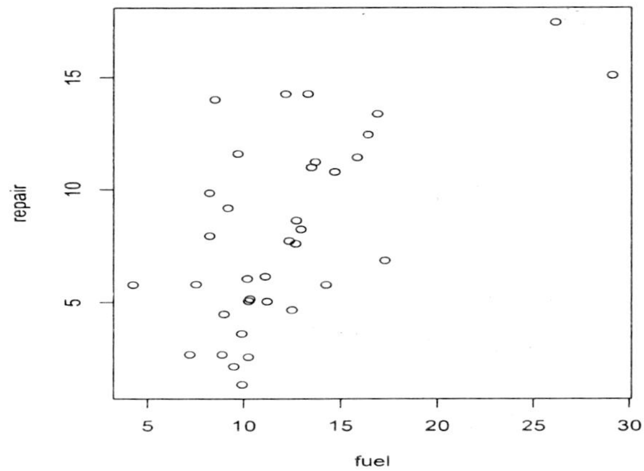

그림 A.1: 비용자료의 그림 I

그래픽창이 하나 생성되고, 그래픽 창에 그림 A.1가 생성된다.

그림 A.1는 관측치의 번호가 나타나지 않아 관측치의 위치를 파악하기 힘들다. 그래서 plot함수의 옵션중 type에서 n을(none을 뜻한다) 사용하여 다음의 명령어에 의해

```
>plot(cost.d[,1],cost.d[,2],type="n",xlab="fuel",ylab="repair")
```

해당 자료가 점으로 표시되지 않고 축만 있는 그림 A.2가 나타난다.

해당 자료의 위치에 관측치 번호를 기록하는 함수인 text를 사용하여

```
>plot(cost.d[,1],cost.d[,2],type="n",xlab="fuel",ylab="repair")
>text(cost.d[,1],cost.d[,2])
```

그림 A.3와 같은 결과를 얻는다.

만약 plot에 변수가 하나만 설정되면 가로축에는 첨자, 세로축에는 해당 변수의 자료가 점으로 그려진 첨자그림(index plot)을 그린다. 비용자료중 연료비에 대한 첨자그림은

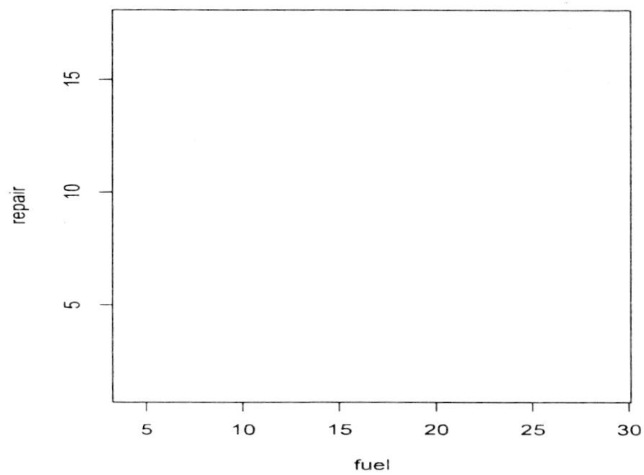

그림 A.2: 비용자료의 그림 II

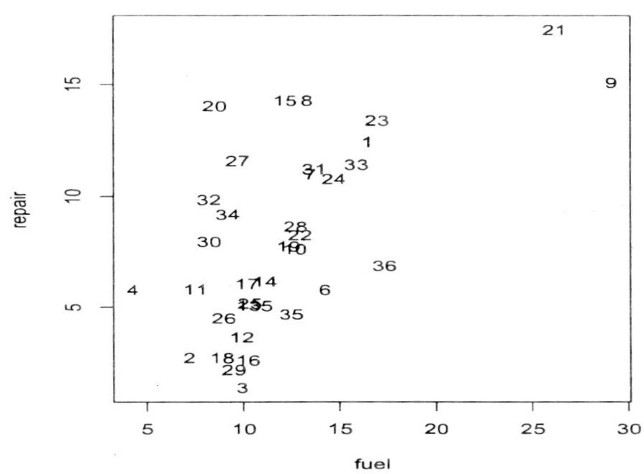

그림 A.3: 비용자료의 그림 III

```
>plot(cost.d[,1],ylab="fuel")
```

에 의해 그림 A.4와 같이 얻어진다.

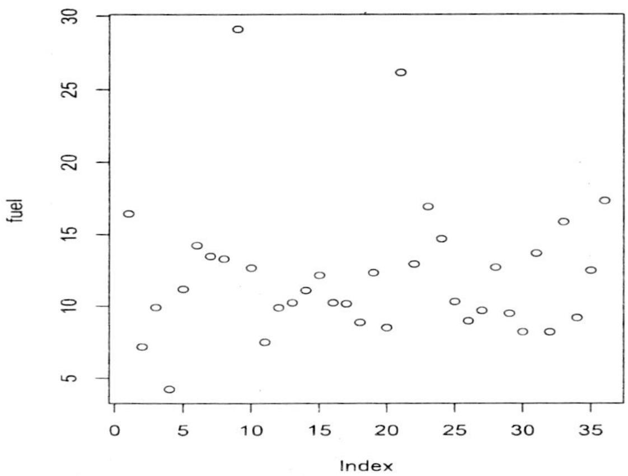

그림 A.4: 비용자료의 그림 IV

위의 고급 그래프 함수 plot의 인자를 여러 가지 형태로 아래와 같이 설정함으로써 다양한 그래프를 그릴 수 있다.

(1) 축이름 지정

xlab="string"	x 축의 이름을 설정.
ylab="string"	y 축의 이름을 설정.
main="string"	그림 윗 중앙에 큰 글씨로 제목을 쓴다.
sub="string"	x축의 밑 중앙에 작은 글씨로 쓰는 부제목 이다.

위의 표에서 main, sub 옵션은 여러 개의 그림을 생성할 때 유용한 것들이다. 예제는 plot 함수에서 보인 바와 같다.

(2) 축범위 지정

xlim=c(lo,hi) 는 x축의 구간이 (lo, hi)에 있음을 의미한다. 마찬가지로 ylim=c(lo,hi)은 y축의 구간 범위를 지정한다.

예를 들어 비용자료의 연료 변수에 대하여 범위를 0에서부터 50까지로 지정

하려고 한다면,

```
> plot(cost.d[,1],ylab="fuel",ylim=c(0,50))
```

의 명령어에 의하여 그림 A.5과 같은 결과를 얻는다.

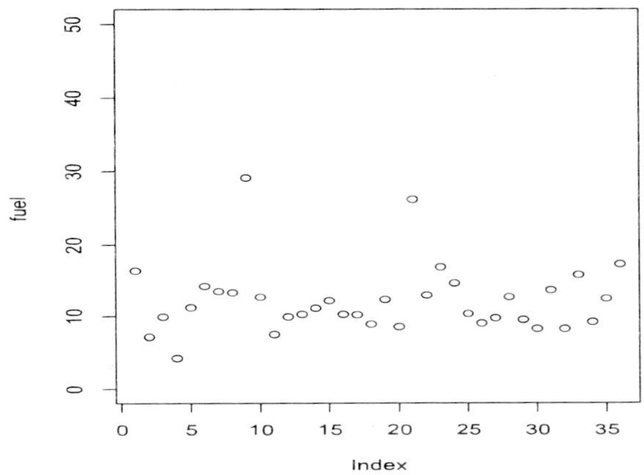

그림 A.5: 축범위 지정

(3) 그래프의 형태

함수 plot을 이용할 경우 각 자료들이 점 형태로 그려졌는데. 이 점 형태를 옵션 type으로 변경할 수 있다. 옵션으로는 다음과 같은 값들이 있다.

type="p"	각 자료값이 점으로 그려진다. 기본값이다.
type="l"	선을 그린다.
type="b"	점과 선으로 연결된다.
type="h"	수직선으로 그려진다.
type="o"	점으로 그린후 선으로 겹쳐서 연결된다.
type="n"	아무것도 그려지지 않는다. 그러나 축과 좌표는 설정된다.

각 옵션에 의한 비용자료의 연료비에 대하여 그려보면 그림 A.6과 같다.

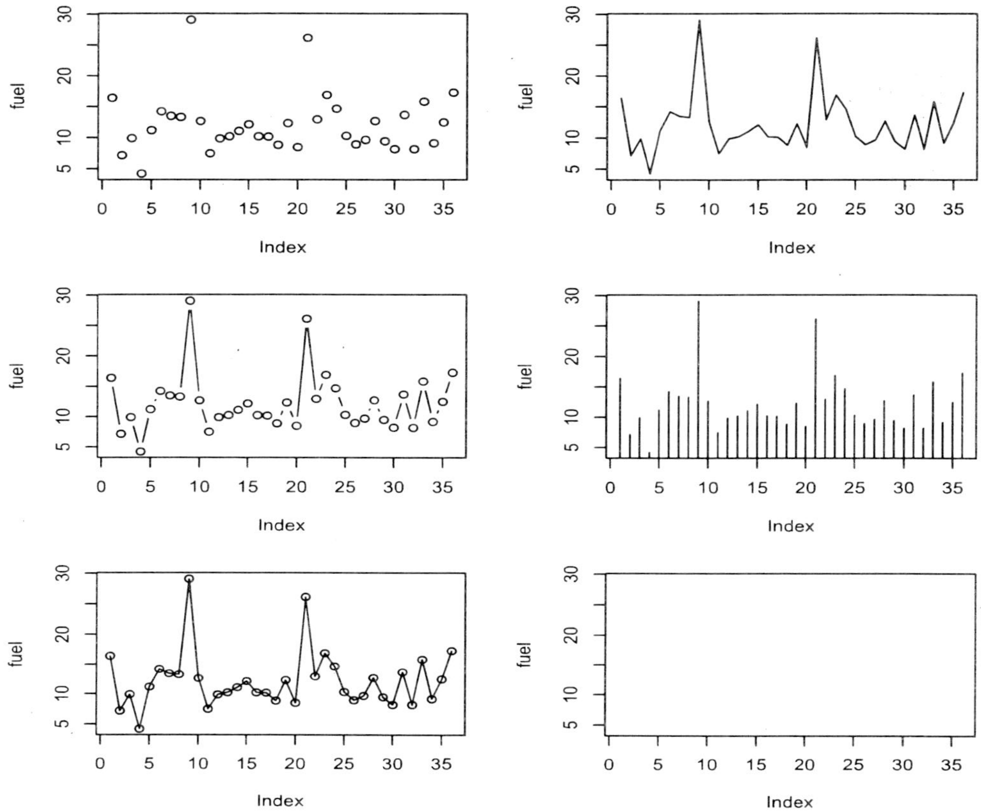

그림 A.6: 그래프의 형태

그림 A.6을 생성하는 명령어들은 다음과 같다.

```
>fuel<-cost.d[,1]
>par(mfrow=c(3,2))
>plot(fuel)
>plot(fuel,type="l")
>plot(fuel,type="b")
>plot(fuel,type="h")
>plot(fuel,type="o")
>plot(fuel,type="n")
```

표 A.1: 동물의 몸무게와 두뇌의 무게

번호	몸무게	두뇌의 무게	번호	몸무게	두뇌의 무게
1	1.350	8.1	15	6654.000	5712.0
2	465.000	423.0	16	9400.000	70.0
3	36.330	119.5	17	6.800	179.0
4	27.660	115.0	18	35.000	56.0
5	1.040	5.5	19	0.120	1.0
6	11700.000	20.0	20	0.023	0.4
7	2547.000	4603.0	21	2.500	12.1
8	187.100	419.0	22	55.500	175.0
9	521.000	655.0	23	100.000	157.0
10	10.000	115.0	24	52.160	4440.0
11	2.300	25.6	25	87000.000	154.5
12	529.000	680.0	26	0.280	1.9
13	207.000	406.0	27	0.122	3.0
14	62.000	1320.0	28	192.000	180.0

여기서 첫 번째 줄의 명령어는 `fuel`이라는 변수를 사용하기 위한 것이고 두 번째 줄은 그림을 가로로 3개 세로로 2개 그리기 위한 것이다. 순서에 유의하여 그림 A.6을 살펴보기 바란다.

(4) 로그축 그래프

로그 변환후의 그래프가 자료의 특성을 잘 나타낼 수 있다. 예를 들어 동물의 몸무게와 두뇌의 두게에 대한 자료를 고려하여본다. 자료값들은 표 A.1과 같다(Rousseeuw와 Leroy, 1987, p. 57, 표 7). 이 자료를 `brain.d`라 한다.

표 A.1의 자료를 `plot`으로 그리기 위한 다음의 명령어

```
> plot(brain.d, xlab="body.wt", ylab="brain.wt")
```

에 의해 그림 A.7이 만들어진다. 그런데 그림 A.7로는 동물의 몸무게와 두뇌의 무게 사이의 관계를 쉽게 파악할 수 없다. 그 이유는 많은 자료들이 매우 작은

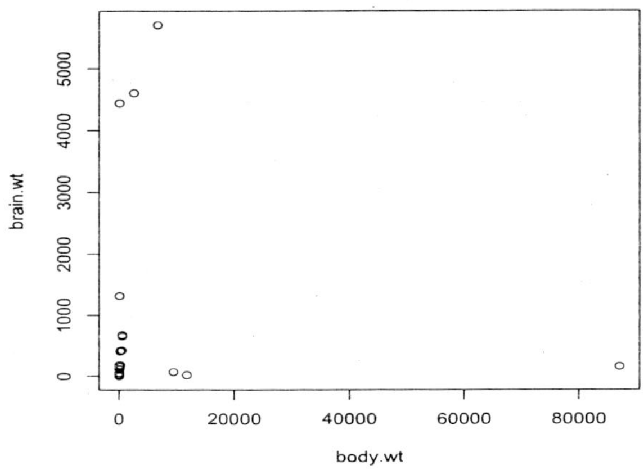

그림 A.7: 동물의 몸무게와 두뇌의 무게 그림

값들을 가지기 때문이다.

R에서 사용할 수 로그축 변환의 옵션은 다음과 같다.

`log="x"`	x축이 log 변환된 값의 그래프.
`log="y"`	y축이 log 변환된 값의 그래프.
`log="xy"`	x, y축이 log 변환된 값의 그래프.

표 A.1의 동물의 몸무게 자료를 x,y 축 모두 로그변환하는

```
>plot(brain.d,log="xy",xlab="log body.wt",ylab="log brain.wt")
```

의 명령어를 사용하면 그림 A.8와 같다. 이 그림으로부터 로그 변환된 동물의 몸무게와 두뇌의 무게 사이에 선형관계가 있음을 알 수 있다.

(5) 선의 종류

R는 5가지의 선 종류를 제공한다. 그 옵션은 `lty=number`이며, `number`에 따른 선의 종류를 그림 A.9에 표현하였다.

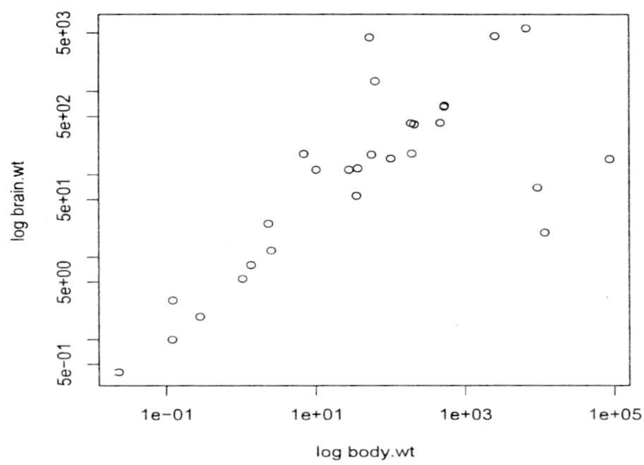

그림 A.8: 로그변환된 동물의 몸무게와 두뇌의 무게 그림

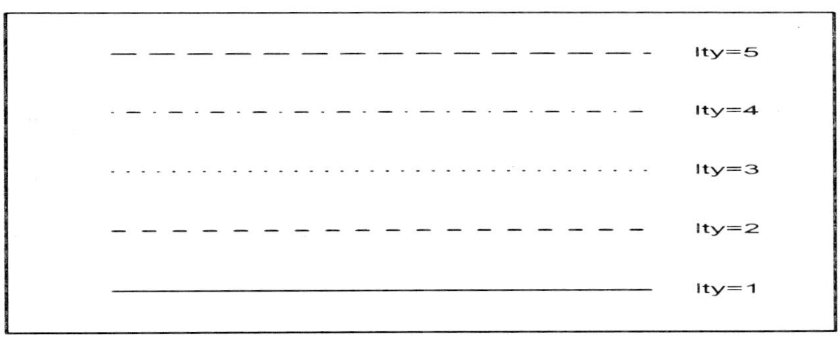

그림 A.9: 선의 종류

(6) 점의 종류

함수 plot에서 자료를 나타낼 때 기본 표현 방법은 점이다. 점의 형태는 옵션 pch=number를 이용하며, number에 따라 그림 A.10과 같이 나타난다.

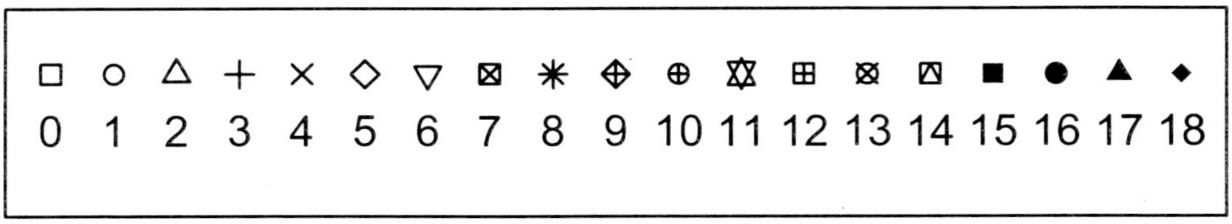

그림 A.10: 점의 종류

A.4.2.2 저급 그래프 함수

고급 그래프 함수가 편리하기는 하지만 때때로 사용자가 원하는 그래프를 모두 제공하지는 않는다. 이런 경우에는 저급 그래프 함수를 사용하여 현재의 그래프에 점, 선, 문자열 등의 정보를 첨가할 수 있다. 많이 사용되는 저급 그래프 함수에 관하여 기술한다.

(1) 점과 선의 삽입

현재의 그래프 위에 새로운 자료를 표현할 경우, 점들을 나타낼 때는 `points` 함수를, 선으로 나타낼 때는 `lines`를 이용한다. 그 사용방법은 다음과 같다.

`points(x,y)`	(x,y)의 점을 첨가한다.
`lines(c(x1,x2),c(y1,y2))`	점 (x1,y1)과 점 (x2,y2)를 연결하는 직선을 원래 그래프에 첨가한다.

예를 들어 비용자료의 연료비 변수 자료를 나타내고, 스무딩(smoothing) 시킨 자료를 선으로 나타내고, 점 (22,26)의 위치에 "O"라고 표시하는 명령어는 다음과 같으며 결과는 그림 A.11와 같다. 여기서 `cost.d$fuel`은 연료비를 나타내는 변수이다.

```
>plot(cost.d$fuel)
>lines(smooth(cost.d$fuel))
>points(22,26,pch="O")
```

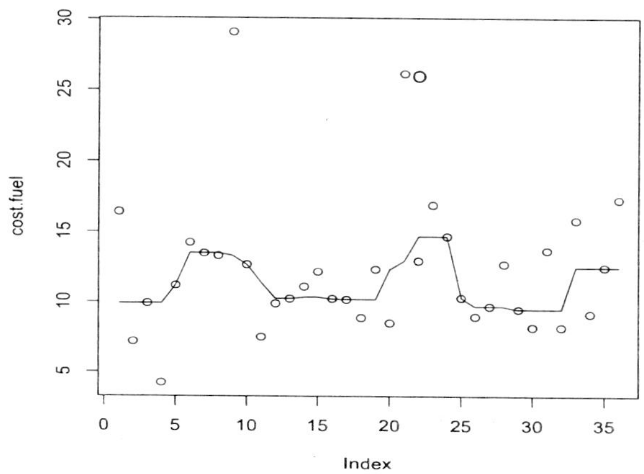

그림 A.11: 점과 선의 삽입

(2) 문자열의 삽입

해당 위치에 문자열을 삽입한다.

text(x,y,labels,...)	(x,y)의 위치에 문자열 labels를 첨가한다.

그림 A.11에서 (9,28)의 위치에 "outlier"라고 표시하여 보자. 앞의 프로그램에서 다음을 첨가하면 그림 A.12이 생성된다.

```
>text(9,28,"outlier")
```

(3) 직선의 삽입

기존의 그림에 직선을 삽입하려면 다음과 같은 방법을 사용하면 된다.

abline(a,b)	y 절편 a, 기울기 b인 직선이다.
abline(h=y)	세로축에 평행하고 y 절편이 y인 직선이다.
abline(v=x)	가로축에 평행하고 x 절편이 x인 직선이다.

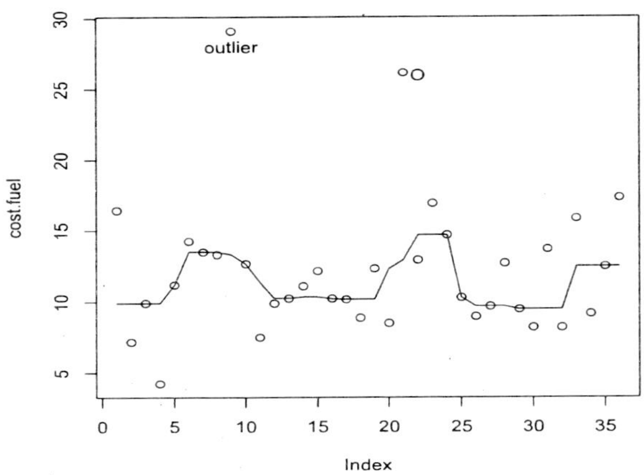

그림 A.12: 문자열의 삽입

그림 A.12 위에 직선

$$y = x + 5, \quad y = 15, \quad x = 20$$

을 첨가하는 다음의 명령어에 의해 그림 A.13가 생성된다.

```
>abline(5,1)
>abline(h=15, v=20)
```

(4) 겹친 그림

그림 A.14 (a)는 표준정규분포의 확률밀도함수를 그린 것이고, 그림 A.14 (b)는 $N(0,4)$를 그린 것이다. 그림 A.14 (a)는

```
>x<-seq(-5,5,length=100)
>y<-1/sqrt(2*pi)*exp(-1/2*x^2)
>plot(x,y,ylab="",type="l")
```

로 얻어진다. 마찬가지로 그림 A.14(b)를 얻을 수 있다.

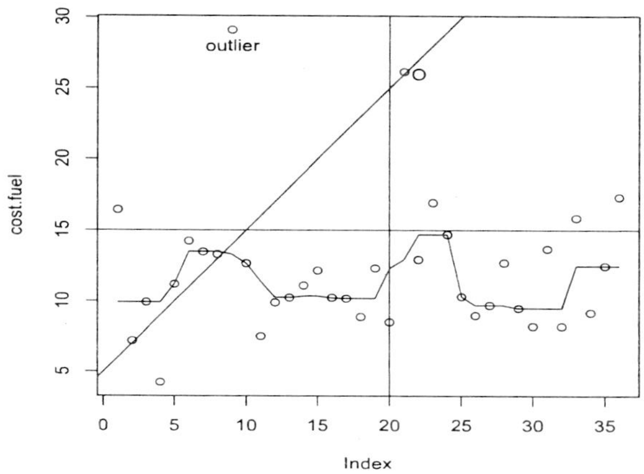

그림 A.13: 직선의 삽입

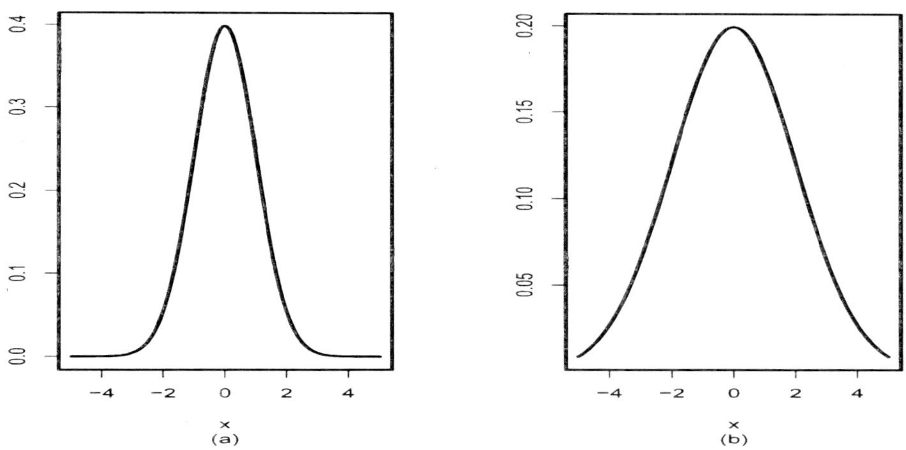

그림 A.14: 정규분포의 그림

그림 A.14 (a), (b)를 겹쳐서 한 화면에 그려보자. 그림 (a)를 `plot`으로 사용하여 그린 후, 그림 (b)는 고급 그래픽 함수인 `plot`을 사용하면 기존 그림은 없어지므로 저급 그래픽 함수인 `lines`라는 함수를 사용하면 겹친 그림을 얻을 수 있다. 다음의 명령어에 의해 그림 A.15이 생성된다.

```
>y1<-1/sqrt(2*pi*4)*exp(-1/(2*4)*x^2)
>plot(x,y,ylab="",type="l")
>text(2,0.38,"mean=0,var=1")
>par(lty=3)
>lines(x,y1)
>text(3,0.16,"mean=0,var=4")
```

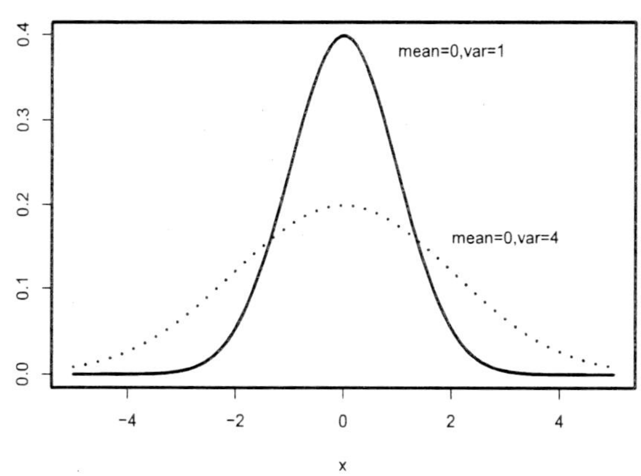

그림 A.15: 겹친 그림

위의 저급 그래프 함수이외에 그래프의 특성을 par 함수를 통하여 변경할 수 있다. 함수 par에 대하여는 R의 help를 참조하기 바란다.

A.4.2.3 대화형 그래프 함수

대화형 그래프 함수는 마우스를 통하여 그려진 그림의 정보를 알 수 있는 함수를 뜻한다.

(1) identify 함수

함수 plot을 이용하여 그림을 그렸을 때 해당 관측치의 정보를 알려고 한다면 identify를 이용한다. 예를 들어 비용자료에 대한 그림을 plot을 이용하여 그린 후, identify(cost.d[,1:2])라는 명령어를 키인하면 마우스의 커서가 "+"로 바뀌고 특정한 자료점을 왼쪽 버튼으로 누르면 해당 자료 번호가 나타난다. 만약 오른쪽 버튼을 누르면 identify 함수가 끝난다. 함수 identify의 옵션으로 n=number를 사용하면 number의 개수만큼 마우스의 왼쪽 버튼을 누르면 자동으로 identify 함수가 끝난다. 다음은 비용자료의 연료비와 수리비의 자료의 이상점이라고 판단되는 두 점의(오른쪽 위에 위치하는 두 점) 자료번호를 알기위한 명령어이며,

```
>plot(cost.d[,1:2])
>identify(cost.d[,1:2])
```

결과는 그림 A.16이 된다.

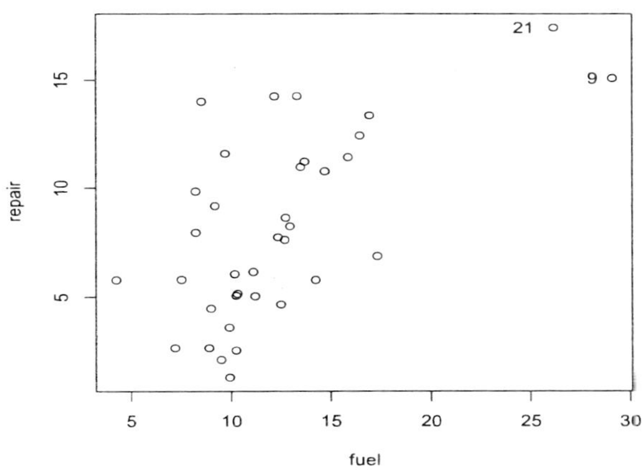

그림 A.16: 비용자료에 대한 identify 함수 그림

(2) locator 함수

마우스로 정해진 위치에 문자열을 삽입하는 함수로 locator를 고려할 수 있다. 비용자료의 그림에서 다음 명령어를 입력하면

```
>plot(cost.d[,1:2])
>text(locator(2),"outlier")
```

그래프창의 마우스의 커서가 identify와 마찬가지로 "+"로 바뀌고 원하는 위치를 누르면 해당 문자열(여기서는 outlier)이 삽입된다. locator 함수 안의 번호는 해당 점의 수를 나타낸다. 예를 들어 locator(3)이면 마우스의 버튼을 3번 누를 수 있다. 그림 A.17은 위 프로그램의 결과이다.

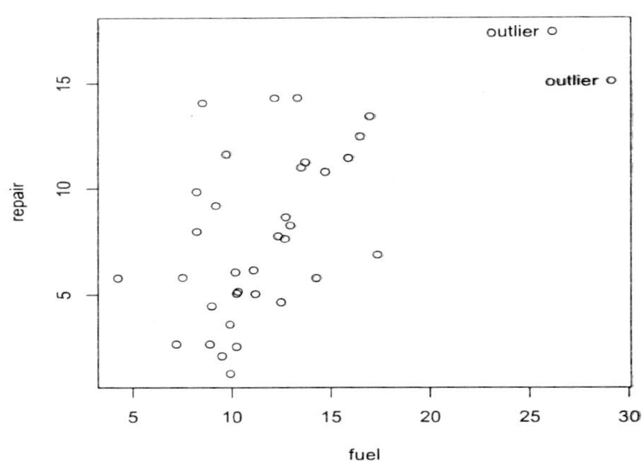

그림 A.17: 비용자료에 대한 locator 함수 그림

부록 B

분포표

1. χ^2 분포표

2. t 분포표

3. F 분포표

* 출처 : Murdoch, J. and Barnes, J. A.(1986), *Statistical Tables for Science, Engineering, Management and Business Studies*, 3rd Ed., Macmillan.

표 B.1: $\chi^2(n)$ 분포표 : $P(X > \chi^2_{n;\alpha}) = \alpha$, 단 $X \sim \chi^2(n)$이다.

n	α					
	0.10	0.05	0.025	0.01	0.005	0.001
1	2.71	3.84	5.02	6.63	7.88	10.83
2	4.61	5.99	7.38	9.21	10.60	13.81
3	6.25	7.81	9.35	11.34	12.84	16.27
4	7.78	9.49	11.14	13.28	14.86	18.47
5	9.24	11.07	12.83	15.09	16.75	20.52
6	10.64	12.59	14.45	16.81	18.55	22.46
7	12.02	14.07	16.01	18.48	20.28	24.32
8	13.36	15.51	17.53	20.09	21.95	26.12
9	14.68	16.92	19.02	21.67	23.59	27.88
10	15.99	18.31	20.48	23.21	25.19	29.59
11	17.28	19.68	21.92	24.73	26.76	31.26
12	18.55	21.03	23.34	26.22	28.30	32.91
13	19.81	22.36	24.74	27.69	29.82	34.53
14	21.06	23.68	26.12	29.14	31.32	36.12
15	22.31	25.00	27.49	30.58	32.80	37.70
16	23.54	26.30	28.85	32.00	34.27	39.25
17	24.77	27.59	30.19	33.41	35.72	40.79
18	25.99	28.87	31.53	34.81	37.16	42.31
19	27.20	30.14	32.85	36.19	38.58	43.82
20	28.41	31.41	34.17	35.57	40.00	45.31
21	29.62	32.67	35.48	38.93	41.40	46.80
22	30.81	33.92	36.78	40.29	42.80	48.27
23	32.01	35.17	38.08	41.64	44.18	49.73
24	33.20	36.42	39.36	42.98	45.56	51.18
25	34.38	37.65	40.65	44.31	46.93	52.62
26	35.56	38.89	41.92	45.64	48.29	54.05
27	36.74	40.11	43.19	46.96	49.64	55.48
28	37.92	41.34	44.46	48.28	50.99	56.89
29	39.09	42.56	45.72	49.59	52.34	58.30
30	40.26	43.77	46.98	50.89	53.67	59.70
40	51.81	55.76	59.34	63.69	66.77	73.40
50	63.17	67.50	71.42	76.15	79.49	86.66
80	96.58	101.90	106.60	112.30	116.30	124.80
100	118.50	124.30	129.60	135.80	140.20	149.40

표 B.2: $t(n)$ 분포표 : $P(X > t_{n;\alpha}) = \alpha$, 단 $X \sim t(n)$이다.

n	α				
	0.10	0.05	0.025	0.01	0.005
1	3.0777	6.3138	12.7060	31.8210	63.6570
2	1.8856	2.9200	4.3027	6.9646	9.9248
3	1.6377	2.3534	3.1824	4.5407	5.8409
4	1.5332	2.1318	2.7764	3.7469	4.6041
5	1.4759	2.0150	2.5706	3.3649	4.0321
6	1.4398	1.9432	2.4469	3.1427	3.7074
7	1.4149	1.8946	2.3646	2.9980	3.4995
8	1.3968	1.8595	2.3060	2.8965	3.3554
9	1.3830	1.8331	2.2622	2.8214	3.2498
10	1.3722	1.8125	2.2281	2.7638	3.1693
11	1.3634	1.7959	2.2010	2.7181	3.1058
12	1.3562	1.7823	2.1788	2.6810	3.0545
13	1.3502	1.7709	2.1604	2.6503	3.0123
14	1.3450	1.7613	2.1448	2.6245	2.9768
15	1.3406	1.7531	2.1314	2.6025	2.9467
16	1.3368	1.7459	2.1199	2.5835	2.9208
17	1.3334	1.7396	2.1098	2.5669	2.8982
18	1.3304	1.7341	2.1009	2.5524	2.8784
19	1.3277	1.7291	2.0930	2.5395	2.8609
20	1.3253	1.7247	2.0860	2.5280	2.8453
21	1.3232	1.7207	2.0796	2.5176	2.8314
22	1.3212	1.7171	2.0739	2.5083	2.8188
23	1.3195	1.7139	2.0687	2.4999	2.8073
24	1.3178	1.7109	2.0639	2.4922	2.7969
25	1.3163	1.7081	2.0595	2.4851	2.7874
26	1.3150	1.7056	2.0555	2.4786	2.7787
27	1.3137	1.7033	2.0518	2.4727	2.7707
28	1.3125	1.7011	2.0484	2.4671	2.7633
29	1.3114	1.6991	2.0452	2.4620	2.7564
30	1.3104	1.6973	2.0423	2.4573	2.7500
40	1.3031	1.6839	2.0211	2.4233	2.7045
60	1.2958	1.6706	2.0003	2.3901	2.6603
∞	1.2816	1.6449	1.9600	2.3263	2.5758

표 B.3: $F(m,n)$ 분포표 : $P(X > F_{m,n;\alpha}) = \alpha$, 단 $X \sim F(m,n)$ 이다.

α	n	m=1	2	3	4	5	6	7	8	9	10	12	15	20	30	60	120	∞
0.1		39.9	49.5	53.6	55.8	57.2	58.2	58.9	59.4	59.9	60.2	60.7	61.2	61.7	62.3	62.8	63.1	63.3
0.05		161	200	216	225	230	234	237	239	241	242	244	246	248	250	252	253	254
0.025	1	648	800	864	900	922	937	948	957	963	969	977	985	993	1,000	1,010	1,010	1,020
0.01		4,050	5,000	5,400	5,620	5,760	5,860	5,930	5,980	6,020	6,060	6,110	6,160	6,210	6,260	6,310	6,340	6,370
0.1		8.53	9.00	9.16	9.24	9.29	9.33	9.35	9.37	9.38	9.39	9.41	9.42	9.44	9.46	9.47	9.48	9.49
0.05		18.5	19.0	19.2	19.2	19.3	19.3	19.4	19.4	19.4	19.4	19.4	19.4	19.5	19.5	19.5	19.5	19.5
0.025	2	38.5	39.0	39.2	39.2	39.3	39.3	39.4	39.4	39.4	39.4	39.4	39.4	39.4	39.5	39.5	39.5	39.5
0.01		98.5	99.0	99.2	99.2	99.3	99.3	99.4	99.4	99.4	99.4	99.4	99.4	99.4	99.5	99.5	99.5	99.5
0.1		5.54	5.46	5.39	5.34	5.31	5.28	5.27	5.25	5.24	5.23	5.22	5.20	5.18	5.17	5.15	5.14	5.13
0.05		10.1	9.55	9.28	9.12	9.01	8.94	8.89	8.85	8.81	8.79	8.74	8.70	8.66	8.62	8.57	8.55	8.53
0.025	3	17.4	16.0	15.4	15.1	14.9	14.7	14.6	14.5	14.5	14.4	14.3	14.3	14.2	14.1	14.0	13.9	13.9
0.01		34.1	30.8	29.5	28.7	28.2	27.9	27.7	27.5	27.3	27.2	27.1	26.9	26.7	26.5	26.3	26.2	26.1
0.1		4.54	4.32	4.19	4.11	4.05	4.01	3.98	3.95	3.93	3.92	3.90	3.87	3.84	3.82	3.79	3.78	3.76
0.05		7.71	6.94	6.59	6.39	6.26	6.16	6.09	6.04	6.00	5.96	5.91	5.86	5.80	5.75	5.69	5.66	5.63
0.025	4	12.2	10.6	9.98	9.60	9.36	9.20	9.07	8.98	8.90	8.84	8.75	8.66	8.56	8.46	8.36	8.31	8.26
0.01		21.2	18.0	16.7	16.0	15.5	15.2	15.0	14.8	14.7	14.5	14.4	14.2	14.0	13.8	13.7	13.6	13.5
0.1		4.06	3.78	3.62	3.52	3.45	3.40	3.37	3.34	3.32	3.30	3.27	3.24	3.21	3.17	3.14	3.12	3.11
0.05		6.61	5.79	5.41	5.19	5.05	4.95	4.88	4.82	4.77	4.74	4.68	4.62	4.56	4.50	4.43	4.40	4.37
0.025	5	10.0	8.43	7.76	7.39	7.15	6.98	6.85	6.76	6.68	6.62	6.52	6.43	6.33	6.23	6.12	6.07	6.02
0.01		16.3	13.3	12.1	11.4	11.0	10.7	10.5	10.3	10.2	10.1	9.89	9.72	9.55	9.38	9.20	9.11	9.02
0.1		3.78	3.46	3.29	3.18	3.11	3.05	3.01	2.98	2.96	2.94	2.90	2.87	2.84	2.80	2.76	2.74	2.72
0.05		5.99	5.14	4.76	4.53	4.39	4.28	4.21	4.15	4.10	4.06	4.00	3.94	3.87	3.81	3.74	3.70	3.67
0.025	6	8.81	7.26	6.60	6.23	5.99	5.82	5.70	5.60	5.52	5.46	5.37	5.27	5.17	5.07	4.96	4.90	4.85
0.01		13.7	10.9	9.78	9.15	8.75	8.47	8.26	8.10	7.98	7.87	7.72	7.56	7.40	7.23	7.06	6.97	6.88
0.1		3.59	3.26	3.07	2.96	2.88	2.83	2.78	2.75	2.72	2.70	2.67	2.63	2.59	2.56	2.51	2.49	2.47
0.05		5.59	4.74	4.35	4.12	3.97	3.87	3.79	3.73	3.68	3.64	3.57	3.51	3.44	3.38	3.30	3.27	3.23
0.025	7	8.07	6.54	5.89	5.52	5.29	5.12	4.99	4.90	4.82	4.76	4.67	4.57	4.47	4.36	4.25	4.20	4.14
0.01		12.2	9.55	8.45	7.85	7.46	7.19	6.99	6.84	6.72	6.62	6.47	6.31	6.16	5.99	5.82	5.74	5.65
0.1		3.46	3.11	2.92	2.81	2.73	2.67	2.62	2.59	2.56	2.54	2.50	2.46	2.42	2.38	2.34	2.31	2.29
0.05		5.32	4.46	4.07	3.84	3.69	3.58	3.50	3.44	3.39	3.35	3.28	3.22	3.15	3.08	3.01	2.97	2.93
0.025	8	7.57	6.06	5.42	5.05	4.82	4.65	4.53	4.43	4.36	4.30	4.20	4.10	4.00	3.89	3.78	3.73	3.67
0.01		11.3	8.65	7.59	7.01	6.63	6.37	6.18	6.03	5.91	5.81	5.67	5.52	5.36	5.20	5.03	4.95	4.86

α	n	m: 1	2	3	4	5	6	7	8	9	10	12	15	20	30	60	120	∞
0.1		3.36	3.01	2.81	2.69	2.61	2.55	2.51	2.47	2.44	2.42	2.38	2.34	2.30	2.25	2.21	2.18	2.16
0.05		5.12	4.26	3.86	3.63	3.48	3.37	3.29	3.23	3.18	3.14	3.07	3.01	2.94	2.86	2.79	2.75	2.71
0.025	9	7.21	5.71	5.08	4.72	4.48	4.32	4.20	4.10	4.03	3.96	3.87	3.77	3.67	3.56	3.45	3.39	3.33
0.01		10.6	8.02	6.99	6.42	6.06	5.80	5.61	5.47	5.35	5.26	5.11	4.96	4.81	4.65	4.48	4.40	4.31
0.1		3.29	2.92	2.73	2.61	2.52	2.46	2.41	2.38	2.35	2.32	2.28	2.24	2.20	2.15	2.11	2.08	2.06
0.05		4.96	4.10	3.71	3.48	3.33	3.22	3.14	3.07	3.02	2.98	2.91	2.84	2.77	2.70	2.62	2.58	2.54
0.025	10	6.94	5.46	4.83	4.47	4.24	4.07	3.95	3.85	3.78	3.72	3.62	3.52	3.42	3.31	3.20	3.14	3.08
0.01		10.0	7.56	6.55	5.99	5.64	5.39	5.20	5.06	4.94	4.85	4.71	4.56	4.41	4.25	4.08	4.00	3.91
0.1		3.18	2.81	2.61	2.48	2.39	2.33	2.28	2.24	2.21	2.19	2.15	2.10	2.06	2.01	1.96	1.93	1.90
0.05		4.75	3.89	3.49	3.26	3.11	3.00	2.91	2.85	2.80	2.75	2.69	2.62	2.54	2.47	2.38	2.34	2.30
0.025	12	6.55	5.10	4.47	4.12	3.89	3.73	3.61	3.51	3.44	3.37	3.28	3.18	3.07	2.96	2.85	2.79	2.72
0.01		9.33	6.93	5.95	5.41	5.06	4.82	4.64	4.50	4.39	4.30	4.16	4.01	3.86	3.70	3.54	3.45	3.36
0.1		3.07	2.70	2.49	2.36	2.27	2.21	2.16	2.12	2.09	2.06	2.02	1.97	1.92	1.87	1.82	1.79	1.76
0.05		4.54	3.68	3.29	3.06	2.90	2.79	2.71	2.64	2.59	2.54	2.48	2.40	2.33	2.25	2.16	2.11	2.07
0.025	15	6.20	4.77	4.15	3.80	3.58	3.41	3.29	3.20	3.12	3.06	2.96	2.86	2.76	2.64	2.52	2.46	2.40
0.01		8.68	6.36	5.42	4.89	4.56	4.32	4.14	4.00	3.89	3.80	3.67	3.52	3.37	3.21	3.05	2.96	2.87
0.1		2.97	2.59	2.38	2.25	2.16	2.09	2.04	2.00	1.96	1.94	1.89	1.84	1.79	1.74	1.68	1.64	1.61
0.05		4.35	3.49	3.10	2.87	2.71	2.60	2.51	2.45	2.39	2.35	2.28	2.20	2.12	2.04	1.95	1.90	1.84
0.025	20	5.87	4.46	3.86	3.51	3.29	3.13	3.01	2.91	2.34	2.77	2.68	2.57	2.46	2.35	2.22	2.16	2.09
0.01		8.10	5.85	4.94	4.43	4.10	3.87	3.70	3.56	3.46	3.37	3.23	3.09	2.94	2.78	2.61	2.52	2.42
0.1		2.88	2.49	2.28	2.14	2.05	1.98	1.93	1.88	1.85	1.82	1.77	1.72	1.67	1.61	1.54	1.50	1.46
0.05		4.17	3.32	2.92	2.69	2.53	2.42	2.33	2.27	2.21	2.16	2.09	2.01	1.93	1.84	1.74	1.68	1.62
0.025	30	5.57	4.18	3.59	3.25	3.03	2.87	2.75	2.65	2.57	2.51	2.41	2.31	2.20	2.07	1.94	1.87	1.79
0.01		7.56	5.39	4.51	4.02	3.70	3.47	3.30	3.17	3.07	2.98	2.84	2.70	2.55	2.39	2.21	2.11	2.01
0.1		2.79	2.39	2.18	2.04	1.95	1.87	1.82	1.77	1.74	1.71	1.66	1.60	1.54	1.48	1.40	1.35	1.29
0.05		4.00	3.15	2.76	2.53	2.37	2.25	2.17	2.10	2.04	1.99	1.92	1.84	1.75	1.65	1.53	1.47	1.39
0.025	60	5.29	3.93	3.34	3.01	2.79	2.63	2.51	2.41	2.33	2.27	2.17	2.06	1.94	1.82	1.67	1.58	1.48
0.01		7.08	4.98	4.13	3.65	3.34	3.12	2.95	2.82	2.72	2.63	2.50	2.35	2.20	2.03	1.84	1.73	1.60
0.1		2.75	2.35	2.13	1.99	1.90	1.82	1.77	1.72	1.68	1.65	1.60	1.54	1.48	1.41	1.32	1.26	1.19
0.05		3.92	3.07	2.68	2.45	2.29	2.18	2.09	2.02	1.96	1.91	1.83	1.75	1.66	1.55	1.43	1.35	1.25
0.025	120	5.15	3.80	3.23	2.89	2.67	2.52	2.39	2.30	2.22	2.16	2.05	1.94	1.82	1.69	1.53	1.43	1.31
0.01		6.85	4.79	3.95	3.48	3.17	2.96	2.79	2.66	2.56	2.47	2.34	2.19	2.03	1.86	1.66	1.53	1.38
0.1		2.71	2.30	2.08	1.94	1.85	1.77	1.72	1.67	1.63	1.60	1.55	1.49	1.42	1.34	1.24	1.17	1.00
0.05		3.84	3.00	2.60	2.37	2.21	2.10	2.01	1.94	1.88	1.83	1.75	1.67	1.57	1.46	1.32	1.22	1.00
0.025	∞	5.02	3.69	3.12	2.79	2.57	2.41	2.29	2.19	2.11	2.05	1.94	1.83	1.71	1.57	1.39	1.27	1.00
0.01		6.63	4.61	3.78	3.32	3.02	2.80	2.64	2.51	2.41	2.32	2.18	2.04	1.88	1.70	1.47	1.32	1.00

참고문헌

김명근, 정강모 (2000). *S-PLUS를 이용한 다변량 자료 분석*. 교우사, 서울.

한국통계학회 (1997). *통계학 용어집*. 지유아카데미, 서울.

Anderson, E. (1960). A semi-graphical method for the analysis of complex problems. *Technometrics*, 2:387–391.

Anderson, T. W. (1984). *An Introduction to Multivariate Statistical Analysis*. Wiley, New York.

Andrews, D. F. (1972). Plots of high-dimensional data. *Biometrics*, 28:125–136.

Andrews, D. F., Gnanadesikan, R., and Warner, J. L. (1973). Methods for assessing multivariate normality. In Krishnaiah, P. R., editor, *Multivariate Analysis*, Vol. III. Academic Press, New York.

Barnett, V. and Lewis, T. (1994). *Outliers in Statistical Data*, 3rd Ed. John Wiley & Sons, Chichester.

Bartlett, M. S. (1954). A note on multiplying factors for various chi-squared approximation. *Journal of the Royal Statistical Society (B)*, 16:296–298.

Box, G. E. P. and Cox, D. R. (1964). An analysis of transformations (with discussions). *Journal of the Royal Statistical Society (B)*, 26:211–252.

Carmer, S. G. and Swanson, M. R. (1973). Evaluation of ten pairwise multiple comparison procedures by Monte Carlo methods. *Journal of the American Statistical Association*, 68:66–74.

Caroni, C. and Prescott, P. (1992). Sequential application of Wilks's multivariate outlier test. *Applied Statistics*, 41:355–364.

Chernoff, H. (1973). Using faces to represent points in K-dimensional space graphically. *Journal of the American Statistical Association*, 68:361–368.

Cook, R. D. (1986). Assessment of local influence (with discussions). *Journal of the Royal Statistical Society (B)*, 48:133–169.

Dillon, W. R. and Goldstein, M. (1984). *Multivariate Analysis.* John Wiley & Sons, New York.

Eriksen, P. S. (1987). Proportionality of covariance matrices. *Annals of Statistics*, 15:732–748.

Everitt, B. S. (1993). *Cluster Analysis*, 3rd Ed. Gower Publications, London.

Ferré, L. (1995). Selection of components in principal component analysis: a comparison of methods. *Computational Statistics & Data Analysis*, 19:669–682.

Fienberg, S. E. (1979). Graphical methods in statistics. *American Statistician*, 33:165–178.

Flury, B. N. (1986). Proportionality of k covariance matrices. *Statistics & Probability Letters*, 4:29–33.

Fung, W.-K. (1993). Unmasking outliers and leverage points: a confirmation. *Journal of the American Statistical Association*, 88:515–519.

Gabriel, K. R. (1971). The biplot graphic display of matrices with application to principal component analysis. *Biometrics*, 58:453–467.

Gibbons, J. D. and Pratt, J. W. (1975). P-values: Interpretation and Methodology. *American Statistician*, 29:20–25.

Giri, N. C. (1977). *Multivariate Statistical Inference.* Academic Press, New York.

Gnanadesikan, R. (1997). *Methods for Statistical Data Analysis of Multivariate Observations*, 2nd Ed. Wiley, New York.

Gnanadesikan, R. and Ketterning, J. R. (1972). Robust estimates, residuals, and outlier detection with multiresponse data. *Biometrics*, 28:81–124.

Goodman, L. A. and Kruskal, W. H. (1954). Measures of association for cross-classification. *Journal of the American Statistical Association*, 49:732–764.

Gordon, A. D. (1981). *Classification.* Chapman and Hall, London.

Graybill, F. A. (1983). *Matrices with Applications in Statistics*, 2nd Ed. Wadsworth, Belmont.

Hadi, A. S. (1992). Identifying multiple outliers in multivariate data. *Journal of the Royal Statistical Society (B)*, 54:761–771.

Hadi, A. S. (1994). A modification of a method for the detection of outliers in multivariate samples. *Journal of the Royal Statistical Society (B)*, 56:393–396.

Harman, H. H. (1976). *Modern Factor Analysis*, 3rd Ed. University of Chicago Press, Chicago.

Healy, M. J. R. (1968). Multivariate normal plotting. *Applied Statistics*, 17:157–161.

Hochberg, Y. and Tamhane, A. C. (1987). *Multiple Comparison Procedures.* Wiley, New York.

Hossain, A. and Naik, D. N. (1989). Detection of influential observations in multivariate regression. *Journal of Applied Statistics*, 16:25–37.

Johnson, R. A. and Wichern, D. W. (1992). *Applied Multivariate Statistical Analysis*, 3rd Ed. Prentice-Hall, Englewood Cliffs.

Jolicoeur, P. and Mosimann, J. E. (1960). Size and shape variation in the painted turtle: a principal component anlysis. *Growth*, 24:339–354.

Jolliffe, I. T. (1986). *Principal Component Analysis.* Springer-Verlag, Berlin.

Jöreskog, K. G. and Sörbom, D. (1989). *LISREL 7: A Guide to the Program and Applications.* SPSS, Inc, 2nd Ed.

Kendall, M. G. (1975). *Multivariate Analysis.* Charles Griffin & Company, London.

Kendall, M. G. and Stuart, A. (1969). *The Advanced Theory of Statistics*, 3rd Ed., Vol. I. Hafner, New York.

Kim, M. G. (1996). Local influence in multivariate normal data. *Journal of Applied Statistics*, 23:535–541.

Kim, M. G. (2000). Multivariate outliers and decompositions of Mahalanobis distance. *Communications in Statistics - Theory and Methods*, 29:1511–1526.

Krzanowski, W. J. and Marriott, F. H. C. (1995). *Multivariate Analysis: Part 2.* Arnold, New York.

Kshirsagar, A. M. (1972). *Multivariate Analysis.* Marcel Dekker, New York.

Lachenbruch, P. A. (1975). *Discriminant Analysis.* Hafner Press, New York.

Lachenbruch, P. A. and Mickey, M. R. (1968). Estimation of error rates in discriminant analysis. *Technometrics*, 10:1–11.

Lawley, D. N. and Maxwell, A. E. (1971). *Factor Analysis as a Statistical Method*, 2nd Ed. Elsevier, New York.

Lubischew, A. A. (1962). On the use of discriminant function in taxonomy. *Biometrics*, 18:455–477.

MacQueen, J. B. (1967). Some methods for classification and analysis of multivariate observations. In *Proceedings of the Fifth Berkeley Symposium on Mathematical Statistics and Probability*, Vol. 1, 281–297.

Manly, B. F. J. (1994). *Multivariate Statistical Methods: A Primer*, 2nd Ed. Chapman and Hall, London.

Manly, B. F. J. and Rayner, J. C. W. (1987). The comparison of sample covariance matrices using likelihood ratio tests. *Biometrika*, 74:841–847.

Mardia, K. V. (1970). Measures of multivariate skewness and kurtosis with applications. *Biometrika*, 57:519–530.

Mardia, K. V., Kent, J. T., and Bibby, J. M. (1979). *Multivariate Analysis*. Academic Press, London.

McLachlan, G. J. (1992). *Discriminant Analysis and Statistical Pattern Recognition*. Wiley, New York.

Mojena, R. (1977). Hierarchical grouping methods and stopping rules: an evaluation. *Computer Journal*, 20:359–363.

Montgomery, D. C. (1991). *Design and Analysis of Experiments*, 3rd Ed. Wiley, New York.

Morrison, D. F. (1990). *Multivariate Statistical Methods*, 3rd Ed. McGraw-Hill, Kogakusha.

Murdoch, J. and Barnes, J. A. (1986). *Statistical Tables for Science, Engineering Management and Business Studies*, 3rd Ed. Macmillan, London.

Penny, K. I. (1996). Appropriate critical values when testing for a single multivariate outlier by using the Mahalanobis distance. *Applied Statistics*, 45:73–81.

Rao, C. R. (1973). *Linear Statistical Inference and its Applications*, 2nd Ed. Wiley, New York.

Rencher, A. C. (1995). *Methods of Multivariate Analysis.* Wiley, New York.

Rocke, D. M. and Woodruff, D. L. (1996). Identification of outliers in multivariate data. *Journal of the American Statistical Association*, 91:1047–1061.

Rousseeuw, P. J. (1986). A visual display for hierarchical classification. In Disday, et al., editor, *Data Analysis and Informatics*, Vol. 4, 743–748. North-Holland, Amsterdam.

Rousseeuw, P. J. and Leroy, A. (1987). *Robust Regression and Outlier Detection.* Wiley, New York.

Rousseeuw, P. J. and van Zomeren, B. C. (1990). Unmasking multivariate outliers and leverage points (with discussions). *Journal of the American Statistical Association*, 85:633–651.

Schott, J. R. (1997). *Matrix Analysis for Statistics.* Wiley, New York.

Searle, S. R. (1982). *Matrix Algebra Useful for Statistics.* Wiley, New York.

Seber, G. A. F. (1984). *Multivariate Observations.* John Wiley & Sons, New York.

Small, N. J. H. (1978). Plotting squared radii. *Biometrika*, 65:657–658.

Srivastava, M. S. and Carter, E. M. (1983). *An Introduction to Applied Multivariate Statistics*. North-Holland, Amsterdam.

Subrahmaniam, K. and Subrahmaniam, K. (1973). On the multivariate Behrens-Fisher problem. *Biometrika*, 60:107–111.

Velilla, S. (1993). A note on the multivariate Box-Cox transformation to normality. *Statistics & Probability Letters*, 17:259–263.

Venables, W. N. and Ripley, B. D. (1994). *Modern Applied Statistics with S-PLUS*. Springer-Verlag, New York.

Venables, W. N., Smith, D. M., and the R Development Core Team (2006). An Introduction to R.

Welsch, R. E. (1976). Graphics for data analysis. *Computers and Graphics*, 2:31–37.

Wilks, S. S. (1932). Certain generalizations in the analysis of variance. *Biometrika*, 24:471–494.

Wilks, S. S. (1963). Multivariate statistical outliers. *Sankhyā (A)*, 25:407–426.

R 함수 목록

함수 이름	설 명	쪽
covh3.f	두 모집단에서 $\mathbf{\Sigma}_2 = \mathbf{D}\mathbf{\Sigma}_1\mathbf{D}$ 검정	94
covh2.f	두 모집단에서 $\mathbf{\Sigma}_2 = c\mathbf{\Sigma}_1$ 검정	95
locinf.f	국지적 영향 방법에 의한 이상치 찾기	102
lambstar.f	다변량 일원배치법의 윌크스 검정통계량	119
mmrlh.f	다변량 회귀분석의 선형가설검정	141
mmrmult.f	mmrboxcox.f의 부함수	146
mmruniv.f	mmrboxcox.f의 부함수	146
mmrboxcox.f	다변량 선형회귀모형에서 박스-칵스 변환	147
ldf.f	선형판별함수	187
qdf.f	이차판별함수	193
mdf.f	여러 그룹의 판별함수	199
varsel.f	판별분석에서 변수 선택	203
ccaload.f	정준적재, 정준교차적재	212

인명 찾아보기

한글 찾아보기

영어 찾아보기

정강모
서울대학교 (이학사)
한국과학기술원 응용수학과 (이학석사)
한국과학기술원 수학과 (이학박사)
현재 군산대학교 정보통계학과 교수

김명근
서울대학교 (이학사)
한국과학기술원 응용수학과 (이학석사)
미국 오하이오주립대학 통계학과 (이학박사)
현재 서원대학교 응용통계학과 교수

R 기반 다변량 분석

2007년 9월 1일 1판 1쇄 발행
2013년 9월 3일 1판 3쇄 발행

저 자 / 정강모 · 김명근
발행자 / 오판근
발행처 / 교우사

주 소 / 서울특별시 동대문구 약령시로 8 교우빌딩 2층
전 화 / 925-2861(代), 편집부 / 925-2825
팩 스 / 925-2860
E-mail / kyowoo@kyowoo.co.kr
http://www.kyowoo.co.kr

등록 / 1994. 3. 24 제6-0256호

ISBN 978-89-8172-699-7 (93310)

값 18,000 원